Servizo de Publicacións

Universida_{de}Vigo

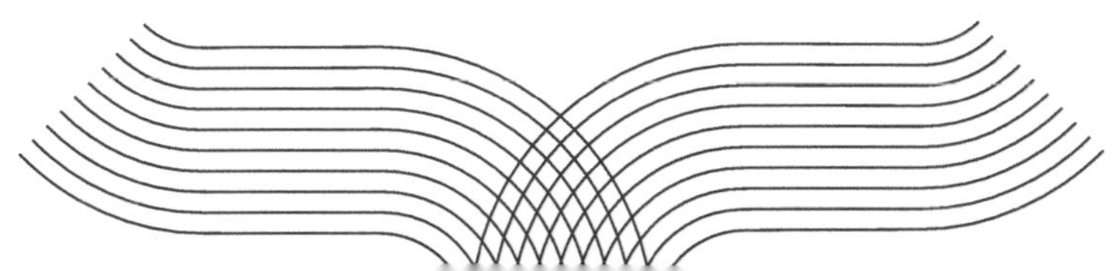

El discurso religioso,

la autoconciencia y el orden social

Edición
Universidade de Vigo
Servizo de Publicacións
Rúa de Leonardo da Vinci, s/n
36310 Vigo

Deseño gráfico
Julinda Molares Cardoso e Tania Sueiro Graña
Área de Imaxe.
Vicerreitoría de Comunicacións e Relacións Institucionais

Maquetación e impresión
MURIEL SPG, servicios de producción gráfica

Imaxe da portada
© Roberto de la Torre

ISBN (libro impreso)
978-84-1188-069-5

Depósito legal
VG 372-2025

Servizo de Publicacións
Universida_{de}Vigo

El discurso religioso,

la autoconciencia y el orden social

Autor

Erik Salazar

Fotografía portada

Roberto de la Torre

"Dedico este texto a mi madre, por haber estado
siempre conmigo; a las bibliotecas públicas de la
Ciudad de México, por acompañarme desde muy
joven en todas mis inquietudes y ser siempre un
espacio abierto en el que me he podido desarrollar;
al Departamento de Publicaciones de la Universidad
de Vigo, por haber propiciado que este libro viera la
luz, especialmente a Helena Cortés; a mis hermanos
Jania, Yuri e Iván, por apoyarme durante toda mi vida;
a mi sobrina Camila, por haberme acompañado y
dado alegrías estos últimos años. Por último, y como
condición de todo lo anterior, al Creador, por tener
siempre algo fascinante esperando a ser descubierto."

Prefacio   13

Introducción   15

01 Desarrollo de la religión, politeísmo y monoteísmo   19

1.1 Los dioses como espejos y jueces   22
   1.1.1 La clase observadora en la comunidad tripartita   26
   1.1.2 El orden social y la aparición de los dioses   28
1.2 Jerarquía en lo divino, politeísmo y desarrollo del monoteísmo   34
1.3 El origen del mal y el libre albedrío   40
1.4 Discurso religioso y orden social   49

02 Instinto, autoconsciencia e intersubjetividad   53

2.1 Del instinto a la norma   53
   2.1.1 Razón y negación del instinto   56
   2.1.2 Trascendencia de los instintos   58
   2.1.3 Nombre y conceptos   61
2.2 Autoconciencia e intersubjetividad   64
   2.2.1 Condicionados por la autoconciencia   65
   2.2.2 Desarrollo de las categorías   67
   2.2.3 El *yo* y el *otro* en la intersubjetividad   71
2.3 Discurso del *yo* y del *otro*   73
   2.3.1 Discursos en competencia   78
   2.3.2 Religiones del *yo* y del *otro*   79

03   Discurso y escenarios sociales   85

3.1   Discurso, observación y normas   86

3.1.1   El discurso como puente entre el adentro y el afuera   89

3.1.2   Estructura del discurso de sentido   93

3.1.3   Discurso e ideología capitalista   97

3.2   Escenarios de intersubjetividad   100

3.2.1   El escenario sagrado del rito   104

3.2.2   El escenario político   106

3.2.3   Escenarios del orden social, del individuo y del más allá   108

3.2.4   El individuo y el escenario del más allá en el politeísmo   114

3.2.5   El individuo y el escenario del más allá en el monoteísmo   117

04   Religión y monoteísmo cristiano   121

4.1   Dualismo y monoteísmo   121

4.2   Cristianismo apocalíptico y discurso del *otro*   126

4.2.1   Mesianismo apocalíptico   133

4.2.2   Discurso cristiano y orden social   143

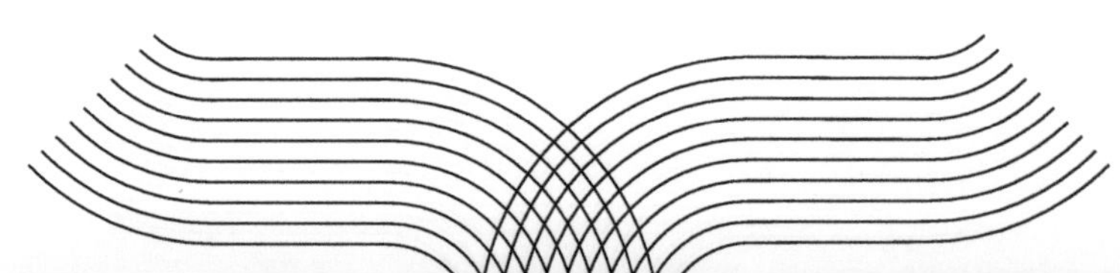

05 Discurso moderno y ciencia 151

5.1 Religión y modernidad 157
 5.1.1 Discurso científico 160
 5.1.2 Modernidad y sentido religioso 162
 5.1.3 Nihilismo y escepticismo 164
5.2 El discurso político moderno 168
 5.2.1 Marxismo y nazismo 171
 5.2.2 La política como redención e ideología 180

Epílogo: El viaje del héroe 185

Referencias 195

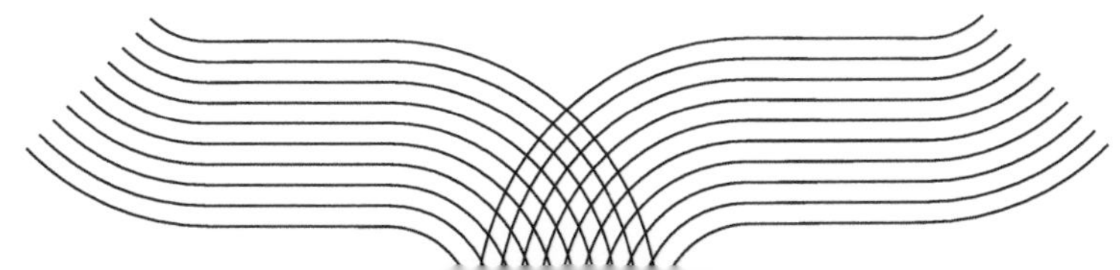

Prefacio

Cuando los antiguos judíos debatían sobre los libros que formarían parte de sus escrituras sagradas, usaban una curiosa expresión para describir las cualidades que estos debían cumplir para ingresar, cabalmente, al plano que nos une a lo divino: debían *manchar las manos*. Reconocían que es necesario que un texto nos interpele y confronte, tomando en cuenta que esto representa una carga que no nos deja indemnes. Consideraban importante que las ideas que se nos oponen —aun a nuestro pesar— se integraran en el debate desde el cual respondemos nuestros cuestionamientos existenciales. El imperativo más grande de nuestras explicaciones del mundo, hoy como ayer, es contraponerlas con narrativas distintas y ajenas que rompan nuestra certeza y cotidianidad. Sin embargo, no considero un fin en sí mismo que un texto resulte disruptivo o transgresor. Mi objetivo al escribir este ha sido participar de las preguntas más acuciantes que nos convocan en cuanto seres sociales. Aun así, espero que le encuentres esos dos adjetivos.

Escribí este texto como el desarrollo de una intuición fundamental sobre el discurso religioso: concebirlo como un puente entre los instintos y las normas sociales. Presento el surgimiento de la religión como una estrategia para resolver el estado de indefinición generado, por un lado, por los instintos que se empatan y, por otro —y de forma sincrónica— por las fuerzas sociales que también se igualan entre sí, emergiendo así la ética. Esto significa abordar el discurso divino como un mecanismo para elaborar el *deber ser* de la moral que sustituye al instinto, al tiempo que enuncia la narrativa que otorga sentido a las normas, al establecer un orden social y divino: el *ser* de las cosas.

Si tenemos claridad sobre este último párrafo, ya no sería necesario seguir leyendo este escrito, pues lo que sigue no es más que el desarrollo explicativo de lo ahí afirmado. Sin embargo, espero haber despertado tu curiosidad para que sí continúes con la lectura. Aun cuando los preámbulos y las advertencias resulten engorrosos, quiero señalar algunos elementos a tomar en cuenta. Las notas al pie son tan importantes como el texto principal; si no se han incorporado directamente, es para conservar un cierto hilo conductor. Los términos yo–otro, ser–deber ser y todo–parte se colocaron en cursivas para facilitar su comprensión, señalar su reciprocidad y acentuar su connotación filosófica. Los capítulos II y III constituyen desarrollos teóricos de afirmaciones discutibles que dan sustento al resto del libro; por ello, están escritos para aclarar temas polémicos y, en cierta medida, conservan un estatus independiente dentro de la lectura. Por último, espero que, por identificación o por contraste, lo que expongo se incorpore —en alguna medida— a la forma en que te respondes las preguntas fundamentales que marcan nuestro *ser* en el mundo. En otras palabras, es mi más caro deseo que este libro *te manche las manos*.

Introducción

Al adentrarnos en un tema como la religión y las creencias, resulta imprescindible hacer explícitos tanto nuestra visión del mundo como los presupuestos teóricos desde los cuales partimos. Asimismo, es necesario delinear con claridad la perspectiva desde la que abordamos este fenómeno y justificar los conceptos que nos permiten explorarlo. Esta precaución no es menor: dada la complejidad y la carga polémica que conlleva el estudio de la religión es fácil incurrir en ambigüedades que, lejos de enriquecer el análisis, pueden conducir a confusiones, malentendidos o incluso a descalificaciones malintencionadas.

En las páginas que siguen, me propongo guiar al lector por las veredas de pensamiento que me llevaron a abordar el fenómeno religioso, con el fin de que, en un ejercicio de libertad intelectual y con pleno conocimiento de causa, pueda aprovechar este texto para nutrir sus propias reflexiones e ideas sobre la materia.

Ubicaré el estudio de lo religioso dentro de un continuo de procesos que implican una forma particular de abordar la *totalidad* social. Esta forma ha sido construida a partir de una toma de posición frente a las preguntas fundamentales que definen la condición humana. En este sentido, no es necesario que el lector coincida con mi perspectiva, sino que le permita dialogar con su propia manera de ver las cosas. A continuación, el marco en el que sitúo al discurso religioso.

En el entramado de procesos que propician el desarrollo de la religión, es posible trazar un esquema que se desarrolla del siguiente modo: el ser humano se diferencia de otras especies en tanto es capaz de verse a sí mismo en su propia conciencia. Esta capacidad lo libera de la acción directa del instinto y lo lleva a necesitar normas sociales. Dichas normas, a su vez, requieren un criterio de bien y mal que les otorgue sentido. Ese sentido se lo proporciona un relato religioso, el cual, por su función, también puede denominarse discurso de sentido.

A este esquema habrá que volver una y otra vez a lo largo de la lectura, pues constituye el punto de partida para interpretar lo que en este texto se expone al hablar de la religión y de las diversas doctrinas que han sido relevantes para los colectivos humanos.

Ahora desgranemos con mayor detalle los elementos constitutivos de la cadena de procesos sociales que desembocan en la aparición del discurso de sentido. Entre las preguntas que nos formulamos para definir a nuestra especie, quizá la más importante —por sus implicaciones en nuestra postura frente a la realidad— sea la que concierne a la conciencia humana. Más allá de todo lo que pueda decirse sobre ella, para los fines de este escrito lo fundamental será concebirla como un mecanismo para la toma de decisiones, en contraste con otras aproximaciones que la entienden como una instancia de representación del mundo. Enfatizar su función volitiva y el libre albedrío asentado en la conciencia resulta crucial para comprender el tránsito de lo animal a lo humano.

Así pues, en las especies no humanas, la conciencia funciona como una herramienta que les permite elegir a partir del monitoreo de su relación con el entorno, guiadas por los instintos, que les proporcionan un criterio de elección e inclinan, en última instancia, su comportamiento en una dirección determinada. Este proceso se transforma con la aparición, en la conciencia humana, de la capacidad de observarse a sí misma tomando decisiones; es decir, con el surgimiento de la autoconciencia. Para desarrollar la observación de sus propios estados mentales, el ser humano requiere del espejo del discurso religioso, para llegar a él atraviesa un proceso que implica tres *empates entre fuerzas* que buscan definir su conducta.

Estos igualamientos lo dejan a la espera de un nuevo criterio que defina su relación con el entorno social y físico. En primer lugar, la fuerza de sus instintos entra en un empate, ya que en su interior coexisten tendencias contradictorias —como la de cooperar o competir—, ambas con respaldo biológico-instintivo. Ese empate lo deja abierto a la necesidad de un criterio discursivo que oriente su conducta. Por otro lado, los grupos dentro de una comunidad —que también se articulan en torno a criterios de cooperación (los productores) y de competencia (los guerreros)— entran, del mismo modo, en un *empate de fuerzas*. También ellos requieren un criterio que les permita actuar y compatibilizar sus intereses contrapuestos dentro de una misma comunidad humana.

Por último, en el interior de nuestra conciencia, la representación que construimos del *yo* y del *otro* —al constituirnos como seres autoconscientes y, por tanto, capaces de vernos ocupar ambos papeles— también iguala sus fuerzas. Esto provoca que los instintos que orientan la acción del *yo* no puedan expresarse de forma lineal, generando la necesidad, una vez más, de un criterio que incline, en una dirección determinada, ese estado de indeterminación generalizada. Esta situación se resuelve, en el origen del ser humano, mediante el desarrollo de normas sociales: un criterio expresado en el lenguaje y sustentado en la autoobservación. Estas normas le indican cómo debe actuar: «no matarás», «no robarás», «amarás a tu prójimo como a ti mismo», etcétera. El relato que dota de sentido a estas normas las inscribe en un marco coherente y nos brinda un criterio desde el cual elegir entre las múltiples formas posibles de ser, se conforma como una narrativa religiosa.

Mi propósito al escribir este libro es indagar en el desarrollo y la función del discurso religioso, lo cual me lleva a explorar su surgimiento en los albores de la autoconciencia. Esto me conduce a describir su tránsito desde el animismo, donde se atribuye voluntad a las fuerzas que rodean a la conciencia, al politeísmo, donde las fuerzas que rigen el mundo chocan entre sí, y finalmente al monoteísmo, donde una sola fuerza abstracta se erige como responsable de todo lo que se manifiesta en la realidad. Para comprender el discurso de sentido, también considero relevante revisar las narrativas escépticas, ateas o nihilistas. Asimismo, se abordan relatos como el del budismo, el hinduismo o el marxismo. No obstante, es importante advertir al lector que, dado el contexto desde el cual escribo, me enfoco primordialmente en el monoteísmo cristiano y en su impacto sobre las comunidades en las que opera.

Respecto a las consideraciones teóricas desde las cuales parte este texto, vamos a ver que van emergiendo de seguir el camino que conduce a asumir a la conciencia en su función de toma de decisiones. En primer término, ese énfasis en nuestro papel como agentes con libertad nos acerca a la perspectiva dialéctica, ya que ésta señala el *choque de fuerzas* entre dos contrarios, el cual es precisamente el estado en el que se encuentra la conciencia: indeterminada y con el predicamento de definirse en una dirección. La dialéctica, es un esquema, originalmente sistematizado por Fichte, en el que dos energías se enfrentan: la tesis y la antítesis; a partir de ahí, se llega a una síntesis que integra y supera las fuerzas opuestas.

Más que una teoría, es una estructura que nos indica cómo se mueven las fuerzas del universo: en la materia, en las ideas y en las clases sociales. A diferencia de quienes conciben la dialéctica como una determinación que marca, de manera necesaria e inexorable, el despliegue de lo real, la concebimos como una posibilidad de organización de las fuerzas en su devenir, que emerge a partir de una lectura del mundo. En otras palabras, enfatizamos el papel de la conciencia para organizar las fuerzas en las que se integra, para configurarlas y trascenderlas, rechazando el determinismo mecánico —idealista o materialista—, el cual pasa por alto nuestra capacidad de posicionarnos y decidir: el libre albedrío.

Así pues, al analizar el *enfrentamiento de fuerzas* desde la dialéctica tesis-antítesis-síntesis se toma en consideración la acción humana. Ya sea una lucha entre instintos, que da paso a las normas; entre grupos, que deriva en una casta sacerdotal; y entre el *yo* y el *otro*, que culmina en un discurso religioso que los supera e integra. Esto es, en el devenir de lo real, se reconoce el proceso histórico y humano que le da sus matices, y que marca cómo se desarrollan en lo concreto a partir de nuestra interpretación.

De esta manera, la dialéctica no es una lucha que se despliega en la materia o en las ideas al margen de cómo la interpretamos, sino una disyuntiva que enfrenta a la conciencia, la cual —solo como posibilidad— puede trascenderla en una síntesis. Desde luego, esta aclaración, no obsta para que se recuperen las posiciones de los grandes maestros que se han servido de la dialéctica. Así pues, será evidente que, al abordar el tema de la autoconciencia, resonarán tesis del idealismo hegeliano; o que, en el análisis de las contradicciones entre clases, asomará el materialismo marxista.

De esta última tradición se retomarán, adicionalmente, dos elementos: por un lado, la perspectiva crítica, que nos lleva a realizar toda formulación y aserto partiendo de que se integra a una lucha por transformar el mundo y avanzar hacia una sociedad sin explotación ni marginación; y, así mismo, se recupera del marxismo el énfasis en la *totalidad* social, es decir, en no aproximarnos a un fenómeno de manera aislada, sino integrándolo al entendimiento completo del *ser* social. También en la teoría, al describir el vínculo entre guerreros, productores y sacerdotes, nos remitiremos a Georges Dumézil, ya que este sabio francés estudió en profundidad las sociedades indoeuropeas, constatando la antigüedad y pertinencia de la configuración tripartita para abordar diversas culturas.

En relación con estos elementos teóricos retomados, vamos a ver que los distintos autores, teorías, tradiciones y disciplinas académicas aparecen expresados en los presupuestos que planteo, aunque en el marco de una estructura argumentativa propia. Las premisas, por tanto, responden a una coherencia interna que impide ajustarlas completamente a una tradición específica. Esto es así porque mi objetivo no es seguir ni adaptar mi postura a una teoría o autor, sino responder a la pregunta sobre el significado del discurso religioso, y en ello se centra la unidad teórica de este trabajo.

Por último, vamos a revisar cómo se desarrollarán los temas tratados en la lectura. En el primer capítulo abordaremos el surgimiento del discurso religioso a partir de los estamentos guerrero y de productores, el paso del politeísmo al monoteísmo, y el origen del mal y del libre albedrío. En el segundo apartado nos aproximaremos al paso de los instintos a las normas sociales a partir de la autoconciencia; adicionalmente, se revisa el tema del discurso del *yo* y del *otro*. En la tercera sección se estudiarán pormenorizadamente las características más importantes del discurso de sentido y los distintos escenarios en donde opera. El cuarto capítulo se dedica al estudio del discurso cristiano, desde su surgimiento hasta su pertinencia en la actualidad. En el quinto apartado se abordará el discurso moderno y su capacidad para dar sentido; esto nos llevará a pasar revista a la Ciencia moderna, la ideología capitalista y doctrinas políticas como el marxismo y el nazismo. Finalmente, en el epílogo se realiza una reflexión sobre las perspectivas que nos plantea el discurso de sentido en los tiempos actuales, acompañados por Joseph Campbell y su *Héroe de las mil caras*.

Capítulo 1
Desarrollo de la religión, politeísmo y monoteísmo

El ser humano ha desarrollado un mecanismo que le permite monitorear y evaluar su interacción; a partir de ello, toma decisiones con base en que se da cuenta de lo que hace. Para abordar ese proceso, es necesario rastrear las características del orden social específico en el que surgió esa autorreflexión. Es decir, cómo las sociedades primigenias se transformaron para posibilitar que la conciencia se observara a sí misma. Esto nos permitirá, a su vez, contar con elementos para avanzar en la comprensión del orden divino que construye y da sentido al mundo, para que, efectivamente, pueda tomar decisiones considerando su propia imagen: la voluntad humana. Este orden, que explica y pone en marcha el mundo, podemos englobarlo en el concepto de discurso de sentido, e incluye desde el pensamiento mítico-legendario hasta religiones y sistemas éticos de toda índole.

En este tenor, como primer elemento a explorar, tenemos la noción de orden social, la cual nos lleva al punto en el que se conforma la condición humana. Para llevar a cabo una descripción de esa conformación, requerimos plantear la existencia de una configuración donde los seres humanos se distinguen unos de otros y realizan actividades complementarias o de competencia. En el terreno del dominio de unos sobre otros, existía también una reciprocidad en ciertos intereses, por lo que se requería una narrativa para hacer algo con la desigualdad, para que no se destruyeran entre sí, pues, al mismo tiempo, se necesitaban unos a otros.

De manera que podemos considerar que, en el escenario de las interacciones sociales, se fue consolidando un espacio donde la voluntad de manifestar los intereses de cada clase se estancaba en un *empate de fuerzas*. En otras palabras, existían espacios —cada vez más significativos— donde la pluralidad no podía resolverse tan fácilmente mediante la afirmación del dominio de una de las *partes* en pugna, destruyendo al *otro* en la competencia. Lo plural conservaba, al mismo tiempo, intereses comunes de cooperación. Es decir, no era posible destruir ni prescindir de una *parte*, pero tampoco lograr una unión plena; por ejemplo, porque había intereses contrapuestos en un área y recíprocos o complementarios en otra, como suele suceder entre guerreros y productores.

En el punto en el que no era posible avanzar —ni mediante la simple destrucción del *otro*, ni a través de una identificación absoluta entre las *partes*—, emerge la situación de *impasse*. Este estatus de indefinición y equilibrio habría abierto paso a un discurso encarnado en un grupo sacerdotal, relativamente ajeno a las pugnas, capaz de igualar a las *partes* en su mirada y dictar normas: formas sociales que nos humanizan y ordenan. Al otorgar esa normatividad —expresión de lo divino en la sociedad—, se resuelve la incertidumbre en los puntos cruciales de la interacción. Puede especularse que, de este modo, surge la división tripartita de los grupos humanos, planteada por el erudito francés Georges Dumézil y corroborada por estudios en distintas culturas indoeuropeas: trabajadores (campesinos-ganaderos), guerreros y una casta sacerdotal que los juzga:

> La ideología tripartita. El panteón del Irán, al igual que el de la India, da expresión al análisis que tradicionalmente hacían esos pueblos de su propia estructura social. La demostración, que abarca al conjunto de los pueblos indoeuropeos, la ha llevado a cabo Georges Dumézil. Las tres clases de la sociedad irania, sacerdotes, guerreros y ganaderos, se corresponden con las de la India, aunque con nombres diferentes. La antigüedad de esta división está confirmada, en el Irán, por la leyenda referente al origen de los escitas, ya citada anteriormente [ver cita 21 de este texto], según la cual las tres funciones estaban simbolizadas respectivamente por una copa (para las libaciones), un hacha o bien una lanza y una flecha, y por último por un yugo y un arado. Las tres clases se reflejan también (la segunda incluso bajo su propio nombre, correspondiente al sánscrito ksatriya), en la epopeya oseta, en las tres familias de los Nartes: los Alaegatae, fuertes por su inteligencia, los Aexsaertaegkatae, fuertes en hombres y en vigor, los Boriatae, ricos en rebaños[1].

Este sistema social posibilitaba que los grupos e individuos contaran con un esquema que les permitiera la autoobservación. Es decir, emergió un discurso observador de los conflictos, en el cual el ser humano se describía en términos abstractos, lo que le permitía tenerse a sí mismo como un objeto. Un elemento dentro de los grupos sociales —un estamento emergente— consolidó la narrativa que hizo posible que las clases se autoobservaran en su interacción, gracias a que dicho estamento tenía la autoridad para enunciar un orden divino que observaba a toda la sociedad. Los sacerdotes permitieron la convivencia estable entre guerreros y productores. «La división del trabajo sólo se convierte en una verdadera división a partir del momento en que se produce la separación del trabajo material y el intelectual —con esto

---

1   Bloch et al., «Irán antiguo…», 2:424.

coincide la primera forma de los ideólogos (sacerdotes)—»[2] Lo anterior indica que, más allá de la diferenciación existente en la sociedad y de la vocación de afirmación de intereses particulares, el *impasse* o *equilibrio de fuerzas* se resolvió mediante el reconocimiento —por parte de los distintos sectores sociales— de una instancia con el poder de juzgar su empate. Esa instancia es la casta sacerdotal, encarnación, en un estamento social, del orden divino: un discurso para desempatar y juzgar los conflictos de la comunidad.

Ante la lucha principal en la sociedad —el antagonismo entre dos fuerzas— se va consolidando una clase social que, si bien no es independiente de los intereses de las dos *partes* en conflicto, sí posee la autoridad para afirmar la perspectiva naciente de sus propios intereses como clase observadora, cuya enunciación discursiva funciona como un escenario desde el cual se observan los otros dos estamentos. Podemos reconocer que, en la división social que articula la actividad de cooperación de los productores con el estamento guerrero de competencia, emergió una casta sacerdotal que les servía de juez y espejo para reconocer al *otro*, consolidando su unión e inaugurando las tres dimensiones sociales: lo económico, lo político y lo ideológico[3]. La clase observadora define lo común y, a partir de ahí, lo diferente; enuncia lo que identifica a las *partes*, las constituye en cuanto *ser*, y lo que las separa es aquello que norma con su *deber ser*. Ante su afirmación de la identidad común de las clases, surge la negación expresada en su contraposición, la cual encamina hacia el bien y el mal establecidos por sus normas. El juez y observador une a las dos clases en conflicto a partir de una norma que regula sus diferencias.

El proceso mediante el cual se establece un orden social de estas características está compuesto por elementos que preexisten a las sociedades humanas. Esto es, no es adecuado concebir las formaciones sociales propias de nuestra especie como producto de un corte definitivo respecto a los grupos de distintos homínidos que las precedieron, ni entender la diferenciación social como un avance moral hacia la racionalidad. Por otro lado, tampoco resulta adecuado identificar el nacimiento de

---

2   Marx y Engels, «La ideología alemana (1845-1846) (extractos)», 165.

3   «El Avesta distingue igualmente, tres clases de medos, los de cuchillo, los de planta, los de hechizos, clasificación que se remonta a los indoeuropeos. Los indoeuropeos y tras ellos los indoiranios, y luego los iranios, simbolizaban las tres funciones por el blanco, color de los sacerdotes, el rojo o el polícromo, color de los guerreros, y el azul (oscuro), color de los ganaderos-agricultores.» Bloch et al., «Irán antiguo...», 2:425. Aún hoy, el modelo más frecuente en las banderas es tricolor, estando presente en 68 países, pues la unión de la comunidad nacional responde a un esquema tripartita semejante. Platón plantea, de la misma manera, tres clases sociales, trabajadores o productores, los guerreros y los filósofos, a quienes quería encumbrar al gobierno. En el estudio de la sociedad se refleja, aunque no se nombre, el esquema tripartito. Por ejemplo, Max Weber en su teoría de las tres clases, representa tres tipos ideales: la riqueza (la acción de la economía), el poder (en la política) y el prestigio (la consideración ideológica de las personas). *Cfr.* con el cierre del Padrenuestro: «Tuyo es el reino, el poder y la gloria».

la propiedad privada y de las clases sociales como una especie de caída o pecado original en el marco de una era idílica. En el comunismo primitivo de Marx no se describe una organización incruenta o igualitaria, ni tampoco regida por la solidaridad, sino simplemente la ausencia de las condiciones necesarias para que una entidad particular pudiera apropiarse de los incipientes medios de producción.

Por ello, lo que resulta verosímil es la tesis de que existe una continuidad con los grupos de homínidos estudiados por la arqueología, así como con los primates superiores actuales, donde está generalizado el dominio de unos sobre otros. Se ha reconocido la existencia de divisiones jerárquicas, diferenciación de funciones y procesos de exclusión en la forma en que se componen y desarrollan las actividades del conglomerado social en que surge el ser humano, todo ello expresado en asimetrías de diversa índole. Ese contexto de grupos dominantes y subyugados, conviviendo con relaciones basadas en la cooperación —también generalizadas en nuestro desarrollo evolutivo— da paso a una organización social donde, *esto es lo importante*, esos grupos reconocen esquemas en los que aparecen objetivados. Así, para justificar u oponerse a la opresión, surgieron discursos que alcanzan distintos grados de compromiso. Todo ello quiere decir que emerge un modelo de persona y de grupo que permite establecer, a partir del ajuste a él, un juicio ético. Esto significa un tránsito: de actuar directamente según el criterio marcado por un instinto apenas atemperado por la experiencia social, a la consolidación de espacios que permiten a los grupos humanos contar con una narrativa desde la cual observar su desempeño ante el *otro*. Este proceso inaugura una lucha por dilucidar cuál de los distintos discursos será favorecido dentro de la esfera social.

1.1 Los dioses como espejos y jueces

De la misma manera en que emerge una clase que observa a las otras dos, la aparición de entidades divinas responde a la necesidad de un ser diferenciado, capaz de juzgar los predicamentos y luchas sociales. De las dos fuerzas que chocan se desprende un árbitro que observa desde arriba, dando lugar a la estructura tripartita de la sociedad, pero también al orden divino, al social, al de ultratumba y al del tiempo: presente, pasado y futuro. De ahí que, en distintos idiomas, el concepto de lo divino aluda a la función de iluminar, pues constituye el punto de vista que permite ver y alumbra las relaciones dialécticas. En ese sentido, lo que juzga la deidad es un empate entre dos fuerzas que, simultáneamente, se identifican y se contraponen. De tal manera que no puede ejercerse entre ellas, plenamente, ninguna de las dos estrategias que tenemos para vincularnos: ni la de cooperación recíproca ni la de violencia y competencia. Es ese estado de indeterminación en los intereses entre grupos lo que marca la emergencia de una figura observadora que funge como árbitro[4].

Lo divino emerge de aquello que no es explicado por el sentido común, adjudicándole una voluntad a las cosas que escapan a nuestro entendimiento. Esto hace verosímiles y necesarias las normas, ya que infringirlas puede conducir a que una voluntad —que no dominamos— nos castigue. El poder del discurso religioso proviene de aquello que sucede en nuestro entorno y que no podemos integrar ni subordinar a nuestra potestad: algo que nos observa y se desenvuelve en una racionalidad no subordinada a nuestro *yo*. Fuegos espontáneos, zarzas ardientes, volcanes, fenómenos catastróficos, fósiles, etcétera, son expresión de la voluntad divina en cuanto, en su momento, eran inexplicables. Cuando las personas comienzan a comprender ciertos fenómenos, lo divino se desplaza hacia aquello que permanece incomprensible, de modo que los dioses encarnan la racionalidad que el *yo* no puede integrar: aquello que parece tener una voluntad propia e independiente que nos observa. El paso de lo antiguo a lo moderno implica la transición de la preeminencia de nuestras incertidumbres, del mundo físico al social.

Los dioses nos juzgan y nos dan normas para definir nuestra libertad, expresándose en el devenir del mundo que se opone a nuestro entendimiento y voluntad. Aquí encontramos una característica medular del orden trascendente y de las figuras divinas: se constituyen como personajes dentro del orden intersubjetivo de la comunidad, encarnaciones de voluntades que no comprendemos, pero que nos afectan. En un principio, en reciprocidad e igualdad[5]. En este sentido, los dioses son observadores que están al tanto, tienen capacidad de injerencia y cuentan con un criterio independiente que les permite evaluar las interacciones personales y grupales. A su vez, somos capaces de empatizar con estas figuras, de tal manera que, al adentrarnos en sus evaluaciones, podemos observarnos. Esta función de observación, por parte de las entidades divinas, se halla representada simbólicamente por la idea de que se

---

4   «El primer signo distintivo del Ser supremo es que se le declara no pertenecer a ninguna de las clases habituales de seres. Para los bantús, el Ser supremo o Dios "no es ni hombre, ni cosa, ni lugar-tiempo, ni manera de ser" Esta es, con toda evidencia, una manera de afirmar la trascendencia de Dios. Está fuera de clase, por encima de las clases, ante todas las clases» Laleye, «Religiones del África negra», 476.

5   «Para los pueblos primitivos, los agentes sobrenaturales se han considerado como muy poco superiores al hombre y a veces ni eso, pues podían atemorizarlos y coaccionarlos para que cumplieran su deseo: en este nivel intelectual el mundo es contemplado como una gran democracia; a todos sus seres, ya naturales o sobrenaturales, se les supone situados en un plano de igualdad suficiente» Frazer, *La rama dorada…*, 122 «En una aldea japonesa en la que la deidad guardián haya estado haciéndose la sorda a las oraciones de los campesinos para que llueva, derriban su imagen y entre grandes maldiciones y gritos la hunden de cabeza en un campo de arroz podrido. "¡Ahí —le dicen— se quedará por ahora y veremos cómo se sentirá después de unos cuantos días abrasada por este sol tórrido que está quemando la vida de nuestros campos agrietados"» Ibíd., 102-103.

encuentran en el cielo o en las montañas, pues estos son espacios elevados desde donde nos pueden ver.

Prácticamente en todas las culturas encontramos que los montes son lugares desde donde se comunican los dioses, en los cuales habitan y que, por diversos motivos, son considerados sagrados. El monte Olimpo es el hogar de los dioses griegos; las tablas de la ley se entregaron a Moisés en el monte Sinaí; el monte Maru es el centro del universo en las religiones orientales; en el monte Kailash vive Vishnú; el monte Fuji es sagrado en el sintoísmo; Mahoma recibe sus revelaciones en la cueva Hira, en la montaña Jabal al-Nour; y la montaña sagrada Coatépetl está en el *axis mundi* y es el lugar donde los aztecas se convirtieron en mexicas. En el cristianismo, la prédica más importante de Jesús —a la que más se recurre para observar nuestras interacciones— se conoce como el Sermón de la Montaña, y su transfiguración tuvo lugar en el monte Tabor. Entre los cananeos, Yawveh se origina en el monte Seir, mientras que El habita en el Lel, y su hijo Baal, en el Sapanu.

Se puede afirmar que, en la base de los sistemas de creencias, se encuentra la noción del observador[6]: un juez con características más o menos humanas, cercanas al creyente, ya que sólo en esa medida puede servir de espejo donde nos vemos con el *otro*. La idea de representar a la divinidad —y al discurso religioso— como un espejo aparece en múltiples sistemas de creencias. El espejo-escudo de Atenea en la mitología griega; Tezcatlipoca (el espejo humeante), dios omnisciente y omnipotente para los mexicas, que llevaba un espejo en el pecho desde donde veía los pensamientos y actos de la humanidad; o la imagen bíblica que ofrece Santiago: «El que oye el mensaje de Dios sin obedecer lo que dice es como el que se mira en un espejo. Se mira en el espejo, se va y pronto olvida lo mal que se veía» (1:23-24, PDT). En ese ejercicio, resulta indispensable que la figura divina sea cercana a nosotros, pues solo así puede mostrarnos nuestra interacción. Por eso decía Jenófanes que los dioses de los blancos son blancos, los de los negros son negros, y que si los caballos tuvieran dioses, ciertamente parecerían caballos[7].

En el devenir de los conflictos entre clases y lo impredecible del entorno físico, se van estructurando ideas que otorgan sentido y vinculan aquello que escapa al control

---

6   «En el tercer milenio antes de Cristo, los sumerios, considerados la primera civilización del mundo, realizaron ciertas esculturas de sus santidades agrandando anormalmente sus ojos para acentuar la sensación de vigilancia. Incluso celebraban ceremonias en las que los artistas "daban vida" a sus esculturas al abrirles los ojos». Wilson, «El verdadero origen del triángulo…».

7   «Pero los mortales se imaginan que los dioses han nacido y que tienen vestidos, voz y figura humana como ellos. Los Etíopes dicen que sus dioses son chatos y negros y los tracios que tienen los ojos azules y el pelo rubio. Si los bueyes, los caballos o los leones tuvieran manos y fueran capaces de pintar con ellas y de hacer figuras como los hombres, los caballos dibujarían las imágenes de los dioses semejantes a las de los caballos y los bueyes semejantes a las de los bueyes y harían sus cuerpos tal como cada uno tiene el suyo.» Citado en: Kirk et al., *Los filósofos presocráticos*, 194-195.

humano —en su existencia en el medio— con el *deber ser* dirigido a quien controla lo incierto, expresado en las normas. El camino que lleva a la consolidación de las figuras divinas va de lo concreto a lo abstracto: de las representaciones de lo que nos rodea, a nociones que observan nuestro desenvolvimiento con los demás y con el entorno. De la clase original que actúa como árbitro, a una idea abstracta que no pueda ser descalificada y que esté en condiciones de representar el interés general, es decir, a la *totalidad* social. De lo concreto de la persona que, en cuanto igual, puede ser rechazada como juez, a formas invisibles que están más allá de la gente. De las personas, a las ideas de ellas, y de ahí a los dioses[8].

De los abuelos, a la noción abstracta de ancestros, hasta llegar a la idea de un Dios Padre[9]. Ese movimiento se da para salvaguardar el poder de dictar el bien por parte de esas figuras, ya que necesitamos hacer empatía con ellas para aceptarlas como observadores y jueces. Por ello, cuanto menos sean tangibles y susceptibles de juicio o igualación con nosotros, mejor cumplen su función de describirnos el *todo* social con nosotros en él. La deidad pendula entre ser divina e inalcanzable —lo que le permite juzgarnos, aunque dificulta la empatía— o ser concreta —lo que facilita la empatía y el acceso a su mirada, pero la vuelve demasiado cercana como para que podamos reconocer en ella a una entidad sagrada y juez de nosotros.

En el nacimiento de la identidad humana, es el discurso religioso el que define esa unidad abstracta que pone en marcha a los dioses: una imagen que nos norma e iguala en cuanto seres humanos —la ética. La religión otorga a la ética los matices en los que esta se divide, ordena y jerarquiza, pero para que pudiera dividirse y organizarse, primero debió aparecer como algo prescriptivo para toda la sociedad. La emergencia de lo humano requiere que el discurso dominante se erija como juez, en cuanto ofrece un modelo de persona en el que pueden colocarse tanto el *yo* como el *otro*: algo abstracto, situado más allá de las pugnas particulares, condición que también se extiende a quien tiene el poder de pronunciarlo[10].

---

8   El evemerismo o deificación de una persona que existió en el plano material es un proceso que se repite en todas las culturas y es responsable de la aparición de una buena parte de las deidades del mundo.

9   El culto a los muertos es uno de los puntos comunes en el origen de la religión, nos comienza a distinguir irremisiblemente de otras especies y aparece desde el lejano paleolítico. Los líderes de los panteones antiguos muchas veces representan a un Dios padre, un ancestro común, por ejemplo, Júpiter, vocablo derivado de Dieu Piter (Dios Padre).

10   La casta sacerdotal es la que habla, es la voz de la divinidad observadora. En la religión védica, previa al desarrollo del hinduismo, las castas se originan de partes del cuerpo del gigante Púrusha, ser omnipresente. Los brāhmanas (sacerdotes) surgieron a partir de su boca, los chatrías (militares) de sus brazos, los vaishias (productores) de sus muslos.

1.1.1 La clase observadora en la comunidad tripartita

En diferentes religiones encontramos ilustrada la condición de la casta sacerdotal y su discurso como juez entre dos *partes* enfrentadas, dentro de esquemas triádicos. En el hinduismo, en la figura de Brahmā, deidad suprema y origen del universo, que al mismo tiempo participa de la trimurti: Brahmā como creador, Shiva como deidad destructora y Visnú como protector. De manera casi idéntica e independiente, la Trinidad católica incluye, en el concepto de Dios todopoderoso, la figura de Dios Padre, el Hijo y el Espíritu Santo. Igualmente, entre los mexicas, Ometéotl (Tloque Nahuaque) es la deidad unidad que crea e integra la dualidad, compuesta por el principio femenino Omecíhuatl y el masculino Ometecuhtli, completando la triada. En el caso egipcio, el dios sol Ra declara: «soy Khepri por la mañana, Ra al mediodía y Atum al atardecer»[11]. Quienes fungen como puentes con lo divino también participan del orden social; son, aunque lo oculten, jueces y *partes* en una triada, pues posibilitan la unión de dos fuerzas comunes y opuestas mediante su observación[12]. Imposible, en estos esquemas triádicos de lucha, no remitirnos al modelo dialéctico de tesis, antítesis y síntesis.

En ese contexto, el discurso monoteísta surge vinculado a un pueblo articulado en torno a una figura divina que no admite contraparte: una entidad muy abstracta e inalcanzable. Esta es una de las razones por las que su propio pueblo se resistía a aceptarla, requiriéndose entonces una fuerte autoridad por parte de los sacerdotes. De este modo, el grupo más cercano a la enunciación del discurso —aquel que podía llegar a controlarlo, establecer sus propias categorías y describir las relaciones que ordena— tomaba el timón del desenvolvimiento del *ser* social. En este caso, el observador —la casta sacerdotal— adquiría su poder por provenir de un grupo fuerte ante las clases en conflicto: el imperio egipcio.

Así pues, se sabe que en el judaísmo la función de representar el orden divino fue conferida a una de las doce tribus herederas de Jacob: la de Leví, a la cual se debía pertenecer para ejercer el sacerdocio. De hecho, los levitas formaban una casta profesional que, al ser externa a Israel, podía juzgar lo que allí ocurría. La etimología de Leví —«el que se ha unido»—, así como el origen de sus nombres de pila, apuntan a un probable origen egipcio, siendo considerados descendientes de la familia de Moi-

---

11   Otra formulación es la siguiente: «Ra es el dios del sol del antiguo Egipto. Es una de las deidades más antiguas del panteón egipcio que luego se fusionó con otras como Horus, y se convirtió en Ra-Horajty (el sol de la mañana), Amón (como sol del mediodía) y Atum (el sol de la tarde), asociados con la energía vital primigenia.» Mark y Amin, «*Ra (dios egipcio)*».

12   Modelo representado en el cristianismo desde el siglo XVI como un triángulo con un ojo en medio, el ojo que todo lo ve. Para distinguir, en sus avatares por el devenir histórico, a la clase observadora que evalúa los conflictos de las clases, no hay más que identificar quién dicta y sanciona las normas sociales; la religión, el Estado, etcétera.

sés, a quien también se atribuía ese mismo origen. Esto confirma la idea de que el discurso de sentido no surge como una ocurrencia espontánea, sino que debe estar asentado en un grupo humano con una función material y social concreta, de la cual se deriva su posición de árbitro. Por ello, posee una visión situada más allá de las clases y conflictos específicos que juzga, en una posición diferenciada.

La dialéctica con un árbitro —la cual, en cierta medida, rota entre los tres estamentos, en tanto cada uno es un *yo* que decide— tiende a desintegrarse cuando hay una identificación excesiva entre dos *partes*. Por ejemplo, cuando guerreros y sacerdotes —es decir, el poder y el discurso— se alían, surge una tiranía, como la alianza entre nobleza y clero en el régimen feudal, que en el caso de Francia llevó a la revolución del tercer Estado: los trabajadores, en 1789. Por ello, en diversas cosmogonías y en la religión cristiana, el mal aparece representado como una figura que arrastra consigo un tercio de las estrellas o de las criaturas divinas[13]. Esta imagen ejemplifica lo que ocurre cuando se rompe el equilibrio entre las dos *partes* (tesis y antítesis) y el observador (síntesis) que las integra: un elemento de la comunidad tripartita es expulsado y demonizado por quienes permanecen. También la figura del tercio que se retira o se separa dentro del esquema *yo-otro*-observador parece estar presente en los textos del Antiguo Testamento:

> Y acontecerá en toda la tierra, dice el Señor, que dos tercios serán exterminados y se perderán, mas el otro tercio quedará en ella. A este tercio lo meteré en el fuego, lo fundiré como se funde la plata, lo probaré como se prueba el oro. Él invocará mi nombre, y yo lo oiré. Yo diré: «Pueblo mío». Él dirá: «El Señor es mi Dios» Zacarías 13:8-9 (RV2020)[14]

---

13 «Luego apareció otra señal en el cielo: un enorme dragón rojo que tenía siete cabezas y diez cuernos, y con una diadema en cada una de sus siete cabezas. Su cola arrastró con violencia la tercera parte de las estrellas del cielo y las arrojó sobre la tierra. El dragón se plantó frente a la mujer que estaba de parto, dispuesto a devorar a su hijo en cuanto naciera» Apocalipsis 12:3-4 (RV2020) «La tercera parte de la humanidad murió a causa de estas tres plagas: el fuego, el humo y el azufre que salían de la boca de los caballos» Apocalipsis 9:18 (RV2020). «Apresó al dragón, la serpiente antigua, que es el Diablo y Satanás, y lo ató por mil años». Apocalipsis 20:2 (RV2020). Para los iranios Azi Dahaka, demonio parecido a un dragón con seis ojos y tres cabezas, fue derrotado por Fereydun (etimológicamente el tercero, la tercera parte de una trinidad de dioses), no podía morir, por lo que fue encadenado a la montaña Damavand. En un pasaje se relata que: «el vigor de Azi Dahak aumenta, se quita los grilletes de su trompa y su ímpetu permanece; se traga al apóstata en el acto y precipitándose al mundo para perpetrar el pecado, comete innumerables pecados graves; se traga un tercio de la humanidad, el ganado vacuno, las ovejas y otras criaturas de Ormuz [Ahura Mazda]; hiere el agua, el fuego y la vegetación, y comete pecado grave» Müller, *The sacred books of de east*, 234. (tal vez anterior al Nuevo Testamento, probablemente proveniente de una tradición posterior). En los babilonios, Gilgamesh era en un tercio hombre, mientras que el demonio Pasittu arrebataba un tercio de los hijos de los brazos de su madre.

14 También en la profecía de Ezequiel 5:12 se intuye la comunidad tripartita: «Una tercera parte del pueblo morirá de hambre y de enfermedades en la ciudad. Otra tercera parte será masacrada por el enemigo fuera de las murallas de la ciudad. A la otra tercera parte la dispersaré a los cuatro vientos y la perse-

Así pues, en algunos casos, la identificación absoluta entre dos *partes* no se resolvía, sino que conducía a divisiones y al desprendimiento social de quienes se sentían excluidos. Estos grupos se llevaban consigo a sus deidades y comenzaban a presentar a los dioses del *otro* como demonios. Por ejemplo, en la matriz de las religiones indoiranias se habla de una comunidad originaria que abarcaba lo que más tarde se convertiría en dos culturas distintas. Esta sociedad contaba con dos grupos de deidades: los *azuras* y los *daevas*. En ese contexto, un cisma sacerdotal entre iranios e hindúes llevó a la conformación de dos pueblos bien diferenciados. Como resultado del rompimiento del conglomerado social, los iranios comenzaron a considerar a los *azuras* como divinidades positivas y a los *daevas* como demonios. El proceso inverso ocurrió entre los hindúes, donde los *daevas* se divinizaron y los *azuras* se convirtieron en deidades demoníacas[15].

1.1.2 El orden social y la aparición de los dioses

El igualamiento de los elementos en controversia dentro del espacio social implica que las *partes* adquieren la capacidad de observar su propia actuación a través del esquema propuesto por el discurso ideológico-religioso, generando así un cierto equilibrio en las tres dimensiones sociales: lo político-guerrero, lo económico-productor y lo ideológico-religioso. Esto no debe interpretarse, en modo alguno, como la desaparición de una asimetría social; por el contrario, puede constituir una forma de justificar y consolidar la posición de una *parte*, especialmente si esta es cercana al propio discurso[16]. Si bien la narrativa religiosa surge ante un *empate de fuerzas*, quien la enuncia puede aliarse con una clase para oprimir a otra. Por ello, cabe suponer que los distintos segmentos sociales contaban con sus propias formas de llenar el espacio de indefinición conforme a sus intereses, como lo demuestra la arqueología, donde encontramos diversas maneras de articular los discursos según cada sector.

---

guiré con mi espada» (NTV). El primer tercio corresponde a los productores, el segundo a los guerreros y el tercero a los sacerdotes y sus cercanos.

15 «Los brahmana [religión proto hindú] consideran a los asura como enemigos de los dioses (deva, la palabra significa "celeste, diurno") o, por lo menos, como rivales suyos. Muchas leyendas relatadas para justificar aspectos concretos del ritual narran cómo los dioses vencieron a los asura y aseguraron su supremacía en el conjunto del universo. En los últimos tiempos de la religión védica y en el hinduismo que le sucedió, los asura se consideraron auténticos demonios (bajo el aspecto de potencias de las tinieblas) y se agradece a los dioses el que hayan librado de ellos la tierra. (…) Paralelamente, pero a la inversa, la tradición irania considera a los deva (daeva en avéstico) como demonios y hace de Ahura el nombre supremo de la divinidad (Ahura Mazda, "el Señor sabio")» Bloch, «La religión védica», 2:364-365

16 En la antigüedad, el guerrero toma el control social y necesita únicamente la sanción del sacerdote a su dominio, Platón quería de regreso el gobierno a lo ideológico en el filósofo. La modernidad pone en el centro al burgués dueño de los medios de producción, dejando a lo político en segundo plano, como su administrador, encumbrando a la Ciencia como dominante en lo ideológico.

Con sus propios dioses como árbitros de las conflictividades internas, cada sector contaba con espacios de indefinición que algún subgrupo evaluaba. A su vez, en el exterior, sus intereses eran reconocidos como parte de la comunidad por el estamento religioso, que los representaba dentro del conjunto de deidades de su sociedad. Por ello, cada panteón constituía una unidad simbólica que expresaba las luchas entre clases, de modo que el espacio de las explicaciones —aquello que da sentido a las decisiones y descripciones del mundo— reproducía a escala el orden terrenal[17]. Resulta, entonces, verosímil que la conflictividad social —ya sea por dominio económico, militar o de otra índole— apareciera también reflejada en las narrativas sobre los fenómenos del mundo y los criterios para actuar, una vez que en el género humano emergió la capacidad racional de autoobservarse. Por ejemplo, en los panteones politeístas, donde las luchas y tensiones sociales se proyectaban hacia el interior del relato mitológico y eran resueltas por la clase que ocupaba el rol de jueza.

En la cosmovisión de la antigüedad griega, el panteón olímpico tenía injerencia en el destino de las personas y actuaba de manera muy emocional hacia ellas, marcando así el veredicto último de lo divino. Esto se manifestaba especialmente cuando alguien cometía la gran transgresión que, para los griegos, era no aceptar su papel dentro del inexorable destino; es decir, no respetar la división de las clases. Como todos los dioses, para que podamos aceptar sus juicios, deben ser personajes que, al observarnos —y al permitirnos empatizar con ellos—, nos hacen posible vernos en el *otro*. En las culturas antiguas de tipo politeísta, podemos reconocer en sus panteones una cohorte de entidades que están, en mayor o menor medida, al tanto de lo que ocurre entre los mortales y poseen una racionalidad superior a la humana en sus relaciones mundanas. Los dioses representan un orden vinculado al de las personas: hay que influir en su voluntad para que nos vaya bien, pero, al estar ellos mismos enfrentados, no necesariamente gozan de un poder absoluto; su voluntad suele estar en reciprocidad con la nuestra[18]. Este orden divino —que abarca y a la vez excede la visión humana— está sostenido por múltiples relatos, mitos y leyendas que orientan sobre cómo actuar en momentos particulares. Estos relatos contienen

---

17   «Los dioses indoeuropeos están repartidos en categorías antitéticas y complementarias que corresponden a la jerarquía de las clases sociales» Bloch, «La religión griega...», 2:253

18   «En el Egipto antiguo, por ejemplo, los magos proclamaban su poder de obligar hasta a los más altos dioses a ejecutar sus mandatos, y realmente los amenazaban con la destrucción en caso de desobediencia. Otras veces, sin ir tan lejos, el hechicero declaraba que diseminaría los huesos de Osiris o revelaría su leyenda sagrada si el dios se mostraba rebelde. De igual modo, actualmente, en la India, la misma gran trinidad de Brahma, Vishnú y Siva está subordinada a los brujos, que por medio de sus conjuros ejercen tal ascendencia sobre tan poderosas deidades, que éstas se ven obligadas a ejecutar sumisamente, ya abajo en la tierra o arriba en el cielo, todo lo que les manden y puede ocurrírseles a sus amos, los hechiceros. Hay un dicho corriente en toda la India: "Todo el universo está subordinado a los dioses; los dioses están obligados a los conjuros (manirás); los conjuros a los brahmanes; por consiguiente, los brahmanes son nuestros dioses"» Frazer. *La rama dorada* ..., 78.

elementos que sirven de tránsito entre lo más sagrado y abstracto del discurso del bien y el mal, y lo más particular y mundano de nuestras decisiones.

En el caso del judaísmo, a pesar de lo abstracto que implica el tránsito hacia un Dios sin nombre —que no puede ser representado ni identificado con nada—, su divinidad se manifiesta como un personaje que juzga, y no como una entidad mecánica, al estilo del dios de Aristóteles[19]. Es una figura de la que los judíos se distinguen marcadamente, al reconocer a su Dios como el de Israel, de Abraham y de Moisés: un referente personal que se transmite de generación en generación[20], y que nos permite ver en Él nuestra relación con el *otro*. Se trata de un Dios personal, con voluntad dirigida hacia nosotros, cuya lógica podemos intentar comprender —no del todo insondable—, pues estamos hechos a su imagen y semejanza, algo que se refuerza aún más con la transición hacia el Dios Padre cristiano. En el discurso religioso se integran los sectores contrapuestos de un orden social, hipostasiadas sus más mezquinas pugnas en distintas figuras divinas. Sin embargo, el ser humano necesita construir relatos religiosos, sagas y leyendas que le permitan saber qué formas de actuar, en las encrucijadas que apremian su existencia, le harán merecedor de prestigio y canonjías en el ámbito social, lo ayuden a calmar su fuero interno ante la angustia de la indefinición o, simplemente, a evitar que el colectivo se le exprese de forma cruenta mediante las sofisticadas formas de violencia de las que es capaz. En última instancia, el discurso que da sentido al mundo y a nuestras acciones describe el orden social de forma prescriptiva: materializa la visión del mundo que asumimos y se constituye, efectivamente, en lo real dentro del orden que norma nuestras interacciones en una dirección específica.

En ese sentido, la disyuntiva entre una sociedad basada en la cooperación o en la competencia marca las normas y el referente humano que se utiliza como modelo, definiendo así la jerarquía social y favoreciendo a ciertas categorías humanas sobre otras, en sus respectivos empates. Cuando se generaliza la cooperación, esta se corresponde con normatividades de corte matriarcal, centradas en la capacidad de pro-

---

19   Resulta más fácil hacer empatía con la divinidad judía que con la del filósofo griego: «La divinidad de Jenófanes es una (monoteísmo) y, según Aristóteles, es el cosmos ("lo Uno") lo cual supone un giro con respecto al politeísmo y antropomorfismo característicos del panteón olímpico griego. Los rasgos atribuidos por Jenófanes a la divinidad son los siguientes: - Dios es inmóvil. - Dios no ha sido generado. – "Hay un único dios, el supremo entre dioses y hombres" - Dios no es antropomórfico. - Dios piensa y percibe "todo él". - Dios mueve las cosas por el poder de su mente. - Dios es moralmente perfecto. Todas estas características lo que hacen (a un nivel socialmente funcional), no es sino trazar una marcada separación entre la "condición divina" y la "condición humana"» Pastor, «*El dios de Jenófanes*».

20   «Y dijo: Yo soy el Dios de tu padre, Dios de Abraham, Dios de Isaac, Dios de Jacob. Entonces Moisés cubrió su rostro, porque tuvo miedo de mirar a Dios. Y dijo Jehová: Bien he visto la aflicción de mi pueblo que está en Egipto, y he oído su clamor a causa de sus exactores; pues conozco sus angustias» Éxodo 3:6 -7 (RV2004)

ducir, lo que favorece a la mujer en las relaciones entre los sexos y a los productores frente al estamento castrense. Por el contrario, el dominio de los guerreros —camino históricamente impuesto— conlleva la apropiación de los medios de producción a costa de los productores en la esfera privada y económica, así como la justificación de ese dominio en la esfera pública-política, bajo la sanción del discurso de sentido religioso.

En esa tesitura, el patriarcado se presenta como expresión de las sociedades guerreras orientadas a la competencia, ya que el hombre posee ventaja en el terreno militar debido a su fuerza física, especialmente en el ejercicio de la violencia como medio para resolver conflictos, privilegiando el uso de la mano derecha. Se otorga así primacía al varón como guerrero frente a la mujer como productora, mientras que la casta sacerdotal —jueza de las otras clases— se inclina por la clase militar en detrimento del trabajador. El pacto entre la nobleza castrense y el clero, que otorga legitimidad al poder de gobernar[21], excluye a los productores y, en otro plano, a las mujeres, quienes resultan oprimidas. Cuando Platón describe las sociedades de su tiempo, el patriarcado ya se había traducido en una jerarquización de los estamentos sociales a favor de quienes hacen la guerra, sobre la base de productores —entre los cuales se incluían esclavos—. Incluso en la sociedad ideal que proyectaba, situaba al filósofo gobernante en la cúspide, preservando el dominio entre las otras dos clases antagónicas en favor del guerrero.

En el desarrollo del monoteísmo judaico —una vertiente caracterizada por el predominio del varón—, se han encontrado, antes del exilio en Babilonia, numerosos vestigios del extendido culto a la diosa Aserá[22]. El fracaso político y militar del cautiverio babilónico —es decir, un tropiezo en el terreno de la violencia y la guerra— llevó a los

---

21   Así lo constatamos ya en las leyendas de los antiguos escitas: «En la epopeya popular de los actuales osetas, pueblo iranio. La leyenda escita menciona unos objetos de oro caídos del cielo y que se relacionan respectivamente con la tercera función (arado y yugo), con la segunda (hacha) y con la primera (copa, cultural sin duda). La posesión de esta última es lo que confiere la realeza.» Bloch et al., «Irán antiguo…», 2:415.

22   «Historiadores y arqueólogos han reconstruido la narrativa de Asera y han encontrado grandes trozos entrelazados en los artefactos de la región y en las escrituras de la propia Biblia hebrea. La evidencia sugiere que Asera se observó en el antiguo Israel y Judá ya en el siglo XII a.C., hasta unas pocas décadas antes de la caída del reino sureño de Judá (587-588 a.C.), una época conocida como el período preexílico. (…) el lugar de Asera en el panteón está junto al de Yahvé, la deidad suprema. Además, los muchos artefactos que representan a Asera y su culto de la región contradice la prohibición bíblica contra la creación de ídolos. (…) Asera se representa muchas veces en diversas formas esparcidas por toda la región. Pero las más abundantes son sus estatuillas de pilares, que fueron populares desde el siglo X al VII a.C. El término "imágenes de Asera" se usa a menudo en la Biblia hebrea y se cree que estas estatuillas de pilares son lo que los escritores de la Biblia tenían en mente» Leonard, *God's forgotten wife…*».

judíos a abandonar la adoración a la Diosa Madre[23] y a centrarse en un solo Dios masculino: Yawhé, no casualmente el *Dios de los ejércitos*[24]. Esta reconfiguración, prefigurada en las reformas deuteronómicas impulsadas por Josías, encontró resistencia en parte del pueblo judío, especialmente entre quienes valoraban los tiempos más pacíficos del predominio del culto a Aserá[25].

El movimiento patriarcal implica también la preeminencia y el privilegio de ciertos elementos al interior de la unidad individual. En este sentido, en el plano de la lateralidad corporal, el hemisferio cerebral izquierdo tiende a ser más activo en los varones que en las mujeres. Debido a la decusación motriz, esto significa que el cerebro masculino está más especializado en el control del lado derecho del cuerpo, mientras que en el cerebro femenino predomina una organización más orientada a la integración y la conexión entre hemisferios, lo que favorece funciones de unión y cooperación[26]. Así, el privilegio del varón se corresponde con la preferencia por la parte derecha del

---

23   «Derribaréis sus altares, y quebraréis sus estatuas, y cortaréis sus imágenes de Asera» Éxodo 34:13 (RV 1960) « Jehová sacudirá a Israel al modo que la caña se agita en las aguas; y él arrancará a Israel de esta buena tierra que había dado a sus padres, y los esparcirá más allá del Éufrates, por cuanto han hecho sus imágenes de Asera, enojando a Jehová» 1 Reyes 14:15 (RV 1960) «Hizo también Acab una imagen de Asera, haciendo así Acab más que todos los reyes de Israel que reinaron antes que él, para provocar la ira de Jehová Dios de Israel» 1 Reyes 16:33 (RV 1960) «Dejaron todos los mandamientos de Jehová su Dios, y se hicieron imágenes fundidas de dos becerros, y también imágenes de Asera, y adoraron a todo el ejército de los cielos, y sirvieron a Baal» 2 Reyes 17:16 (RV1960)

24   «Los antiguos israelitas eran politeístas […] "con sólo una pequeña minoría de adoradores de Yahwé (como único Dios) antes de los acontecimientos históricos de 586 a. C.". En ese año, una élite de la comunidad dentro de Judea fue exiliada a Babilonia y el Templo de Jerusalén fue destruido. Esto, dijo Brody, A. dio lugar a "una visión más universal del monoteísmo estricto: un Dios, no sólo para Judá, sino para todas las naciones" (…) [entonces] "Las menciones de la diosa Aserá en la biblia hebrea son raras y han sido fuertemente editadas por los autores antiguos que conformaron y juntaron los textos" (…) Se puede decir que Aserá, como un símbolo de árbol, fue "talado y quemado fuera del Templo en las ceremonias de ciertos gobernantes que trataban de 'purificar' el culto y enfocarse en la adoración de un solo Dios masculino, Yahwéh"» Viegas, «*God's wife edited…*».

25   «—Escucha, Jeremías: Este mensaje que nos has dado de parte de Dios, no lo vamos a obedecer. Al contrario, vamos a seguir haciendo lo que nos da la gana, tal como lo hicieron nuestros antepasados, nuestros reyes y nuestros funcionarios. Seguiremos adorando a nuestra diosa, la Reina del cielo, y le ofreceremos incienso y vino. En realidad, cuando lo hacíamos, teníamos mucha comida y no nos faltaba nada ni nos pasaba nada malo. En cambio, desde que dejamos de hacerle ofrendas de incienso y vino, nos ha faltado de todo, y la guerra y el hambre nos están matando» Jeremías 44:16-18 (TLA)

26   «La mayoría de las conexiones supratentoriales que fueron más fuertes en los hombres que en las mujeres fueron intrahemisféricas (P <0,05 probado con permutación). Por lo contrario, la mayoría de las conexiones supratentoriales que eran más fuertes en las mujeres eran interhemisféricas» Ingalhalikar et al., «*Sex differences in…*». «Los estudios muestran que los hombres utilizan principalmente el hemisferio izquierdo de su cerebro para procesar información, mientras que las mujeres son más hábiles en el uso de ambos hemisferios.» Jensen, «*13 Real differences between…*». «Por tanto, las mujeres podrían utilizar ambos hemisferios para funciones del lenguaje, mientras que los hombres utilizan predominantemente el hemisferio izquierdo» Sommer et al., «*Do women really…*». «El hemisferio cerebral derecho es más significativo en la mujer; en el hombre, el hemisferio izquierdo. El cuerpo calloso, conjunto de fibras nerviosas que

cuerpo: además de ser más fuerte en la mayoría de las personas —lo que otorga ventaja en la lucha—, es también el lado más activo en los hombres.

Por ello, en varios idiomas pertenecientes a culturas patriarcales —como el español—, «derecho» no solo alude al lado derecho, sino también a lo correcto, lo recto y a una facultad reconocida, como en «derecho humano» o «derecho de piso». Del mismo modo, el término «diestro» significa hábil, mientras que «siniestro» remite a lo desconocido y lo tenebroso. En inglés, *right* designa tanto la dirección derecha como lo correcto y las prerrogativas legales (*rights*), mientras que *left* conserva en su etimología la connotación de debilidad. Un ejemplo simbólico de esta asociación entre lo masculino y la derecha aparece en la mitología hindú: la deidad andrógina Ardhanarishvara, integrada por el dios Shiva y su consorte Shakti, representa la síntesis de las energías masculina y femenina. Ardhanarishvara ilustra cómo Shakti —principio femenino y fecundo— es indisociable de Shiva —principio masculino y destructor—.

La mitad derecha de las representaciones de Ardhanarishvara muestra la anatomía masculina, mientras que la izquierda corresponde a la femenina, salvo en algunas pocas figuras procedentes de la secta femenina *Shakta*. En el judaísmo, ocupar el lado derecho de Dios, del rey o de un anfitrión se considera un puesto de honor. Según la profecía davídica, el Mesías se sentará a la diestra del Señor[27] y, en el cristianismo, durante el Juicio Final, los escogidos estarán situados a la derecha de Dios, y los condenados, a su izquierda[28].

En la iconografía de las parejas divinas primordiales, es casi inequívoco que el varón ocupa el lado derecho. En culturas prehispánicas como la mexica, puede reconocerse un esquema en el que las deidades masculinas, como Tláloc —asociado con lo derecho y lo superior—, se representan en oposición a deidades femeninas, como Tlaltecuhtli —vinculada con lo izquierdo y lo inferior—. Esta estructura refuerza simbólicamente la jerarquía espacial del patriarcado, articulando la lateralidad con el género y el lugar que cada principio ocupa en el orden cósmico. En la política contemporánea, persiste un patrón análogo, donde la derecha representa las fuerzas dominantes y conservadoras de las normas: el *yo*. Por su parte, la izquierda encarna

---

interconectan ambos hemisferios cerebrales, es mayor en la mujer que en el varón, sobre todo en su área más posterior» Velayos, «*Pareja, matrimonio, consideraciones…*».

27   «Salmo de David. JEHOVÁ dijo a mi Señor: Siéntate a mi diestra, Hasta que ponga a tus enemigos por estrado de tus pies.» Salmos 110:1 (RV2004)

28   «Cuando el Hijo del Hombre venga en su gloria, y todos los santos ángeles con él, entonces se sentará sobre el trono de su gloria; y todas las naciones serán reunidas delante de él; y apartará los unos de los otros, como aparta el pastor las ovejas de los cabritos; y pondrá las ovejas a su derecha, y los cabritos a la izquierda. Entonces el Rey dirá a los de su derecha: Venid, benditos de mi padre, heredad el reino aparejado para vosotros desde la fundación del mundo. Entonces dirá también a los de la izquierda: Apartaos de mí, malditos, al fuego eterno preparado para el diablo y sus ángeles.» Mateo 25:31-34,41 (RV2004)

las energías del excluido, del cambio y de la crítica al mundo: el *otro*. Lo afirmativo y lo negativo, respectivamente[29], quedan así asociados con lo masculino y lo femenino dentro del orden patriarcal.

34

1.2 Jerarquía en lo divino, politeísmo y desarrollo del monoteísmo

Un elemento central que destacar de las normas, las leyes y demás lineamientos articulados socialmente es su tendencia a organizarse como una unidad coherente. Esta congruencia es lo que les permite otorgar sentido al mundo. Para que ello ocurra, deben contar con una jerarquía interna que establezca prioridades entre distintos criterios, de manera que podamos optar por uno sobre otro cuando las circunstancias así lo exijan. En el orden divino, siempre ha sido necesaria una jerarquía y una noción unificadora que resuelva los *empates de fuerza*, tanto en el plano fenoménico como entre las propias deidades. El estamento religioso encarna esa unión de los contrarios, y ello se refleja en su discurso[30]. Si cada sector, estamento o distinción dentro de la sociedad posee su propio sistema normativo y su estructura axiológica particular, la posibilidad de conflicto es constante: al interactuar en un mismo espacio social, emergen los antagonismos y los intereses enfrentados. Esta dinámica pone en riesgo la unidad del colectivo. Por ello, cuando existe simultáneamente identidad y antagonismo entre las *partes* de una misma estructura de clases, la interacción entre ellas debe encontrarse normada.

Tanto en los entornos politeístas como, de manera más marcada, en el monoteísmo, encontramos elementos que otorgan sentido y nos orientan hacia caminos parti-

---

29   El origen de esto lo encontramos en la revolución francesa «Era 28 de agosto de 1789 y en la Asamblea Constituyente de Francia se hacía la pregunta más revolucionaria de la época: ¿Cuánto poder debe tener el rey? (...). Cuenta la historia que el debate desatado en la asamblea, integrada tanto por seguidores de la Corona como por revolucionarios interesados en tumbarla, era tan acalorado y pasional que los contrincantes se terminaron ubicando estratégicamente en la sala según sus afinidades. De un lado, en las sillas ubicadas a la derecha del presidente del organismo, se sentó el grupo más conservador. Eran los leales a la Corona, quienes querían contener la Revolución y que el rey conservara el poder y el derecho al veto absoluto sobre toda ley. Eran partidarios de que en Francia se instalara una monarquía constitucional, algo parecido al ejemplo inglés. Es decir, un rey poderoso con un Parlamento que dependiera en gran medida de su figura. Del otro lado, en las sillas de la izquierda, se comenzaron a reunir los revolucionarios que tenían una visión opuesta. Eran los más progresistas de la sala, los que pedían un cambio de orden radical» Roura, «*Por qué se les llama izquierda...*».

30   «En lengua (kinya) ruandesa, esta trascendencia del Ser supremo aparece en la apelación Iya-Kare, que significa el "Inicial, el que estaba (ahí) antes de todo, antes de cualquier otra cosa". Estando el inicial ahí "antes del principio del principio", es él quien puso de pie a todos los seres; es él quien les dio forma (Rurema). (..) el Inicial es aquél en comparación de quien los demás no saben nada del arte de juntar, de unir o de reunir; es pues el copulador por excelencia (Nyamurunga). Podríamos encontrar estos atributos primarios de Ser supremo, salvo algunos detalles, en la casi totalidad de las lenguas africanas» Laleye, «Religiones del África negra», 476.

culares en situaciones límite, en las que el *impasse* entre fuerzas antagónicas ya no puede prolongarse. En esos casos, el orden divino se ve obligado a adoptar soluciones de compromiso que median los conflictos entre las *partes*. Así, los intereses contrapuestos se integran en una síntesis que busca favorecer a ambos. Es lo que ocurre, por ejemplo, en el sincretismo religioso, cuando dioses parciales logran encumbrarse en el escenario o el pueblo que norman, dominando o integrando a otros, muchas veces mediante la asimilación de sus características. Yawhé, por ejemplo, fue en sus orígenes un dios del desierto y de la guerra —es decir, del *otro*—, posiblemente retomado de un pueblo extranjero a los israelitas, tal vez procedente de la pequeña comunidad de los edomitas. No obstante, acabó por integrar la *totalidad* de los dioses en un solo discurso de sentido. Ahora bien, no debemos centrarnos únicamente en esa posibilidad de síntesis. Si la función unificadora del discurso religioso fracasa, el conflicto puede simplemente postergarse, para luego emerger de forma cruenta, con riesgo de desintegración del conglomerado. Una lucha puede resolverse por la vía de la cooperación —a partir de la unificación de las *partes*—, por el antagonismo —con el desprendimiento de una de ellas—, o, en una tercera posibilidad, en su choque cíclico, como sucede en la comunidad tripartita.

La existencia de un ser divino se traduce, hacia dentro de nosotros, como un criterio para resolver las disyuntivas de la vida. Cuando existen muchas divinidades, ello implica la presencia de múltiples criterios; cuando hay un solo Dios, el criterio debe estar unificado. En los panteones politeístas, conviven deidades que nos orientan en distintos escenarios: suelen ser más eficaces en uno en particular —donde representan el bien—, pero pueden ser percibidas como negativas en otros ámbitos donde no ejercen dominio. Así, por ejemplo, una divinidad puede resultar muy adecuada para normar la esfera familiar, pero su criterio resultar inapropiado para guiar la lucha de clases o los conflictos entre grandes sectores sociales. Esta ambivalencia no representa un problema para la figura divina en sí —que puede tener facetas opuestas y ser buena y mala a la vez—, pero sí genera una dificultad para el sujeto que busca una guía clara, ante la necesidad humana de superar la incertidumbre.

Las personas nos vinculamos con la realidad a partir de nuestra forma de actuar; sin embargo, toda forma de actuar implica inevitablemente una *parcialidad*: sólo integra una perspectiva del mundo. Para alcanzar la *totalidad* que exige un discurso religioso, el panteón politeísta recurre a la suma de figuras parciales que son, simultáneamente, buenas y malas. Cada una representa decisiones que resultan favorables en ciertos escenarios, pero que, por su misma *parcialidad*, excluyen otras posibilidades. Cada dios posee virtudes, pero también una cara oscura, al igual que ocurre con los seres humanos. En el politeísmo, si nuestras acciones son sancionadas negativamente por una divinidad, podemos encontrar refugio en otra que las legitime como buenas. Sin embargo, la fuerza del discurso religioso, a fin de cuentas, debe integrarse en una entidad que prevalezca en situaciones de empate, ya que su función es precisamente definir nuestras indecisiones. Así, cuando hay múltiples deidades, la realidad se expresa como un enfrentamiento entre criterios divinos contrapuestos. En tales casos, solía existir la preeminencia de ciertas figuras que remitían a nociones abstractas de unidad en lo divino, dando lugar a una amplia gama de interpretaciones que facilitaban la toma de decisiones.

La gran mayoría de las religiones posee nociones de un Dios único, o al menos de una jerarquía que otorga supremacía a una deidad sobre las demás. Esto se debe a que el empate entre figuras divinas resulta contraproducente y, por tanto, debe resolverse de algún modo. Así, el politeísmo tiende hacia la *monolatría* o el *henoteísmo* como vía para alcanzar el bien; mientras que el monoteísmo, para explicar el mal, necesita aproximarse al *dualismo*. En general, las religiones presentan un continuo que oscila entre un dios central y otras figuras divinas[31]. Tloque Nahuaque en los mexicas, Brahma en el hinduismo, Júpiter en la tradición romana y epicúrea, Zeus entre los griegos, o Hunab Ku en los mayas, representan ese centro unificador. Mwari, el dios creador y supremo según la religión africana Shona, es considerado autor de todas las cosas y de la vida misma, conteniendo en sí todo lo existente. Mwari es una entidad todopoderosa que gobierna sobre todos los espíritus. De hecho, todas las religiones politeístas tienden a desarrollar figuras próximas a ese modelo. Como afirma Serge Sauneron:

> El dios que los egipcios adoraban a través del dios tradicional de su nomo es una imagen del todo, el regente del universo físico y de las fuerzas que lo componen: sus funciones y sus poderes abarcan todo lo que existe y se mueve en el interior del cosmos[32]

Existen criterios y jerarquías que nos orientan y que, potencialmente, permiten trascender el antagonismo. Sin embargo, cuando no logran cumplir esa función, pueden convertirse en causa de disolución social y de pérdida de la hegemonía discursiva. En el monoteísmo, un solo criterio sobre lo que es el bien define cómo es el mundo; y ese mismo criterio continúa funcionando como norma incluso cuando actuamos

---

31 De esta manera, incluso en el panteón hindú, celebérrimo por su diversidad y capacidad de integrar la pluralidad, pues solían asimilar dioses de otras culturas, encontramos esta interesante cita: «En realidad los hindúes, creen en un poder invisible y supremo, el brahman, que se manifiesta en una pluralidad de divinidades. Da testimonio de ello elocuentemente este pasaje tomado del más antiguo de los Upanisad: "Entonces Vidagda Sakalya le preguntó: ¿Cuántos dioses, Yajnavalkya? […] -Tres y trescientos y tres y tres mil. -Sí, contestó el otro; ¿pero, verdaderamente, cuántos dioses, Yajnavalkya? -Treinta y tres. -Sí, contestó; ¿pero, verdaderamente, cuántos dioses, Yajnavalkya? -Seis. -Sí, dijo; ¿pero, verdaderamente, cuántos dioses, Yajnavalkya? -Tres. -Sí, dijo, ¿pero, verdaderamente, cuántos dioses, Yajnavalkya? -Dos. -Sí, dijo, ¿pero, verdaderamente, cuántos dioses, Yájnavalkya? -Uno y medio. -Sí, dijo, ¿pero, verdaderamente, cuántos dioses, Yajnavalkya? -Uno […] -¿Cuál es el dios único? El soplo. Es él quien es el brahman"» Hulin y Kapani, «Hinduismo», 264.

32 Bloch et al, «Religión egipcia», 1:127.

en su contra, siempre que siga siendo eficaz para configurar nuestra experiencia del mundo. La sanción por actuar mal no anula su vigencia mientras no cambiemos la pregunta a la que respondemos con un *no*. El discurso de omnipotencia de un solo Dios pretende no dejar nada fuera de sí: toda tendencia humana puede, eventualmente, ser trascendida e integrada como una forma aceptable dentro de su narrativa. Este esquema refuerza la función de la culpa y la necesidad de reorganizar las fuerzas del devenir en nuevas configuraciones.

El discurso religioso, al nombrar el mundo, no inventa las categorías: toma partido entre aquello que ya está dado. Una norma sólo prohíbe lo que ya se practica y favorece lo que también es factible realizar; en ese movimiento, delimita un conflicto entre prácticas igualmente posibles y potentes. En ciertos casos, una narrativa religiosa puede configurar la realidad para favorecer que la expresión de lo que una sociedad considera como bueno se mueva y avance. En ese proceso, resulta crucial que el discurso se encuentre unificado en una fuerza: por eso, el cambio de normas y visiones del mundo tiende a ser más ágil en el monoteísmo. La idea de un Dios único permanece, pero las interpretaciones sobre su naturaleza cambian al ritmo de los nuevos predicamentos que enfrenta la sociedad. Las energías en conflicto —tesis y antítesis— pueden trascenderse en una síntesis que las integre y transforme su expresión concreta. Dios permanece inmóvil en su ser abstracto, pero su manifestación puede cambiar mediante la interacción entre el discurso del *yo* y del *otro*, ahora articulados en un mismo criterio que integra su dualidad en la figura del ser divino.

La pluralidad de opciones que se abren al ser humano, una vez que deja de estar determinado por el instinto, requiere definirse en una dirección. Esa dirección está dada por un criterio culturalmente enunciado, encarnado en una norma que desempata las acciones posibles y establece qué debe privilegiarse entre las personas. En el monoteísmo puede reconocerse un esfuerzo por integrar completamente las energías del discurso que da sentido a la vida, además de que produce un debate constante entre fuerzas sociales. Por ello, es posible identificar, en su interior, una jerarquía —más o menos visible— de lo que se considera correcto. Buscar el sentido de la vida implica, en ese marco, orientarse mediante un único criterio que se pretende coherente en todos los escenarios de la existencia. Por ello, la diversidad de interpretaciones sobre el Dios abstracto requería la clarificación de lineamientos normativos que guiaran la acción. En el plano de la sanción normativa —es decir, en el discurso dominante— puede reconocerse un intento de reglamentarlo todo, sin dejar resquicio alguno fuera de su ley. Este afán de regulación limita el margen para la interpretación, como puede observarse en las minuciosas prescripciones impuestas por la casta sacerdotal, especialmente en el *Libro del Levítico*, muchas de las cuales regulan hasta los aspectos más nimios de la vida cotidiana.

Asumirse como monoteísta implica que la idea de un solo Dios se convierte en la regla, más que en la excepción. Sin embargo, para orientar nuestra libertad, ese principio de unidad requiere del dualismo. El monoteísmo es un esfuerzo por desempatar el estado de indefinición social a partir de una idea integradora. Esa idea configura tanto a la psique individual como a la comunidad que se articula en torno a ella. Permite que la oposición entre fuerzas que se igualan —y generan incertidumbre— pueda trascenderse mediante una síntesis que las integre, pues ambas provienen de un mismo principio: el Dios único. Así, se hace posible cuestionar el orden del mundo desde un criterio humano que transforma la relación entre las normas y las trasciende hacia una nueva configuración. El monoteísmo presenta una figura divina que encarna únicamente la virtud; se aspira, por tanto, a una articulación total de lo que se considera bueno, y esa articulación debe ser coherente con todas las situaciones que enfrentamos. Dios es un modelo abstracto que trasciende el entendimiento humano, y al cual no se le puede atribuir error alguno en los juicios que se manifiestan en el mundo fenoménico. Por esta razón, su figura parece mantenerse especialmente viva en pueblos como el judío, que han sufrido infinidad de persecuciones y tribulaciones, muchas de ellas vinculadas directamente con su fe y con la manera en que la practican. Ya sea que tales calamidades se interpreten como castigo justo, como parte de un plan divino o como actos de maldad surgidos de la voluntad de otros, no hay nada que reclamarle a Dios.

El camino que recorre el monoteísmo consiste en ir eliminando los aspectos parciales del concepto de lo divino, descartando e integrando otras deidades hasta configurar una entidad abstracta que no puede vincularse exclusivamente con una *parte* en especial. Precisamente por ello, adquiere un poder simbólico que permite a comunidades diversas identificarse con ella. En ese proceso, el monoteísmo emplea con frecuencia el mecanismo de demonizar a los dioses de los pueblos vecinos con los que compite, para erigir a la propia divinidad como única y superior. Un ejemplo ilustrativo es el caso de *Beelzebú* —literalmente, «señor de las moscas»—, nombre atribuido por los masoretas (eruditos hebreos) a *Baal*, quien terminó figurando como un demonio[33]. Este término constituye una deformación irónica de *Ba'al Zebûl*, que significa «señor de la casa», uno de los nombres atribuidos a Baal, el dios supremo entre los babilonios y otros pueblos cananeos. La alusión a las moscas proviene del hecho de que, en su altar, se colocaban ofrendas de carne que atraían a estos insectos.

En el desarrollo de un Dios patriarcal único, encargado de desempatar y juzgar toda diferencia, el mal se proyecta sobre la figura de la diosa madre Aserá, quien resulta fundamental en la consolidación del monoteísmo: negarla implica, justamente, asu-

---

33 «Pero los fariseos, al oírlo, decían: —Este no echa fuera los demonios sino por Beelzebú, su príncipe» Mateo 12:24 (RV2020)

mir la magnitud de su fuerza[34]. Del mismo modo, se considera malvada la homosexualidad masculina, en tanto se interpreta como un obstáculo para la exaltación simbólica del varón hacia la figura de un Dios masculino. Por esa razón, resulta más transgresora que la femenina, la cual apenas es mencionada en los textos bíblicos. El Dios único también incorpora la fuerza que niega: lo sexual, al contener una energía superlativa, requiere ser configurado y canalizado simbólicamente. Negarlo implica enfrentarse a una potencia psíquica que debe organizarse. Por todo ello, cuando cesa la pugna entre deidades y se abandona la aceptación de lo plural en el orden divino, el discurso religioso tiende a volverse mucho más restrictivo con determinadas prácticas sexuales.

El proceso que desemboca en la adoración de un solo Dios, tal como lo entendemos hoy, no se desarrolla de forma inexorable ni ascendente. Como en todo lo humano, las posibilidades son múltiples y sólo *a posteriori* parece haberse recorrido un camino seguro. Asimismo, que la entidad divina se separe de las *partes* —dejando de pertenecer a una facción específica— no implica que la lucha social por influir en el discurso religioso desaparezca. Siempre hay un estamento con el poder de enunciar su mensaje. El discurso religioso opera como un espejo en la medida en que nos confronta con una forma abstracta de humanidad; un modelo simbólico desde el cual nos juzgamos e interpretamos el mundo. Esta función de espejo resulta menos compleja en los panteones politeístas, donde las figuras son claramente antropomórficas, aunque combinadas con elementos naturales que las convierten en puentes hacia lo sagrado. Esa configuración facilita la identificación: podemos vernos en ellas y, por tanto, observar nuestras acciones. En cambio, la figura divina del monoteísmo, más abstracta, necesita adoptar diversas concreciones —aunque veladas, para no debilitar su pretensión de universalidad— que le permitan seguir transmitiendo mensajes. Esas formas específicas orientan nuestras decisiones, y en última instancia, favorecen a determinados grupos sobre otros.

En la narrativa monoteísta, aparecen personajes que encarnan la relación con lo divino y cumplen la función de guía. En la etimología de «Adán» se encuentra la palabra «hombre», y su figura condensa, en una sola imagen, lo que significa ser humano: su origen, su papel en el mundo y su relación con quien lo creó. En otros contextos, esta función referencial puede recaer en la figura del Mesías, de un profeta, de personajes literarios como Job o, en entornos más laicos, en figuras como el «hombre nuevo», el «ciudadano», el «ario» o el «sujeto revolucionario». Todas estas imágenes

---

34   «Mas así habéis de hacer con ellos: sus altares destruiréis, y quebraréis sus estatuas, y destruiréis sus imágenes de Asera, y quemaréis sus esculturas en el fuego.» Deuteronomio 7:5 (RV1960) «No plantarás ningún árbol para Asera cerca del altar de Jehová tu Dios, que tú te habrás hecho» Deuteronomio 16:21 (RV1960) «Los israelitas hicieron lo que desagradaba a Yahveh. Se olvidaron de Yahveh su Dios y sirvieron a los Baales y a las Aserás» Jueces 3:7 (RV1960)

nos ofrecen un patrón normativo ante el cual debemos juzgarnos a nosotros mismos y regular nuestras relaciones. En última instancia, la función que cumple el discurso religioso en la psique humana emergente es conectarla con el *todo* del mundo, otorgando sentido a sus normas. Es decir, nos proporciona un criterio desde el cual optar entre las disyuntivas de la vida. En ellas, el ser humano es simultáneamente juez y *parte* de lo que evalúa, integrándose así en una cadena de eventos situada en la realidad exterior. Tales eventos se vuelven inteligibles y tienen consecuencias en el mundo fenoménico, lo que nos permite interpretarlos. La narrativa religiosa vincula nuestros actos con el orden terrenal, otorgándonos un «por qué» y un «para qué», de tal manera que el sentido de nuestra existencia se exprese y se incorpore al mundo, a partir de las decisiones que vamos tomando, y regrese a nosotros en la forma en que se nos presenta lo real.

Describir el mundo equivale a decirnos quiénes somos en el contexto del orden social, y a establecer nuestra vinculación con la realidad a partir del posicionamiento que adoptamos ante ella, con base en las elecciones que realizamos. El orden del universo —y, en esa misma línea, el social— nos conduce a actuar conforme a su estructura. Se trata de un escenario en el que se enfrentan fuerzas poderosas, y en cuya lucha participamos desde el ejercicio de nuestro libre albedrío. Ese orden puede asumir distintas formas. Para los griegos, por ejemplo, representa lo más importante: el *kósmos* le asigna a cada uno un lugar específico. En realidad, lo único que parece quedarle al ser humano en este marco es seguir ese lugar sin cuestionamientos, evitando caer en alguna forma de soberbia que lo transgreda. En esa lógica mental, no parece necesaria la promesa de un más allá. En el hinduismo, por su parte, el orden social se presenta como un reflejo directo del orden divino. Esta identificación, que probablemente era común en las religiones más antiguas, implica que todo gira en torno a la obediencia de las normas colectivas. Tales normas responden a la conformación y al desarrollo de las clases sociales.

De forma general, el discurso religioso ofrece opciones frente a los grandes predicamentos de la vida. Planteando siempre pautas contradictorias, por lo que recae en quien toma las decisiones la tarea de interpretar el criterio del discurso dentro de un contexto específico. La narrativa religiosa configura una realidad abstracta: aborda el problema general de cómo tomar decisiones, de modo que su estructura funcione como un patrón adaptable a disyuntivas concretas y conserve su poder en situaciones y entornos cambiantes.

1.3 El origen del mal y el libre albedrío

Frente al problema del mal en el mundo, los discursos religiosos adoptan diversas posturas. En general, transmiten al sujeto actuante la exigencia de seguir ciertas normas sociales, según las categorías mediante las cuales se estructura la realidad.

Para quien participa de un discurso de este tipo, el surgimiento del mal no es una cuestión ajena, sino un problema en el que participa y cuya solución está, en parte, en sus manos. Es decir, dispone de libre albedrío, y la narrativa religiosa le ofrece los elementos necesarios para observarse en el momento de decidir. En ese acto, se encuentra en posibilidad de seguir el criterio de quien lo observa: una figura con la que puede intercambiarse para verse a sí mismo. En el caso de las religiones politeístas, el origen del mal y la cuestión del libre albedrío no revisten una urgencia tan marcada, ya que los poderes divinos se hallan divididos en múltiples tendencias —entre las cuales campa el mal—, y existen diversas explicaciones posibles para su presencia en el mundo.

En las cosmogonías propias de religiones con múltiples deidades, la aparición de la razón —la capacidad de distinguir entre el bien y el mal— suele representarse como un triunfo parcial sobre las fuerzas oscuras y el caos. La razón, en este marco, está marcada por el sometimiento del desorden, aunque ese sometimiento jamás se consolida por completo. Por ello, el ser humano debe renovar el ciclo mediante rituales, participando activamente en esa victoria siempre frágil sobre el mal; un ejercicio que le otorga apenas una tregua. Vencer el desorden es tan solo una posibilidad: ganar una batalla en una guerra que, en el caso egipcio, estaba destinada a perderse, ya que las fuerzas de Nut (el caos) acabarían por imponerse[35].

En distintas cosmovisiones politeístas, se recurre al mito de los gemelos divinos para abordar el origen del mal y la aparición de la voluntad, ya que en estos relatos se ejemplifica la posibilidad de elección entre dos seres muy similares que toman caminos distintos. En el caso de: «Zarathustra: el profeta había intentado combinar un monoteísmo, centrado en Ahura Mazda, con el dualismo de los dos principios opuestos, Justicia y Error. Y lo consiguió merced al mito de los dos Espíritus gemelos y la elección que ellos hicieron»[36]. Otros ejemplos son Caín y Abel, en la tradición hebrea; Osiris y Seth, en la egipcia; Quetzalcóatl y Tezcatlipoca, en la mitología mexica; y Pandu y Dritarastra, en la tradición persa.

Para hacer verosímil la existencia de la libertad, las religiones plantean que los dioses necesitan de la voluntad humana, lo que ayuda a explicar la existencia del mal y nos otorga un papel en el orden del universo. En el panteón sumerio-babilonio se debate la aniquilación del ser humano por una razón singular: el exceso de ruido que perturbaba a los dioses. Sin embargo, los dioses los perdonan, pues saben que, al fin y al

---

35   «Se grababan escenas en las que el Faraón vencía a los animales maléficos que encarnaban las fuerzas caóticas. Son sacrificados el hipopótamo, la tortuga –que, al emerger del Nilo, puede volcar la barca solar-, el cocodrilo, el antílope, para que con ellos perezca el mal. En realidad, la destrucción no será nunca total, porque la victoria final, como ya hemos dicho, correspondía al caos» Bloch et al., «Religión egipcia», 1:137.

36   Bloch et al., «Irán antiguo…», 2:464.

42

cabo, necesitan a los humanos para ser adorados. Asimismo, en el diluvio sumerio —muy anterior al bíblico— los dioses lloran ante la casi desaparición del género humano. En la cosmogonía mexica de los cinco soles, cuatro cataclismos acaban con el sol y las criaturas del mundo, dejando claro para quienes vivimos bajo el Quinto Sol que el futuro es incierto y el final siempre está cerca. Pero también que los dioses insisten: necesitan criaturas. Esta forma de ver las cosas —donde la deidad parece requerir de nosotros para que actuemos bien— no desaparece del todo en el monoteísmo. Al contrario, está siempre presente, como un telón de fondo para aquellas preguntas que el monoteísmo puro parece no poder responder satisfactoriamente.

La lógica detrás de la idea de un Dios único no es muy compatible con la noción del mal, siendo probablemente su punto más problemático. No es posible hacer congruente la existencia del mal con un Dios omnipotente y bueno. En ese sentido, en la cosmogonía hebrea, resulta interesante observar que conviven dos formas de entender el orden de Dios: una primigenia, en correspondencia con los pueblos cananeos circunvecinos, que plantea una lucha entre las fuerzas del orden —que resultan victoriosas— y las del caos, durante la creación. En ese tenor, se recuperan en los textos sagrados a los monstruos acuáticos Rahab y Leviatán, que son vencidos para que aparezca el orden[37]. Mientras que, en una creación paralela, se genera *ex nihilo* al ser humano[38], sin necesidad de vencer ninguna fuerza, pues fuera de Jehová no existe nada. Esto es importante porque la ética se mueve en el esquema de bien y mal, y el monoteísmo avanza hacia una visión en la que una sola figura divina concentra todo el poder de las fuerzas que rigen el universo y el devenir humano. Por ello, se requiere una creación desde la nada para explicar el *ser* y el orden del mundo, y otra para el *deber ser*: la lucha contra el caos y el libre albedrío.

En el monoteísmo, la coexistencia del mal con un Dios todopoderoso y benevolente representa una dificultad permanente. Incluso en una religión que afirma la omnipotencia divina —como en la frase: «Yo soy el Señor, Dios de toda la humanidad. ¿Hay algo imposible para mí?» Jeremías 32:27 (NVI 2022)— resulta necesario introducir la voluntad humana. Sin embargo, esta es difícil de integrar en un esquema rígido del

---

37 «¡Despiértate, despiértate, vístete de poder, brazo del Señor! ¡Despiértate como en el tiempo antiguo, en los siglos pasados! ¿No eres tú el que despedazó a Rahab, el que hirió al dragón? ¿No eres tú el que secó el mar, las aguas del gran abismo, el que transformó en camino las profundidades del mar para que pasaran los redimidos?» Isaías 51:9-10 (RV2020) «tú aplastaste la cabeza del Leviatán, se la echaste en pasto a las bestias del mar.» Salmos 74:14 (SM)

38 «EN el principio creó Dios los cielos y la tierra» Génesis 1:1 (RV2004) «Por la fe entendemos haber sido constituido el universo por la palabra de Dios, de modo que lo que se ve fue hecho de lo que no se veía.» Hebreos 11:3 (RV1960) «Te ruego, hijo, que mires al cielo y a la tierra y, al ver todo lo que hay en ellos, sepas que a partir de la nada lo hizo Dios y que también el género humano ha llegado así a la existencia.» 2 Macabeos 7:28 (Biblia de Jerusalén), Libro no canónico en el judaísmo, ni en la mayoría de las confesiones protestantes.

devenir divino. El libre albedrío, que implica la posibilidad del mal, entra en tensión directa con la figura de un Dios simultáneamente bueno y omnipotente, como lo señala Epicuro en su conocida paradoja[39]. En la tradición judía, la existencia del mal se atribuye a un acto de desobediencia: es decir, a un contexto donde ya existe una norma y la posibilidad real de transgredirla.

A primera vista, el episodio del jardín del Edén parece estar lleno de contradicciones, al desafiar la lógica de un Dios todopoderoso y bondadoso. Sin embargo, si se atiende a su dimensión simbólica, la forma contrastante en que se presentan los protagonistas adquiere pleno sentido. La voluntad humana irrumpe como una fuerza que, en cierto modo, desestabiliza el relato de la creación. Incluso parece que el texto busca deliberadamente poner en tensión la noción misma de Dios. Prueba de ello es que, en la narrativa del Génesis, se establece una prohibición —comer del árbol de la ciencia del bien y del mal—, el tentador es una criatura que en religiones rivales tiene un carácter divino, y el castigo prometido no se cumple. Habría resultado más sencillo que no existiera ninguna promesa de castigo, pero todo indica que el propósito de la narrativa es precisamente trastocar la figura divina y mostrar que su visión es, en cierto modo, insuficiente. Parece que se busca establecer como algo absurdo el hecho de que el ser humano posea voluntad.

De hecho, la incompatibilidad entre la voluntad humana y un Dios omnipotente alimenta un debate siempre vigente que, lejos de debilitar la influencia del pensamiento religioso, la fortalece. El discurso religioso busca interpelar al creyente como agente, hacerlo partícipe de la lucha cósmica; y para ello necesita que haya una falla, un elemento imperfecto que obligue a la conciencia a tomar parte activa. Si todo estuviera en su lugar, si el orden fuera perfecto y cerrado, no habría espacio para un agente que interviniera en el devenir de las grandes fuerzas que rigen el universo, según las distintas cosmogonías. Tiene que haber un punto de quiebre, algo absurdo, que convoque a la conciencia a tomar partido. Por eso, la aparición de la voluntad y el conocimiento del bien y del mal se presentan como un acontecimiento fallido, pergeñado por una figura rebelde, próxima más bien a las criaturas del caos: una serpiente.

En el relato monoteísta, la emergencia de la ética está precedida por una prohibición. Sin embargo, tras su transgresión, se revela el reverso de la voluntad divina que,

---

39   «Se atribuye a Epicuro (...), ser el primer exponente en analizar filosóficamente el denominado problema del mal. El cómo conciliar la existencia del mal y del sufrimiento humano en el mundo con la existencia de Dios, una deidad en ese entonces; o sea un dios. Que, bajo el concepto actual de la religión, es Dios: omnisciente, omnipresente, omnipotente y omnibenevolente. He aquí la paradoja original.
¿Es que Dios quiere prevenir el mal, pero no es capaz? Entonces no es omnipotente.
¿Es capaz, pero no desea hacerlo? Entonces es malévolo.
¿Es capaz y desea hacerlo?
¿De dónde surge entonces el mal? ¿Es que no es capaz ni desea hacerlo? ¿Entonces por qué llamarlo Dios?» Acuña, *La paradoja de Epicuro*.

desde la perspectiva humana, no resulta tan negativo como podría suponerse. A la primera pareja se le había advertido del castigo por desobedecer: «mas del árbol de la ciencia del bien y del mal no comerás; porque el día que de él comieres, ciertamente morirás» Génesis 2:17 (RV1960). No obstante, la condena no se cumple de forma inmediata y, si se consuma después, parece tratarse de un desenlace inevitable: en el relato de la expulsión del Edén, se impide a la pareja acceder al árbol de la vida —que les habría otorgado la inmortalidad—, lo cual sugiere que nunca lo habían comido y, por tanto, ya eran mortales[40]. El primer acto de maldad, con el que se inaugura el autoconocimiento, consiste en separarse del orden de Dios y desobedecer su norma, transformando así al ser humano en una entidad observable y, por ende, sujeta a juicio.

El siguiente paso es empatizar con su creador para acceder al juicio de la desobediencia de la norma. Esta desobediencia lo iguala con un *otro*: alguien semejante, en quien puede verse para volverse autoconsciente. Por eso requería de un *otro* para ver su transgresión. La autoconciencia del *yo* y del *otro* son simultáneas. Cuando Eva comió del fruto, no conoció el mal: el conocimiento del bien y del mal se dio hasta que ambos desobedecieron[41]. Observarse es abarcar la perspectiva del *otro* desde la mirada de quien está por encima de ambos: la divinidad y su norma. Para ello, necesitaba que dicha divinidad fuera —en alguna medida— como él en su imperfección, y que no tuviera control total sobre lo que estaba sucediendo. Es decir, que la antítesis de Dios tuviera sentido y razón. El mal es un hueco en el orden: si existe, es porque posee tanto sentido como para equipararse al bien en todo su poder. Por ello se describe a la serpiente como astuta, capaz de poner en evidencia a Dios al demostrarles a sus criaturas que, al comer el fruto, no morirían, sino que se volverían como dioses al conocer el bien y el mal —cosa en la que tuvo razón[42].

---

40   «Y dijo Jehová Dios: He aquí el hombre es como uno de nosotros, sabiendo el bien y el mal; ahora, pues, que no alargue su mano, y tome también del árbol de la vida, y coma, y viva para siempre.» Génesis 3:22 (RV1960) «Echó, pues, fuera al hombre, y puso al oriente del huerto de Edén querubines, y una espada encendida que se revolvía por todos lados, para guardar el camino del árbol de la vida» Génesis 3:24 (RV1960)

41   «Y vio la mujer que el árbol era bueno para comer, y que era agradable a los ojos, y árbol codiciable para alcanzar la sabiduría; y tomó de su fruto, y comió; y dio también a su marido, el cual comió así como ella. Entonces fueron abiertos los ojos de ambos, y conocieron que estaban desnudos; entonces cosieron hojas de higuera, y se hicieron delantales.» Génesis 3:6-7 (RV1960)

42   «Pero la serpiente era astuta, más que todos los animales del campo que Jehová Dios había hecho; la cual dijo a la mujer: ¿Conque Dios os ha dicho: No comáis de todo árbol del huerto? Y la mujer respondió a la serpiente: Del fruto de los árboles del huerto podemos comer; pero del fruto del árbol que está en medio del huerto dijo Dios: No comeréis de él, ni le tocaréis, para que no muráis. Entonces la serpiente dijo a la mujer: No moriréis; sino que sabe Dios que el día que comáis de él, serán abiertos vuestros ojos, y seréis como Dios, sabiendo el bien y el mal.» Génesis 3:1-5 (RV1960)

De esta manera, se simboliza la relación con Dios que les permite verse y juzgar sus actos como buenos o malos, al ser Él su espejo. Dado esto, al consumarse la desobediencia, se encuentran desnudos[43] —no porque antes estuvieran vestidos, sino porque ahora son capaces de ver su desnudez a partir de la autoconciencia[44] —. Este esquema deja claramente en el *otro* el origen del mal: lo bajo y terrenal que simboliza la serpiente respecto al creador, y lo femenino en relación con el primer hombre dentro del patriarcado[45]. Además, el relato también cumple la función de ofrecer al ser humano una explicación para aspectos que le abruman, le resultan molestos o le hacen cuestionarse la perfección de su creador. Por ejemplo: los dolores del parto, la opresión del varón, lo agobiante de trabajar para el *otro* o los peligros de las serpientes. Todo esto se presenta ahora como un justo castigo por la desobediencia[46]. Para poder explicar la existencia del mal, el monoteísmo le quita —en alguna medida— el carácter de omnipotente al ser divino. Por ello, el islam —que, como su etimología indica, busca la sumisión del creyente al orden de Dios— descalifica la noción de pecado original, pues esta implicaría limitar el alcance del ordenamiento.

En todos los cuerpos doctrinales que afirman la idea del Dios único se aprecia la dificultad de ser totalmente congruentes con la omnipotencia en todas sus explicaciones, pues estas se confrontan con la existencia de la voluntad y la libertad humanas. En el monoteísmo, la aparición de la voluntad se interpreta como una caída: según los hebreos, una desobediencia original. El zoroastrismo —religión que derivará en concepciones monoteístas— describe cómo Arhimán, la divinidad que se opone al

---

43   «En hebreo, el plural para "desnudo" es עֲרוּמִּים (arumim) y la palabra "astuto" en Génesis 3:1 es עָרוּם (arum) que provienen de la misma raíz.» Israel Institute of biblical studies, *«El misterio del primer pecado…»*. La transgreción de la pareja remite, veladamente, al acto sexual, la serpiente contiene la astucia y la energía de la desnudez, siendo necesario negarla.

44   Antes de probar el fruto, no se veían a sí mismos: «Y estaban ambos desnudos, Adán y su mujer, y no se avergonzaban.» Génesis 2:25 (RV1960). Esto cambia al conocer el bien y el mal: «Entonces fueron abiertos los ojos de ambos, y conocieron que estaban desnudos; entonces cosieron hojas de higuera, y se hicieron delantales» «Y Dios le dijo: ¿Quién te enseñó que estabas desnudo? ¿Has comido del árbol del que yo te mandé no comieses?» Génesis 3:7,11 (RV1960)

45   «Y el hombre respondió: La mujer que me diste por compañera me dio del árbol, y yo comí. Entonces Jehová Dios dijo a la mujer: ¿Qué es lo que has hecho? Y dijo la mujer: La serpiente me engañó, y comí.» Génesis 3:12-13 (RV1960)

46   «Y pondré enemistad entre ti [la serpiente] y la mujer, y entre tu simiente y la simiente suya; esta te herirá en la cabeza, y tú le herirás en el calcañar. A la mujer dijo: Multiplicaré en gran manera los dolores en tus preñeces; con dolor darás a luz los hijos; y tu deseo será para tu marido, y él se enseñoreará de ti. Y al hombre dijo: Por cuanto obedeciste a la voz de tu mujer, y comiste del árbol de que te mandé diciendo: No comerás de él; maldita será la tierra por tu causa; con dolor comerás de ella todos los días de tu vida. Espinos y cardos te producirá, y comerás plantas del campo. Con el sudor de tu rostro comerás el pan hasta que vuelvas a la tierra, porque de ella fuiste tomado; pues polvo eres, y al polvo volverás» Génesis 3:15-19 (RV1960)

orden divino surge como una duda del Dios creador Zurvan[47], siendo el mundo el escenario donde se desarrolla la lucha entre las fuerzas del universo. En el gnosticismo —de gran influencia en el desarrollo del cristianismo—, la creación no fue realizada por el Dios bueno, sino por un demiurgo. Lo perfecto se degrada a partir de pequeños errores sucesivos, que dan lugar a entidades menos divinas, más concretas y menos perfectas, hasta llegar al mundo material del ser humano, completamente dominado por lo negativo y lo corporal.

En la cosmogonía politeísta, el ser humano y su capacidad ética representan un triunfo sobre el caos: de una *parte*, sobre otra, el bien sobre el mal. Así ocurre, por ejemplo, con Prometeo, quien roba el fuego divino. En cambio, para el monoteísmo, este acto implica un fracaso de la *totalidad*, posibilitado por fuerzas oscuras: el mal sobre el bien. Este esquema religioso puede traducirse a entornos más laicos, como un principio que opera en la estructura que cada escenario nos plantea. Así pues, cuando el *todo* es plural, la voluntad representa un triunfo; cuando el *todo* está unificado, la voluntad aparece como un fracaso. Por ejemplo, en una dictadura, el libre albedrío es perseguido o negado, como ocurre con todo lo que desafía la pretensión de representar un orden perfecto ante el *yo*.

Además del mal entendido como una fuerza que se opone al bien en nuestras decisiones —es decir, en el ámbito interno—, el discurso religioso debe explicar también el mal como sufrimiento en el mundo: el dolor del justo y el gozo del malvado dentro del orden social. En una visión pesimista del orden de la realidad —según la cual el mundo terreno es negativo—, el mal se establece como la regla de lo real, por lo que la acción moral consiste en alejarse de él. Pero el mal como injusticia resulta especialmente problemático para la idea de un mundo bueno, pues la existencia del mal muestra que el cumplimiento de las normas no garantiza un orden social acorde. El monoteísmo, en su versión de un Dios absoluto y omnipresente —donde tanto el bien como el mal son de su responsabilidad—, también enfrenta dificultades para armonizar el devenir del mundo con la existencia del libre albedrío. Así, en sus relatos, se vuelve complicado explicar el desarrollo de la realidad y del orden social como algo completamente controlado por Dios, sin admitir que, en las calamidades, intervienen agentes humanos malvados. De este modo, se produce una aporía: ¿cómo puede el acto perverso de un ser humano suceder por la voluntad de un Dios todopoderoso y bueno?

Una estrategia del monoteísmo para explicar el sufrimiento del justo consiste en presentarlo como algo que, aunque no lo parezca, es en realidad justo: un caso de cas-

---

47   «Lo zurvanistas profundizaron en el problema del mal. Según el testimonio de Eznik (siglo v), Zurvan había sacrificado, originariamente, durante mil años, al cabo de los cuales le nacieron Ohrmazd (contracción de Ahura Mazda), fruto de ese sacrificio y Ahriman como consecuencia de una duda que había tenido Zurvan respecto a la eficacia del rito.» Bloch et al., «Irán antiguo…», 2:431.

tigo divino. De ese modo, se justificó históricamente un hecho tan cruento como la invasión de Judea por parte de Nabucodonosor, seguida por la derrota del pueblo judío y el consiguiente exilio en Babilonia. Este acontecimiento fue interpretado por los profetas como una manifestación de justicia divina que debía aceptarse con resignación, dada la inequidad del pueblo de Dios, que debía volver al camino correcto[48].

En el relato de *Segunda de Reyes* sobre la conquista babilónica del pueblo judío, al final Nabucodonosor, rey de Babilonia, es castigado por Dios al perder el reino, la razón y comportarse como un buey. Este castigo tan cruel se presenta en el capítulo 4 de *Daniel*[49] como resultado de no adorar al Dios de una comunidad a la que nunca perteneció, y parece más bien que se impone por atacar a su pueblo. De forma similar, el Nuevo Testamento, que interpreta el ministerio, sacrificio y fracaso material del Mesías como la voluntad de Dios, no tiene más que decir que quien cumple las escrituras entregando a Jesús a los poderes del mundo —Judas— sufre una muerte horrible, consumada por sus propias manos. La cual es la recompensa por traidor, no por cumplir el orden perfecto y la voluntad de Dios. En este sentido, se dice: «A la verdad el Hijo del Hombre va, según está escrito de él, mas ¡ay de aquel hombre por quien el Hijo del Hombre es entregado! Bueno le fuera a ese hombre no haber nacido» Mateo 26:24 (RV1960), pues no faltó quien vio en Judas una figura positiva, en cuanto, al entregarlo, liberó a Jesús de la maldad del mundo material. Todo esto nos muestra la imposibilidad de hablar, al mismo tiempo, de un orden perfecto y de atribuir responsabilidad a las personas, siendo que parece que necesitamos las dos cosas.

Si es palpable que a los buenos actos sobrevienen sufrimientos e injusticias, mientras los malvados prosperan en el orden social, la explicación que se da es que esto es algo pasajero, que será corregido con el tiempo y que, al final, la justicia divina se impondrá. De esa forma funciona la lógica en el *Libro de Job* y en infinidad de historias moralizantes que hemos visto múltiples veces, donde el sufrimiento del bueno

---

48   «EN su tiempo subió Nabucodonosor rey de Babilonia, y Joacim vino a ser su siervo por tres años; pero luego volvió y se rebeló contra él. Pero Jehová envió contra él tropas de caldeos, tropas de sirios, tropas de moabitas y tropas de amonitas; los cuales envió contra Judá para que la destruyesen, conforme a la palabra de Jehová que había hablado por sus siervos los profetas. Ciertamente vino esto contra Judá por mandato de Jehová, para quitarla de su presencia, por los pecados de Manasés, conforme a todo lo que él hizo; asimismo por la sangre inocente que derramó, pues llenó a Jerusalem de sangre inocente; lo cual Jehová no quiso perdonar» 2 Reyes 24:1-4 (RV2004)

49   «Aún estaba la palabra en la boca del rey, cuando descendió una voz del cielo, diciendo: A ti se te dice, rey Nabucodonosor; el reino es traspasado de ti: Y de entre los hombres te echan, y con las bestias del campo será tu morada, y como a los bueyes te apacentarán; y siete tiempos pasarán sobre ti, hasta que reconozcas que el Altísimo se enseñorea en el reino de los hombres, y a quien Él quiere lo da. En la misma hora se cumplió la palabra sobre Nabucodonosor, y fue echado de entre los hombres; y comía hierba como los bueyes, y su cuerpo se bañaba con el rocío del cielo, hasta que su pelo creció como de águila, y sus uñas como de aves» Daniel 4:31-33 (RV2004)

se resuelve en un final feliz. En el monoteísmo, la manera de indicar un criterio de lo que es bueno hace que no pueda estar en contradicción consigo mismo. Por lo tanto, lo que se señala en un escenario como positivo éticamente no puede aparecer en otro como malo o contrario a lo indicado previamente. El origen del mal ya no debe buscarse en lo divino, sino en una distorsión en el ser humano.

La idea abstracta de un Dios único resulta difícil de conciliar con las decisiones que experimentamos como personas. Por ello, en los textos bíblicos aparecen figuras negativas con atributos divinos: entidades diferenciadas que, en cierta medida, funcionan como opuestos de Dios dentro de un esquema dualista —demonios, Satán, El, etcétera—. Pero también se desarrolla la noción monoteísta de que el bien y el mal provienen igualmente de Dios, y si lo malo se abre camino, es por su voluntad[50]. Como lo muestran los siguientes versículos del Libro de Isaías:

> Para que se sepa desde el nacimiento del sol, y desde donde se pone, que no hay más que yo. Yo soy el SEÑOR, y ninguno más que yo. Que formo la luz, y creo las tinieblas; que hago la paz y que creo el mal. Yo soy el SEÑOR, que hago todo esto. 45:6-7 (SSE).

En sentido estricto, solo esta visión puede considerarse verdaderamente monoteísta, y conlleva una forma peculiar de vincularnos con el orden social. Sin embargo, la idea de que Dios creó el mal resulta profundamente problemática: contradice, por ejemplo, la explicación de san Agustín, para quien el mal es ausencia de Dios. Sería absurdo pensar que hay una razón para que Dios cree su propia ausencia. El bien solo tiene sentido si el orden triunfa sobre el caos; de otro modo, no vale la pena optar por él, pues no conduce a nada. El mal, por su parte, carece de sentido si todo es orden: ni siquiera tendría por qué existir. En el relato monoteísta del Génesis, aparece la idea del ser humano condensada en una figura individual, en un espacio donde coexisten dos elementos que marcan la experiencia de la conciencia. Por un lado, está la imposibilidad de tener un entendimiento total de las cosas, de modo que podamos devenir en el mundo a voluntad, sin necesidad de sucumbir ante él al morir.

Este proceso es contrarrestado por el principio femenino de dar vida, engendrar y permanecer deviniendo: la supervivencia eterna de la comunidad, encarnada en la fertilidad de la mujer y en la continuidad de la unidad. Este triunfo se encuentra representado en el árbol de la vida. Por otro lado, está la autoconciencia, que nos permite vernos al tomar decisiones, haciéndonos humanos. El principio masculino de la lucha se manifiesta aquí en el escenario de la competencia entre opciones en el fuero interno: el rompimiento de la unidad. Este proceso está representado en el árbol del

---

50 «¿Puede acaso suceder algo sin el permiso de Dios? ¿Acaso no viene de Dios tanto lo bueno como lo malo?» Lamentaciones 3:37-38 (NBV)

conocimiento del bien y del mal. El árbol de la vida representa el *ser*; el de la ciencia del bien y del mal, el *deber ser*.

Es importante insistir en que el discurso surge ante el estado de incertidumbre, indeterminación y duda del ser humano. Por eso implica un bien y un mal que expliquen nuestra relación con el mundo en las dos opciones en que se nos presenta, otorgando sentido a las normas que resuelven lo incierto. Incluso cuando la narrativa religiosa nos lleva a olvidar esa incertidumbre y zozobra, al hacernos confiar simplemente en que el orden es justo. El orden que describe el discurso nunca será lo suficientemente fuerte como para pasar por encima del estado de indeterminación, descartándolo o dejándolo intacto, pues es precisamente ese estado el que le da origen. El orden irá siempre con ese talón de Aquiles. Por ejemplo, incluso en el materialismo marxista determinista, en la gnosis o en la escuela de Schopenhauer —que postulan una razón suficiente para todo lo que ocurre, sea o no conocida, y niegan el libre albedrío— se cae en el absurdo de pretender prescribir normas sobre el comportamiento de las personas. Incluso si una teoría determinista no intenta dar reglas éticas, sancionará implícitamente la moral vigente. Su destino y poder de influencia se encuentran anclados a esta. En cualquier caso, bajo esas condiciones, resulta irrelevante para dar un sentido nuevo al mundo.

1.4 Discurso religioso y orden social

El discurso que da sentido al ser humano no es arbitrario; no se trata de despropósitos, aunque tampoco se sostiene necesariamente por su lógica o verosimilitud. Puede ser completamente absurdo para nuestro entendimiento, pero lo fundamental es que cumpla su función: permitirnos tomar decisiones ante los predicamentos vitales, dando un rodeo al vínculo instintivo y expresándose en forma de norma. Todo esto en un espacio donde tanto las personas como el colectivo puedan encontrar su lugar en el devenir de las relaciones entre las cosas y en el escenario de la realidad. La primera definición que establece el discurso de sentido es la que se refiere a aquello que existe: un orden fijo que, a partir de ese momento, no puede ser cuestionado. Esto implica definir la unidad de la que todo parte, a la que todo regresa, y que nos implica a todos: un orden anclado en normas que aluden a la persona, a la sociedad y a la realidad en su conjunto. Cada personaje de un relato, así como quien se identifica con él, queda definido por esa unidad. Ese orden —el *ser*— lo encontramos, de una u otra forma, representado en todas las cosmovisiones, ocupando un lugar primordial.

Se le puede definir como *orden social*, pues sus implicaciones en la realidad social son cruciales. Para los antiguos griegos, se conocía como *kósmos*; *dharma* en el hinduismo; *maat* en los egipcios; o el *gursag* sumerio, nociones centrales en estas cosmovisiones. Este orden, generalmente, formaba pareja con el caos: el *nun* egipcio o el *kur* sumerio. En los relatos cosmogónicos, el orden vence al caos y se conforma como unidad que rige todo, pero en esa dualidad, el orden pierde fuerza para ser verdaderamente la unidad. Por ello, entre los judíos, estrictos en la idea del Dios único y todopoderoso, existe la creación *ex nihilo*, esto es, de la nada, dejando clara la omnipotencia del ser divino.

Incluso si, por la necesidad de explicar el origen del mal y orientar la dualidad, el Génesis hebreo contiene también una creación en la que Dios conquista las fuerzas del caos, representadas por las aguas y criaturas marinas. En el proceso de describir el orden que rige el mundo, la unidad, el *ser*, aparece incluida la lucha entre las fuerzas; la dualidad, el *deber ser*. Pues de ese segundo relato emana la fuerza para saber cómo tomar decisiones ante los dos antagonistas que confrontan al ser humano en su devenir por la realidad: una norma. En las distintas culturas y mitos cosmogónicos, la creación es lo analítico: el inicio del lenguaje, el orden y la razón, conceptos y cortes que nos permiten tomar decisiones en el devenir, esto es, en el bien y el mal. Siempre acompañada de una fuerza unificadora, generalmente femenina, que recupera la unidad en una síntesis afectiva, como el árbol de la vida, por ejemplo. El camino del ser humano le lleva, interminablemente, a tomar decisiones y, por lo tanto, a regresar hacia la unidad, pues nuestra relación con las cosas nos compele a optar entre varias opciones.

En otras palabras, el discurso de sentido nos lleva a aceptar una afirmación, un orden, para que, a partir de él, tengamos un criterio con el cual decidir entre las opciones que enfrentamos. Por ello, nos describe una norma que nos da un *sí* y un *no*. Como un espejo en el que el *yo* se ve junto con el *otro*, la aceptación que ambas *partes* hagan del discurso permitirá que integremos nuestras fuerzas y que ese orden sea efectivamente real, aun cuando nos contraponga. Haciendo un ejercicio de síntesis, el discurso religioso nos permite vernos como *parte* de un *todo* exterior, y nuestra experiencia consciente se convierte en una *parte* interior: el *yo*, el cual solo existe bajo la condición de que emerja un *otro* en quien podamos vernos y compartir ese *todo*. Este proceso coincide con la aparición del bien y el mal, y el hecho de vernos en el mundo implica que existe un *otro yo* ante el cual debemos actuar.

El criterio del bien y el mal sería una forma en que la *parte* interior debe actuar de acuerdo con el *todo* exterior, y las normas sociales, una manera de sincronizar ambas dimensiones. Una vez que se consolida el *todo* del que el *yo* forma parte, este puede construirse de tal manera que integre la fuerza del *otro* en la síntesis de un nuevo *yo*. El *yo* no es solo una persona interactuando, sino que, sobre todo, constituye la racionalidad que es capaz de integrar. Este nuevo *yo*, a su vez, es confrontado por un *otro* y por un discurso que le indica cómo actuar para poder apropiarse nuevamente de ese *todo*, el cual puede erigirse como un nuevo *yo*. Siendo, pues, un proceso cíclico e interminable que se actualiza constantemente. De tal forma, que el puente de sentido que constituye el discurso vincula el orden, el *ser* del mundo, con el *deber ser* en las indecisiones que enfrentamos las personas: las normas. Este proceso implica un desfase entre las dos partes que lo componen, ya que, si el orden es perfecto e inmutable, no se tiene por qué presentar en la forma de dos opciones para el ser humano. Desde luego, queda la posibilidad para toda narrativa de hacer hincapié en la perfección del orden y negar el libre albedrío; así, vemos desde Parménides hasta Schopenhauer o en el marxismo, un desarrollo doctrinal de este tipo, pero pierde interés para dar un sentido a las decisiones.

Si el discurso quiere pasar de un orden que describe a orientar la indefinición de la voluntad, debe haber algo que no encaje en su narración, algún evento absurdo, creaciones fallidas, peleas entre dioses, divinidades castradas, alguna entidad entrometida, algún punto donde la maldad entre rompiendo con la armonía primigenia. Todo esto es claro en diferentes relatos cosmogónicos, donde la descripción del origen del orden del universo y del ser humano contiene estos elementos contrastantes. Pues si observamos la función de puente del discurso, queda claro que el *ser* no puede identificarse completamente con el *deber ser*. De lo contrario, al género humano no le correspondería ningún papel y no tendría nada que hacer en el devenir de su destino. Es, en primer lugar, una respuesta a la incertidumbre lo que pone en marcha el discurso de lo que *es*. Cuanto mayor certeza nos brinden las leyes del orden, el *ser* de las cosas, más omnipotente se vuelve el ser divino; pero entonces nos resulta fuera de lugar la dualidad entre el bien y el mal, el *deber ser*.

Que algo sea posible o no implica que nuestro entendimiento del mundo es limitado; sería de esperar que, en un orden todopoderoso, las cosas simplemente se manifestaran y no tuviéramos papel en ellas. Si existe la dualidad, es a costa de quitarle terreno a la unidad. Lo importante del discurso radica en que conlleva una fuerza que se incorpora a la dinámica social y a la economía mental para llevarnos a participar y definir las fuerzas del universo.

Capítulo 2
Instinto, autoconsciencia e intersubjetividad

Avancemos ahora en el tránsito que va desde la conducta anclada directamente a una directriz instintiva particular, hasta la emergencia de cosmovisiones, religiones y narrativas míticas que rigen las disyuntivas que marcan el destino de nuestra especie. En primer lugar y como eje conductor de este capítulo, conviene señalar que el impulso instintivo, sedimentado a lo largo de nuestra historia evolutiva, sigue estando plenamente presente en la conformación del discurso de sentido centrado en el libre albedrío. El desarrollo de las pulsiones humanas se caracteriza, sobre todo, por el *empate entre distintas fuerzas* instintivas, un enfrentamiento que comienza a ser modelado por la incipiente configuración discursiva de la sociedad.

2.1 Del instinto a la norma

En el género humano, existe un amplio repertorio de inclinaciones instintivas diversas y contradictorias, que se encuentran empatadas en su influencia al momento de orientarnos en distintas disyuntivas. Por ejemplo, tanto las estrategias para relacionarnos de forma antagónica como aquellas basadas en la cooperación están igualmente representadas en nuestras tendencias biológicas. Es decir, tendencias instintivas contra tendencias instintivas requirieron la aparición de una instancia con un nuevo criterio de desempate: el discurso religioso, el cual está, entonces, antes y después de la autoconciencia. El punto medular del paso de la biología a la cultura radica en que, ante la variedad y contradicción entre nuestras tendencias genéticas, se configura un estado general de indeterminación cuya resolución queda suspendida, a la espera de un sistema discursivo que trascienda la fuerza de los instintos hacia la cosmovisión que dicho discurso le plantea.

En segundo lugar, nuestros componentes pulsionales no se diluyen en un dominio de lo racional; por el contrario, las predisposiciones biológicas que orientan nuestra acción se flexibilizan al incorporar, con creciente influencia, su interacción con la experiencia de vida colectiva y con su discurso. Aún más, en el plano social, el comportamiento en relación con aspectos cruciales de nuestro desarrollo —que nos vinculan tanto con otros como con el medio ambiente— puede ser extremadamente variado, ya que el ser humano comienza a dejar de estar subordinado al entorno, y pasa a subordinar el medio a sus propios esquemas. Para consolidarnos como especie, se produce un proceso mediante el cual dejamos de ser un objeto adaptado al medio —una biología moldeada a imagen y semejanza de la materia inerme en un orden natural— para convertirnos en protagonistas del devenir: actores y sujetos de la historia.

Para que el discurso religioso —que en un inicio abarcaba plenamente la esfera del sentido de las normas— pudiera tomar el lugar del instinto y resolver las tendencias biológicas sedimentadas en nuestra especie, tuvo que cumplir sus funciones. El instinto se activa en el ser humano, como en otros seres vivos autónomos, ante un predicamento planteado por el entorno. Cada especie responde con la información que le transmite la experiencia de incontables generaciones, codificada en los genes, la cual orienta sus momentos decisivos. Esta respuesta puede manifestarse de forma automática o, en especies más complejas, mediante el mecanismo del placer y el dolor. Conforme nuestra especie se desarrolla, ese proceso incorpora un peso cada vez mayor de la experiencia del colectivo —la cultura (forma codificada socialmente de organizar los instintos)—, así como de la trayectoria vital del individuo. Así, la información genética y su expresión cultural se articulan para configurar las normas sociales que determinan cómo se manifiesta la conducta en los momentos y aspectos cruciales que definen si la especie persiste o no en su devenir en el mundo.

Todos estos elementos, que distinguen nuestra conciencia de la animal, se consolidan cuando el propio agente experimentante se integra en la experiencia consciente. Es entonces cuando emerge una narrativa como fuente de sentido para definir el mundo y relacionarnos con él. El discurso religioso funciona como un espejo que nos permite ver nuestras fuerzas instintivas encarnadas en el *yo* y el *otro*, debatiéndose en nuestro interior. Opera como un observador que coloca al *yo* en el *otro*, al sujeto en el objeto, y que sintetiza y media las energías en conflicto a partir de la formulación de una norma. Es importante señalar que tanto el discurso religioso como el racional son expresiones de los instintos y de las relaciones que les preceden. Su peculiaridad radica en que permiten al ser humano orientarse en el mundo con él mismo integrado en su visión. Este desarrollo se corresponde con la consolidación de una forma singular de organizar las tendencias instintivas respecto del orden natural del que comenzamos a desprendernos. En este contexto, el criterio instintivo que orienta cómo actuar —esto es, cómo desempatar la incertidumbre— ya no determina linealmente una conducta, sino que se encuentra con un discurso que lo conduce hacia su expresión concreta en forma de norma.

En ese proceso, dentro de la estructura del placer y el dolor, pueden identificarse como placenteras cosas muy diversas, al grado de que, de forma general, dichas experiencias pueden resultar contradictorias entre sí. En otras palabras, los instintos no sólo son flexibles en su aplicación, sino que esa flexibilidad nos conduce a contradicciones respecto a lo que señalan en cada escenario. Aquello que ciertas tendencias biológicas definen como placentero se encuentra igualado, en oposición, por otras pulsiones que lo contradicen: ya sea porque lo consideran doloroso o porque afirman placeres que impulsan a actuar en sentido contrario, como en el caso de cooperar o competir.

Así pues, algunos instintos se encuentran negados y en oposición, y son precisamente esos los que configuran la experiencia consciente. Si una tendencia biológica orienta hacia una acción —por más flexible que sea—, y se desarrolla sin interferencias significativas (como la intervención de otra pulsión, una prohibición o el efecto de una mala experiencia), simplemente se ejecuta sin acceder al plano consciente. Por ejemplo, la consciencia de un malabarista experto no se ve confrontada por el acto de mantener cinco objetos en movimiento. Si una pulsión no es detenida o contradicha por otra, no requiere deliberación consciente: se expresa automáticamente. En cambio, cuando dos pulsiones entran en conflicto y ninguna logra imponerse, se activa la conciencia para resolver ese empate. Es precisamente en ese estado continuo y generalizado de igualamiento entre instintos donde emerge lo que percibimos. En este sentido, la tendencia dictada por una pulsión sólo se vuelve ambivalente cuando otra la iguala. Y, en nuestra especie, el empate entre los instintos de cooperación y de competencia resulta particularmente determinante.

En el escenario en el que encarnamos las fuerzas del universo —en nuestro fuero interno—, las decantamos formando una configuración orientada hacia el devenir. Ese es el espacio donde se elabora el discurso de sentido. Allí se organizan nuestras tendencias instintivas de modo que encuentren correspondencia con el desenvolvimiento de la realidad. De esta manera, el *yo* se sincroniza con el *todo* del que forma parte: el orden del mundo. La autoobservación que se obtiene a partir del discurso —al situarnos en un escenario donde nos vinculamos con *otros*— permite que nuestra *totalidad* inicial se convierta en una de las múltiples *partes* que vemos interactuar: la autoconciencia. Así, la correspondencia entre el mundo y nuestra configuración instintiva puede cambiar radicalmente cuando el *yo* incorpora, en su campo de visión, las fuerzas que lo enfrentan al *otro*. El *yo*, que antes era un *todo*, pasa a ser una *parte* dentro de la configuración de la conciencia, al mismo tiempo que las energías biológicas que la conforman pueden volverse hacia sí mismas. En tanto que los instintos son jueces y parte de lo que contemplan, gracias al discurso de sentido, pueden transformar la forma en la que se expresan.

Por ejemplo, la pulsión a comer algo y la prohibición de hacerlo —expresión de otros instintos— son elementos biológicos que se trascienden hacia el discurso. Ambas encarnan una predisposición biológica, tanto la de comer como la de seguir a alguien —un padre, por ejemplo— que nos induce a no comerlo. El discurso, al permitirnos vernos a nosotros mismos y dar sentido a nuestras decisiones, se refiere a la *forma* de decidir, no a una decisión particular. Así, una norma concreta —como la prohibición de consumir cierto alimento— puede contradecir instintos muy potentes, así como la experiencia previa de la persona en su relación con esa comida. Incluso puede llevarla a atentar contra su propia vida al abstenerse de ella, ya que el discurso es un principio abstracto que opera sobre lo concreto y constituye una encarnación de instintos. Gracias a la acción del discurso, puede pasarse por alto la predisposición hacia una cosa específica, pues la persona, al observar su propia actuación, accede a una perspectiva que incluye su subjetividad, su relación con el *otro* y con las cosas. En ese proceso, el discurso canaliza un instinto para enfrentarlo con otra pulsión —por ejemplo, aquella que aprueba y nos impulsa con fuerza a consumir determinado alimento—. Así, el *yo* se hace capaz de acceder a un modelo de ser humano: una imagen que incluye tanto al *yo* como al *otro*, más allá de sus particularidades. Por tanto, podemos afirmar que el discurso es un punto compartido, una experiencia que nos acerca al *otro* dentro de un esquema en el que existe un *deber ser*: una norma que nos conduce a ese punto común en el que pueden coincidir el *yo* y el *otro*.

2.1.1 Razón y negación del instinto

En el ser humano, está generalizada la negación del instinto sobre sí mismo, lo que lo deja, respecto al sentido de su existencia, nuevamente en un estado de indeterminación. Esta negación se encuentra interiorizada: es el límite del propio *yo*, y abre paso al reconocimiento y a la representación interna del *otro*, concebido también como una persona en el mismo estado de indeterminación. La cultura constituye la forma particular mediante la cual se logra que las pulsiones se empaten: separa las aguas de la corriente instintiva para hacerlas chocar entre sí, canalizadas en categorías que las conducen hacia normas. Reconocemos al *otro* para incidir en nuestro mundo interno, en tanto que ese *otro* contiene, también, al *yo* de la conciencia. Así, lo contrario al *yo* —el *otro*— puede habitar en nuestro interior, en la medida en que este mismo ejercicio lo realizan los demás: un proceso recíproco. Bajo esta condición, en el estado de indefinición que caracteriza nuestras decisiones, se crea un mecanismo para resolver el *equilibrio de fuerzas* y generar un criterio que permita desempatar los instintos.

Esa es la labor del mundo intersubjetivo articulado por el discurso religioso: contener, de manera simbólica, las fuerzas que operan alrededor de la conciencia, negándola. Las energías representadas en nuestro interior albergan otro criterio para actuar, el cual puede integrarse a nuestra racionalidad gracias a la configuración que plantea la narrativa de lo divino. Por ello, puede decirse que la mente es una unidad capaz de integrar contrarios: contiene una tesis y su antítesis. Esta capacidad posibilita, también, la pluralidad social y la aparición de una síntesis que unifica las fuerzas instintivas o de grupo.

Lo que distingue al mero instinto de la razón que emerge de él es que el primero está sedimentado en la especie y adaptado al mundo, conforme a la experiencia de los grupos e individuos. En cambio, la razón se expresa mediante un concepto abstracto, en el que caben tanto el *yo* como el *otro*, y que nos orienta al momento de tomar decisiones. Este concepto adopta formas que nos permiten subordinar el mundo a nuestras interpretaciones, ya que la conciencia se anticipa a él y lo dirige según su propio criterio. En el orden intersubjetivo, el mundo no es algo externo, sino algo que vemos desde nuestro interior, integrándolo dentro del *yo*, con nosotros mismos incluidos en él. Para que surja la razón, deben coincidir dos *igualamientos de fuerzas*: el de los instintos —como ocurre, por ejemplo, en la represión sexual— y el del *yo* y el *otro* —como sucede en la igualación entre guerreros y productores—.

En nuestro recorrido evolutivo, llegamos a un punto en el que la conflictividad entre los instintos se corresponde con el antagonismo entre los intereses de los grupos sociales. Surge entonces algo que iguala en fuerza a nuestro *yo* hacia dentro de nosotros: la representación interior del *otro*, nuestro contrario en el escenario social. La cultura —esto es, la forma en que las tendencias instintivas son canalizadas en la socialización— resuelve los empates entre las pulsiones humanas. De no hacerlo, estas pulsiones correrían libres hacia su satisfacción inmediata, sin considerar que el *otro* es un *yo*; lo veríamos como una cosa, si no lo humanizáramos mediante el discurso. La negación y cosificación del *otro* —propias del guerrero— expresan el antagonismo discursivo entre las *partes*, y constituyen el extremo más cruento del orden social que puede construirse.

Al no consumarse su encono, el empate entre grupos sociales y entre instintos deja el espacio libre para que sea conducido por el discurso racional. Transitamos del criterio del placer y el dolor —asociado a tendencias instintivas muy asentadas, con las que enfrentamos el mundo— hacia una fase en la que nuestra biología incorpora las racionalidades emergentes del entorno. Entonces, lo que percibimos a partir del criterio del placer es, precisamente, aquello que lo confronta. Cuando esa oposición se encarnó en tendencias internas, emergió un espejo que nos muestra nuestra interacción con el *otro*, con un criterio nuevo que aplica tanto para el *yo* como para el *otro*: el bien y el mal. Para consumar ese desarrollo, el discurso dicta el *ser* y el *deber ser*: la forma de expresar un instinto y, por tanto, su negación, su contrario, cargando una de las dos partes como lo bueno.

La cultura niega un instinto y favorece otro, pues al negarlo lo activa; propiamente hablando, lo hace existir, aunque a menudo disimule su vínculo instintivo. Rige su energía al indicarle cómo no expresarse, y organiza la oposición que lo enfrenta, configurando así su fuerza. Un instinto se encarna en el poder de lo prohibido, que entra, de ese modo, en su orden y le da fuerza a su criterio. Los instintos que chocan son expresión de la cosmovisión en la que nos movemos, la cual nos dice que uno es bueno y, su negación, malo. Así pues, el discurso de sentido opone unos instintos a otros, para que, a partir de su lucha, pueda tomar el control de la *totalidad* de la energía contenida en ellos, conduciéndola por el camino de la ética. En otras palabras, la norma afirma una tendencia instintiva como buena y niega otra como mala, pero toma la fuerza de ambas al enfrentarlas y trascenderlas en su relato.

Por ejemplo, en el discurso de un solo Dios, la parte corporal que no está integrada como lo bueno sí lo está, en realidad, como su oposición: como algo malvado. Al estar normada la parte sexual, sus tendencias se consideran fuera del bien, salvo en formas muy constreñidas, como la función reproductiva. Todo lo demás no ha sido canalizado por el discurso en lo que designa como bueno, pero sí en lo que nombra como malo, apropiándose así de toda su fuerza instintiva para poder trascenderla a una nueva síntesis. Al negarlo produce que emerjan relatos que afirman lo sexual en formas transgresoras, funcionando como espejo invertido del discurso dominante. Ese complemento prosaico, paradójicamente, al decir *no* a la pregunta del discurso, lo mantiene vigente, pero no lo deja avanzar a nuevas correlaciones de fuerzas. De este modo, la expresión de la *totalidad* de las tendencias instintivas que afirma o niega, queda también al arbitrio de un relato complementario y opuesto, que sin embargo se subordina al del *yo*, siendo su *otro*: su negación necesaria. El cual, al ejercerse, impide que se avance a una síntesis nueva que lo integre junto con su antítesis.

De forma distinta, en un discurso politeísta, la función sexual puede ser aceptada sin necesidad de normarse en exceso, mientras que la dedicación a la administración de bienes en beneficio propio puede verse como una actividad negativa para su modo de normar la conducta, tal vez por considerarse ajena al bien común. En ese contexto, no se requiere de discursos que afirmen lo sexual de forma prosaica o desafiante. Así, el discurso opera a partir de aquello que contradice: toma una parte de nuestras pulsiones biológicas y la enfrenta deliberadamente a otra que niega, colocándola en el ámbito de lo malo, aunque recupera su fuerza al asignarle un *no*, que participa de la pregunta que sostiene al discurso. Buscando que el *no*, la antítesis, no se afirme para, de esta forma, poder sintetizar su energía en una nueva pregunta. Sin embargo, los instintos nunca se integran completamente en las preguntas de una narrativa; hay fuerzas que se escapan, ya que todos poseemos tendencias que no encajan en una racionalidad abarcadora, que no responden ni *sí* ni *no* a sus planteamientos, y que, sin embargo, siguen ejerciendo su influencia sobre nuestros actos y nuestra estructura mental. En otras palabras, existen instintos que se manifiestan en la negación de la pregunta dominante, en otra pregunta que eventualmente puede confrontarla y, de ese modo, llegar a sintetizarse con ella o sustituirla en su dominio.

2.1.2 Trascendencia de los instintos

Gracias a la oposición entre pulsiones biológicas, el individuo configura su relación con el mundo eligiendo entre *fuerzas empatadas*; no importa cuán poderosas sean, si se igualan por su contrario, dejan el camino libre para que la persona se decante por alguna. Así emerge el libre albedrío. Pero es un proceso social: las fuerzas que se enfrentan en el interior de cada uno no obedecen a ideas etéreas o aisladas, sino que representan internamente los escenarios que transita, y por ello conservan toda su materialidad.

Aunque el discurso canaliza los instintos, necesita igualarlos y evitar que se consumen para poder llevarlos a otro lugar; por ello se presenta como una instancia superior. Las religiones monoteístas los condenan, al describirlos como su opuesto inferior, fuerzas que deben evitarse para conducir su energía hacia la norma. La negación del instinto no sustituye su tendencia original: ambas formas de expresarse deben coexistir, sin que una se imponga sobre la otra, hasta que el propio discurso les plantee un criterio que las integre. Para que una narrativa viva, es necesario que las fuerzas que delimita choquen cíclicamente. Esto es posible porque, en el ser humano, las tendencias biológicas que definen el sentido de su existencia están atravesadas por la cultura. En nuestra especie, los instintos no se fijan en una única dirección que determine la acción, como ocurre en otras especies, pero tampoco desaparecen por efecto de la razón. Al contrario, están expuestos a ser socializados según la cultura en que se desarrollan, de modo que puedan empatarse y hacer posible un mecanismo racional que resuelva la pulsión biológica. La fuerza instintiva no se pierde: se canaliza hasta que encuentra un discurso que la articule en torno a una narrativa sobre lo humano y su papel en el mundo.

El eje articulador de las unidades sociales es el discurso: un orden trascendente en la medida en que constituye el espacio al que llegan los instintos en igualdad, para ser trascendidos en nuevas formas de expresión. La norma, al favorecer uno de los polos empatados, establece una forma de ser compartida con el *otro*, unificando las dos fuerzas enfrentadas: por un lado, las de los instintos igualados; por otro, las del *yo* y el *otro*. Su pregunta da un *sí* y un *no*, buscando sintetizar ambas respuestas en una nueva pregunta. El orden mental, en su desarrollo, constituye simultáneamente una síntesis del *yo* y del *otro*, así como de las tendencias instintivas, mediante un criterio nuevo: uno intersubjetivo, donde somos, al mismo tiempo, sujeto y objeto. Ese criterio es el del bien y el mal. Una vez integradas las fuerzas en una afirmación, el proceso se reinicia: a la tesis alcanzada se le opone su contrario, tanto en lo interno —como nueva negación del instinto— como en lo externo, en la figura de un *otro* nuevo: su antítesis.

El discurso nos coloca frente a un espejo: proyecta nuestra figura para que nos veamos interactuando con el *otro*, al brindarnos una imagen del ser humano en la cual podemos identificarnos, y en la que también cabe el *otro*. Esta imagen no es sino una normatividad acerca de cómo resolver el *choque de fuerzas* que define nuestra existencia. Desde ella, podemos contemplar nuestra *totalidad* como *parte* de un *todo* mayor que construimos junto con el *otro*, y nuestro mundo interno se nos aparece como algo externo dentro de nuestro campo de visión, al estar en relación con un *otro*. Del mismo modo, el discurso de sentido establece una correspondencia entre las fuerzas externas del mundo fenoménico y nuestras tendencias instintivas, así como con la conflictividad interna que, como unidad, debemos resolver. Así, con nuestras decisiones, participamos y encarnamos las fuerzas que rigen el universo. En otras palabras, el discurso traduce el *todo* que nos rodea en términos de lo que experimentamos en la conciencia, sincronizando el *empate de fuerzas* entre lo interno y lo externo.

La norma asume la función de los instintos, no para anularlos, sino para trascender su energía hacia una lucha discursiva, planteando un criterio que organiza tanto la psique como las fuerzas sociales. Ese criterio —el bien y el mal— puede encarnarse en una entidad externa, como los dioses, o presentarse como un conjunto de reglas del pensamiento o valores como el bienestar social, en cuyo caso se trata de un criterio racional. En la filosofía griega y en la modernidad, por ejemplo, es la Razón la que sustituye a la religión como discurso de sentido, funcionando como el mecanismo para resolver el empate entre los instintos a partir de un criterio intelectual, no revelado por una narración mitológica o religiosa, aunque pueda inspirarse en sus valores. Sea revelado o racional, el criterio para decidir busca siempre trascender las fuerzas tirantes de los instintos empatados: debe decidir entre dos *fuerzas igualadas* al emerger en la conciencia. Platón ejemplifica esto en el mito del carro alado, donde la Razón debe conducir las dos tendencias del ser humano: las pasiones irascibles nobles y el apetito concupiscible.

No obstante, esa analogía tiene sus límites. Al igual que en el psicoanálisis, es equívoco contraponer de manera absoluta lo racional a lo instintivo, la mente al cuerpo o lo espiritual a lo material. La razón integra la energía de un instinto —ya sea que lo afirme o lo niegue—, y en ese sentido, es su encarnación. Juzga la igualación entre el *yo* y el *otro* para formar nuevas racionalidades, las cuales, a su vez, serán empatadas, encarnando la energía que previamente ha dirigido. Por ello, al optar por uno de los polos igualados, la razón evalúa también su propia participación en esa lucha, y solo emerge cuando los instintos ya se han empatado. Una vez igualadas las fuerzas en nuestro interior, pueden voltearse a ver a sí mismas en la autoconciencia; por eso hablamos de una sola fuerza que se juzga a sí misma.

Los componentes heredados, en interacción con la cultura —que también es información transmitida por las generaciones humanas—, así como la experiencia del individuo, perfilan nuestra relación con el mundo; es decir, nuestro comportamiento volitivo. En el plano de los meros instintos, se actúa conforme a cómo *es* el mundo; en cambio, en el plano de la autoconciencia, donde la fuerza instintiva se observa a sí misma, se actúa conforme a cómo *debe ser* la realidad.

2.1.3 Nombre y conceptos

Para cumplir la función de los instintos, las narrativas del orden trascendente canalizan esas fuerzas biológicas hacia entidades que, en su visión, tienen el poder para vincular el mundo de las decisiones con el destino que se afronta. Para que la forma de decidir cobre sentido necesita remitirse a un observador que rija sobre los predicamentos que nos confrontan. Profundicemos, entonces, en este importante punto. A falta de un instinto que determine directamente la conducta, las tendencias biológicas humanas conducen a la construcción de un discurso que describe el mundo y otorga al ser humano un lugar en él, para que, entonces sí, pueda orientar su acción a partir de las nociones de bien y mal.

El primer paso, dividir y nombrar lo real, consiste en representarlo mediante un lenguaje particular, portador de una visión del mundo cargada de categorías que nos orientan en él. Seguramente, las especies animales cuentan con representaciones y límites que les permiten cuadricular la realidad para poder elegir. En un segundo paso, el ser humano cuenta con conceptos; esto es, con representaciones de representaciones. Lo que implica, en última instancia, acceder a la visión de un observador del *yo* y del *otro*, el cual abarca las representaciones de las personas. Tenemos conceptos por medio de empatizar con un observador, al adentrarnos en sus representaciones de las representaciones del *yo* y del *otro*, lo que nos permite vernos en el *otro*. Esto nos da acceso a una síntesis del *yo* y el *otro*, gracias a la cual nos vemos en nuestro *todo* y somos autoconscientes. Por ello, cuando el proceso empático falla, se generan condiciones mentales que limitan el desarrollo de conceptos, como sucede, por ejemplo, en el autismo[51].

Los seres humanos experimentamos una relación con el lugar que habitamos, del mismo modo que los animales con sus guaridas, nidos y otros espacios. Pero, a diferencia de otras especies, el concepto de *casa* representa nuestra experiencia fenoménica desde el punto de vista de un observador que abarca tanto al *yo* como al *otro*. Es decir, incluye las visiones particulares y nos permite observarnos a nosotros mismos en nuestra relación con una casa, así como a todo aquel que encaje en el

---

51   La interpretación del autismo como incapacidad de representar mentalmente las representaciones que hacen otras personas ha sido originalmente formulada por tres psicólogos del desarrollo, cfr. Baron-Cohen, Leslie y Frith, «Does the autistic child have a "theory of mind"?». Esta dificultad para adentrarse en las representaciones de los demás, a partir de la empatía, afecta la creación de conceptos -representaciones de representaciones-, lo que lleva a que sean complicadas de organizar y categorizar las experiencias sensibles. Por ello la dificultad, en algunas personas con esa condición, para ver a los ojos, ejercicio fundamental en la interacción, el cual posibilita y denota la empatía. También, eventos que implican muchos estímulos, pueden serles de arduo manejo, por ejemplo, caminar descalzos en la hierba, ya que hay una saturación de eventos no categorizados. Así mismo, puede ser por esto que presentan conductas rutinarias y repetitivas con estímulos predecibles que no impliquen crear o manejar conceptos nuevos.

esquema del discurso de sentido. Lo más importante es que, al estar el observador en posición de ver al *otro*, nos permite acceder a la experiencia subjetiva de los demás respecto al lugar que habitan; en la medida en que ellos también cuentan con ese mismo espejo, podemos viajar a su interior.

El punto de vista abarcador que tiene el observador, si bien es objetivo respecto a las personas e independiente de sus diferencias particulares, no es objetivo en el sentido de ser absoluto o de existir al margen de la voluntad humana. Se trata de una forma de ver el mundo, enunciada por el discurso del observador, que lo lleva a nombrarlo de una manera particular. Esa cosmovisión es una construcción humana, vinculante para cada persona que accede a ella: la sitúa en una posición y le adjudica responsabilidades frente a los demás. El concepto no es un simple nombre, pues, por ejemplo, llamar a una experiencia subjetiva con el rótulo de «sufrimiento y calamidad» o denominarla un «acto de redención», una «injusticia» o un «fracaso» cambia el sentido de la propia vivencia y, por consiguiente, la manera de actuar frente a ella.

El nombre, la categoría que adjudicamos a las cosas, suele presentarse como absoluta: se da por hecho, se percibe como neutral y natural. Sin embargo, sólo existe en la medida en que la aceptamos frente a otras formas posibles de ver el mundo. Una vez generalizadas en una sociedad, las categorías construyen el mundo social, y este, a su vez, sí existe de forma concreta y nos moldea. Por ello, se sacralizan los conceptos: se dice que captan la esencia de las cosas, aquello que las hace ser lo que son, como si existieran más allá de ellas. A veces parecen estar detrás de lo nombrado, como si fueran su causa —como si los niños existieran porque existe el concepto «niño»—. Se entienden como formas perfectas, y lo que experimentamos en el mundo cotidiano no sería más que una distorsión o una versión defectuosa de lo puro e inmaculado, al modo de los absolutos platónicos. En Kant, por ejemplo, el concepto remite a la «cosa en sí», inaccesible a los sentidos, los cuales sólo nos muestran un fenómeno deformado por la subjetividad. Por otro lado, una vía muy fértil es la del nominalismo de Ockham, quien, en el siglo XIV, sostuvo que el absoluto que el platonismo quiere ver en los conceptos es un simple nombre: un artificio lingüístico que limita y configura la realidad de forma arbitraria.

Esta afirmación debe completarse haciendo hincapié en la función de las categorías para constituir el orden social. Es necesario señalar que el mundo conceptual no se compone únicamente de etiquetas para distinguir objetos, sino que implica un posicionamiento frente a las personas, la realidad y las luchas sociales que la atraviesan. El nombre que articula el discurso no sólo describe lo que existe, sino que lo crea para permitirnos tomar decisiones: al formular lo bueno, nos ofrece un sentido que sustenta una norma. Ahora bien, existen representaciones de las cosas y conceptos que las representan a su vez, de modo que podamos vernos en nuestra relación con ellas. En este sentido, lo más relevante son las representaciones de las relaciones humanas: las categorías sociales que segmentan a las personas en grupos, tipos y vínculos entre ellas.

En este contexto, hay categorías fundamentales para poder observarnos, y son aquellas en las que nos integramos: persona, grupo familiar, sociedad, entorno geopolítico, mundo espiritual, etc. Este tipo de conceptos, al articularse dentro de un discurso que los presenta como objetos para los individuos, construyen el mundo y se constituyen como tales en la medida en que cumplen la función de volver inteligible la realidad y permitir que tomemos decisiones a partir de ellos. A su vez, los conceptos sociales están vinculados a una secuencia de eventos que los pone en movimiento, hasta implicar directamente al individuo expuesto al discurso, quien recibe una valoración —positiva o negativa—. Toda afirmación, eventualmente, implica algo sobre nosotros; aunque no siempre lo pensemos de forma explícita, toda enunciación nos sitúa en un lugar.

Ordenar la realidad es, ante todo, nombrar las cosas —y, crucialmente, a los grupos y colectivos humanos—, así creamos el *ser*. Por eso, los nombres y categorías que emplean los relatos resultan lo más importante; el papel de los protagonistas y sus peripecias es secundario. Si se acepta que el mundo social se divide entre determinados tipos de personas y grupos, ya se ha recorrido buena parte del camino para construir esa realidad. La forma en que conceptualizamos algo —el nombre que damos a las cosas del mundo social— lo configura, y compartir ese nombre es condición indispensable para poder interactuar. Al salir a la calle, sabemos que existen esquemas sociales que nos colocan un rótulo que más nos vale aceptar: un título que debemos apropiarnos y según el cual hemos de actuar. Es posible que quisiéramos construir lazos de cooperación basados en ideales, pero lo cierto es que, en contextos sociales capitalistas —aún no superados—, nos relacionamos a partir del color de piel, la edad, el sexo, la complexión y, sobre todo, el acceso a la riqueza. Lo importante de todo esto es que las categorías sociales en las que nos inscribimos existen en la sociedad como posibilidad, es decir, están en pugna con otros nombres, otras formas de categorización. Asumirlas también implica tomar una posición, adoptar una visión completa del mundo, cargada de valoraciones en torno al *deber ser*: lo bueno y lo malo.

La participación de las categorías sociales se consuma al orientar nuestras decisiones frente a los predicamentos de la realidad; por ello, los conceptos del mundo social están articulados en una estructura dialéctica. Cada categoría se confronta con su opuesta, ya sea dentro del mismo discurso o frente a discursos que se le oponen, y esto contribuye a tomar decisiones. De ahí que muchas categorías humanas se comporten de manera dual, como los estados de ánimo, los tipos de personalidad o los grupos sociales. En general, se configuran como pares contrapuestos y complementarios que se relacionan con el par que cumple la función más abstracta y primordial del discurso que da sentido a nuestras decisiones: la dialéctica entre el bien y el mal. Esta dualidad ética marca y configura todo lo que plantea el discurso para dotar de sentido a nuestra realidad. Aunque este ejercicio no siempre se realice de manera explícita, el lenguaje mismo está atravesado por lo que cada cosmovisión considera bueno o malo.

En el *Videvdat*, código eclesiástico del *Avesta*, texto sagrado de la antigüedad zoroastriana, compuesto entre el 1500 y el 1000 a. C., podemos apreciar el caso del idioma iranio, donde:

> Todos los animales están divididos en «buenos», a los que está prohibido matar, y «malos», a los que hay que matar. La separación universal se extiende al vocabulario: hay palabras distintas para «comer», «cabeza», «boca», «correr», «morir», etcétera, según se trate de un ser de la creación buena o de otro de la mala[52]

Todas las categorías se dividen en pares antitéticos, según si aquello de lo que se habla es considerado bueno o malo, y entran en lucha con otras categorías que portan distintas cargas valorativas, según la cosmovisión de la que procedan. El resultado de esas luchas determina el significado de los conceptos; así se construyen todas las categorías de un lenguaje. El lenguaje y su dualidad surgen de la incapacidad de los instintos para señalar de forma concluyente el rumbo del comportamiento. Reflejan la *parcialidad* de la condición humana, la imposibilidad de acceder a la *totalidad*, situación que nos deja en una encrucijada. ¿Qué es Dios, sino aquello que se sitúa más allá de las formas dicotómicas con las que decidimos en el mundo? Aquello que, sin serlo, nos orienta en todo lo concreto de la realidad. Las categorías son, entonces, unidades parciales que nos permiten elegir y se constituyen trascendiendo polos enfrentados para formar *totalidades*, es decir, conceptos.

2.2 Autoconciencia e intersubjetividad

El proceso en el cual se afianza un discurso religioso implica que nuestra forma de tomar decisiones deja de estar subordinada al instinto. Muchas pulsiones instintivas dejan de conducir directamente a una expresión concreta en la conducta y, en cambio, se canalizan hacia un orden intersubjetivo, compuesto por sujetos sociales relevantes y entidades divinas. Su descripción, dentro de una cosmovisión, nos permite vernos en ese orden, concebirnos como un objeto. Entonces, tomamos decisiones desde la autoconciencia, juzgándonos a partir de las normas discursivas. Todo este proceso conlleva una necesaria limitación del *yo*, que deja de ser un *todo* absoluto, al surgir un discurso que media su relación con el *otro*. De este modo, emerge la estructura fundamental de la autoconciencia como reconocimiento del *yo* como un

---

52   Bloch et al., «Irán antiguo…», 2:465.

otro, y su complemento: la intersubjetividad, entendida como el espacio donde el *otro* es reconocido como un *yo*.

Autoconciencia e intersubjetividad son las dos caras de una misma moneda. Por un lado, reconozco a los otros haciendo el mismo ejercicio de reconocimiento que realizo con los demás: son un *yo*; eso constituye el mundo intersubjetivo. Por otro lado, los demás me reconocen del mismo modo, por lo que accedo a la experiencia de ser *otro* para ellos, lo que me permite observar mi propio *yo*: esto es, la autoconciencia. Intersubjetividad: los *otros* son un *yo*. Autoconciencia: mi *yo* es un *otro*. Se trata de un ejercicio propiciado por un observador externo, que se expresa en un discurso capaz de sintetizar las visiones del *yo* y del *otro*, y con el cual empatizamos. El *yo* es una tesis, el *otro* su antítesis; la síntesis es un nuevo *yo* que se integra a sí mismo: es autoconsciente. Esta es una nueva forma de definir y trascender los empates de fuerza —la incertidumbre—, mediante una configuración del mundo que me permite verme y acceder a la interioridad de aquellos a quienes les reconozco esa misma capacidad empática. El escenario de lo social se resuelve así por medio de las normas del discurso religioso que organiza la intersubjetividad, pues la ética y sus reglas constituyen las formas de vincular al *yo* y al *otro*.

En el estado generalizado de indeterminación, la mente es capaz de integrar al *otro*, quien realiza el mismo ejercicio de reconocerme. Este equilibrio se resuelve mediante un discurso observador que articula la experiencia intersubjetiva. A su vez, el *yo* es capaz de observar su propio desenvolvimiento: se tiene como objeto, como *otro*, y reconoce su *yo* como un *otro* para sí mismo y para los demás. El discurso de sentido funciona como ordenador de la autoconciencia: nos permite vernos en el mundo que compartimos y nos integra con los demás, al reconocerlos como un *yo* que realiza el mismo ejercicio. Para resolver el estado de indefinición, el discurso de lo divino actúa como un lenguaje simbólico que traduce las distintas voluntades que se oponen al *yo*, al dictar normas dentro de un escenario intersubjetivo que le permite observarse. En ese sentido, el *yo* es aceptado y acepta a los demás en su interior: realiza un ejercicio recíproco, representando, mediante símbolos y nombres, a las demás personas y voluntades.

2.2.1 Condicionados por la autoconciencia

Antes de la autoconciencia, no había ni pasado ni futuro en el cual vernos, sólo un presente eterno e indiferenciado. El futuro en el que nos proyectamos se vuelve la causa que nos impulsa a actuar en el mundo, subordinándolo no a la acumulación de fuerzas de los meros instintos, sino al esquema autoconsciente del *yo*, en la certeza de lo que nos va a pasar. A su vez, esto inaugura una forma particular de organizarnos socialmente, derivada de esa habilidad para supeditar los elementos de la realidad a nuestro *yo* en el trabajo, creando cosas. Estos elementos se reconocen como avances que distinguen a nuestra especie del resto, y, a lo largo de la historia de la autoconciencia, han sido motivo de valoración y orgullo.

Sin embargo, debemos señalar que esta capacidad de vernos conlleva dos elementos profundamente cruentos, responsables de buena parte del sufrimiento humano. Por un lado, dominar el entorno mediante un discurso que lo explica implica una expansión del *yo*, que en sus esquemas asume el control sobre aquello que no es volitivo. Así, se integran formalmente al *yo* los objetos que caen bajo su potestad, incluido el cuerpo físico, consolidando su papel como amo del futuro y de todos los tiempos. De este modo, el *yo* se expande como protagonista del discurso: así surge la propiedad privada. En un segundo momento, esto implica que el *otro* —aquel que no logra integrarse en la racionalidad del discurso del *yo* y que entra a la intersubjetividad completamente objetivado y desvalorizado— se vuelve una simple cosa que, en esa medida, puede ser sojuzgada por el *yo*, dando pie a la esclavitud y a todas las formas de explotación del hombre por el hombre.

Así, el proceso de atribuir voluntad e identificar sus límites en entidades carentes de ella —y por tanto subordinables— no se desarrolla sin fricciones. Humanizamos con voluntad a las cosas para crear religiones y cosificamos a las personas para formar esclavos. Reconocernos en el *otro* y vernos a partir de él nos permite concebirnos como objeto y, al mismo tiempo, advertir el límite del *yo* en aquello que se le opone o puede ingresar en su esfera de dominio. Es ahí donde, en sentido estricto, nacen el sujeto y el objeto. La capacidad de utilizar herramientas y dominar el entorno mediante su transformación proviene de ver al *yo* desplazarse en el tiempo, subordinando el medio como instrumento para realizar el porvenir que se representa o consumar el pasado que se imagina.

El desarrollo de la autoconciencia está siempre condicionado por las estrategias que permiten la convivencia con el *otro* y por el modo en que este es humanizado. Todos los discursos de sentido tienden a posibilitar el acceso a la subjetividad ajena, al tiempo que nos revelan cómo somos respecto a los demás; en esa medida, apuntan hacia el reconocimiento de todos los seres humanos. Sin embargo, presionados por las circunstancias, tales discursos suelen fracasar: no logran extender su capacidad de humanización a la *totalidad* de las personas y los colectivos[53]. La idea de una hermandad universal de la humanidad permanece diluida en el trasfondo de un escenario en el que el sujeto está en constante tensión con ella, pues existen otros relatos más urgentes que describen el cumplimiento de las normatividades sociales. La moral divide a las personas según si respetan las normas, pero también se descarta

---

53   En un principio, el reconocimiento intersubjetivo del ser humano estaba reservado únicamente a quienes compartían la lengua, incluso solo al propio clan, como dice una máxima antropológica: «la humanidad termina en la tribu», fuera de ella no había otro *yo*, todos eran objetos que sojuzgar —en el caso de los discursos antagónicos— .

su humanidad por el solo hecho de ser quienes son: por su color de piel, orientación sexual, género o pertenencia a una clase social, convirtiéndolas en objetos.

Las normas dividen a las personas según quienes las cumplen y quienes no. Desde la perspectiva de quien cree seguir la moral, esto puede justificar el maltrato hacia el *otro*, bajo el argumento de que no actúa bien y, por ende, deja de pertenecer a una comunidad de iguales. En otras palabras, la función orientadora del discurso conlleva un orden social y la capacidad de generar grupos y colectivos simbólicos, clasificados en buenos y malos según la normatividad. El espejo del discurso de sentido ofrece normas válidas para ambas *partes* de una interacción —el *yo* y el *otro*—, dotándolas de una racionalidad con la que actuar en el mundo social. Negar la humanidad del *otro* implica despojarle, por cualquier razón, de la posibilidad de actuar conforme a un criterio del bien y del mal. Esta deshumanización puede justificarse de múltiples formas: porque pertenece a un grupo o es una persona contumaz que se ha degradado hasta solo poder actuar mal; porque su cultura no permite otra cosa; porque su raza es enemiga; porque su clase social determina sus actos (como el burgués que no puede sino oprimir); o porque su sexo o género lo inclinan, inevitablemente, al mal.

En los casos en que el *otro* no se considera capaz de actuar conforme a la norma, se le deshumaniza. Esto significa desterrarlo de la posibilidad de vincularse con el sujeto del discurso —el *yo*—, privándolo de la condición de actuar éticamente, es decir, bajo el criterio del bien y del mal. Así, en sentido estricto, desaparece del ejercicio de observación, restringiendo el campo en el que podemos ser conscientes de nosotros mismos. Ver nuestra interacción con el *otro* implica reconocer que, en ese vínculo, contamos con un criterio ético para actuar y que el *otro*, igualmente, posee la capacidad de elegir entre el bien y el mal en tanto ser humano: hay, por tanto, un encuentro de miradas. Gracias al ejercicio de reconocernos recíprocamente, se produce la intersubjetividad, que nos permite acceder al interior del *otro* donde nos reflejamos, y en esa medida, ser autoconscientes. Lo que sea que se gane al negarle la humanidad al *otro* no se compara con lo mucho que se pierde al impedir que su racionalidad se integre en nuestro *yo* y se expanda nuestra autoconciencia.

2.2.2 Desarrollo de las categorías

En la emergencia de la conciencia humana, los conceptos son reales y tienen vida; por ello, puede resultar peligroso el espacio intersubjetivo en el que ingresan. En los albores del mundo intersubjetivo, cada fuerza que escapa al control de la propia voluntad se convierte en una entidad con voluntad propia. Por esta razón, necesitamos un puente entre ambas entidades volitivas, que dé sentido a la forma en que se nos presenta el mundo respecto a nuestros actos. El orden divino cumple esa función. El camino que comienza al integrar, en mi interior, una afirmación y su contrario me permite actuar según un nuevo criterio que orienta mis decisiones en el mundo compartido con los demás: el bien y el mal del discurso. Tengo una voluntad, y reconozco otras voluntades en las entidades que se me oponen. Esa configuración intersubjetiva, para el hombre antiguo, no es simplemente el orden divino o el mundo religioso; constituye, *stricto sensu*, la realidad misma: el orden social en el que se desenvuelve, con su jerarquía y antagonismo social.

El espacio intersubjetivo del pensamiento —donde se despliega la imaginación de la persona y se integran los nombres de las cosas— era, para los antiguos, una realidad concreta, tan real como el mundo fenoménico expresado en el clima o el ataque de un animal. El límite entre el individuo, con su pensamiento, y la realidad externa aún no se había establecido plenamente. En los primeros estadios de la humanidad, los conceptos que escapan a la voluntad se manifiestan como los espíritus del animismo. Esta fase religiosa se caracteriza por la identificación de las fuerzas que se oponen al *yo* con voluntades inmateriales —los espíritus—, que se agrupan según el devenir propio del ser humano y pueden expresarse de formas diversas. Un espíritu puede representar la relación de la gente con un animal, una tormenta o la fertilidad de la tierra: todo aquello que hoy consideraríamos carente de voluntad.

Es comprensible que, para los antiguos, el mundo intersubjetivo de los pensamientos individuales constituyera también un espacio público, pues está articulado por palabras, y éstas se ejercen en las interacciones sociales, donde su existencia resulta incuestionable. Por eso, en el animismo, los espíritus —que no son sino conceptos portadores de la esencia de las cosas, observadores y participantes del espacio intersubjetivo sagrado— vagan libremente y pueden ejercer su influencia en cualquier momento, manifestándose de forma tangible en el devenir de las personas. Bien se sabe, incluso hoy, que los pensamientos y las interacciones humanas pueden desencadenar todos los demonios.

En el plano social, el animismo puede derivar en totemismo, donde los grupos humanos se identifican con un espíritu particular —su tótem—, proyectado como un ancestro común. De ese espíritu, por ejemplo, un águila, toman atributos para definir al clan, considerándose una familia con un mismo progenitor simbólico. Esta configuración favorece la exogamia y propicia los vínculos entre clanes. El animismo evoluciona cuando el espíritu deja de representar casos concretos y pasa a convertirse en una entidad abstracta, capaz de crear y dominar una pluralidad de manifestaciones particulares y tangibles[54]. Con el tiempo, el espíritu volitivo se va volviendo más abstracto: ya no es el espíritu del perro, sino un dios maligno para el ser humano,

---

54 «Desde los principios mismos del pensamiento religioso japonés las fuerzas y los fenómenos de la naturaleza, todo lo que era grande y extraordinario, fue venerado como kami: árboles, animales, montañas, etc. Las concepciones shintoístas posteriores han dotado a los kami de cualidades éticas, llegando incluso a personificarlos, pero en su idea original estaban más bien próximos a las concepciones de tipo animista.

que reúne diversas formas negativas concretas[55]. En consecuencia, interpretamos la adversidad como la manifestación de la voluntad del Mal, encarnada, por ejemplo, en un perro salvaje que nos ataca en el camino; ya no se trata del espíritu de un animal específico ni de su especie. Así, la entidad espiritual puede convertirse en un Dios con una voluntad general, que integre todo el devenir de lo bueno y lo malo, como ocurre en el monoteísmo.

Los nombres y los conceptos encarnan fuerzas con voluntad que ingresan al ámbito de la intersubjetividad. En las primeras etapas del desarrollo humano, eran considerados como energías en sí mismas. Esto nos permite comprender un fenómeno interesante de las culturas antiguas: los nombres y símbolos del mundo intersubjetivo *eran* lo que representaban; poseían su poder real[56]. Los dioses ocultaban su nombre para no perder su estatus al volverse demasiado mundanos; evitaban tener un símbolo con el que las personas pudieran manipularlos dentro del cosmos interpersonal. En las etapas tempranas de la humanidad, lo que se hacía a un símbolo repercutía directamente en aquello que simbolizaba. La distinción entre símbolo y referente no se consolidaría sino hasta mucho más tarde, tras siglos de pensamiento moderno que cuestionara ese vínculo.

En la antigüedad, los creyentes solían evitar el uso de los nombres verdaderos de las deidades, pues se temía que éstas quedaran atadas a algo concreto y que alguien impropio pudiera ejercer control sobre ellas dentro del escenario intersubjetivo del ritual, donde basta con el nombre como símbolo para convocarlas[57]. Nombrar a un dios implicaba arrastrarlo a lo mundano, a lo bajo de lo concreto, lo que conllevaba la pérdida de su poder abstracto para orientarnos en un mundo cambiante. Por ello, los judíos rehusaban concretizar a su Dios mediante un nombre, ya que sólo así podía operar en todos los escenarios como una fuerza unificada y unificadora. Al entrar en

La naturaleza era considerada como un todo viviente, manifestación de diversas fuerzas —a saber, los kami— superiores al hombre» Bloch et al., «Las creencias del…», 3:341.

55   «Cuando se llega a considerar al árbol no tanto como el cuerpo del espíritu arbóreo, sino simplemente como su morada, de la que puede prescindir si gusta, se ha hecho un avance importante en el pensamiento religioso; el animismo va caminando hacia el politeísmo. En otras palabras, en lugar de mirar cada árbol como un ser consciente y vivo, el hombre solamente le ve como una masa inerte y sin vida en la que reside poco o mucho tiempo un ser sobrenatural que puede pasar libremente de un árbol a otro, gozando de ciertos derechos de posesión o señorío sobre todo el bosque, y dejando de ser un alma del árbol llega a ser un dios de la selva» Frazer, *La rama dorada…*, 151.

56   «Incapaz de diferenciar claramente entre palabras y objetos, el salvaje imagina, por lo general, que el eslabón entre un nombre y el sujeto u objeto denominado no es una mera asociación arbitraria e ideológica, sino un verdadero y sustancial vínculo que une a los dos.» Ibíd., 290.

57   Esta es una de las razones por las que el monoteísmo prohíbe dar un nombre a Dios, en cierta medida, también sucede esto en el politeísmo; los nombres de los dioses egipcios son adjetivos, su nombre verdadero no se conoce, excepto Ra que tuvo que revelarlo para que se hiciera un rito de sanación cuando lo mordió una serpiente.

el pensamiento colectivo, el nombre de un dios se integra al mundo intersubjetivo y queda expuesto al juego dialéctico, perdiendo así su carácter absoluto. De ahí que el primer paso en el ritual del exorcismo cristiano consista en preguntar el nombre de la entidad demoníaca que posee al individuo, pues al nombrarla, se le somete al poder de quien conduce el procedimiento donde emerge el escenario intersubjetivo espiritual. La palabra y el nombre poseen poder. Los nombres propios de la gente buscan alejarnos del mundo de las cosas: su singularidad impide que entren al ámbito de lo inerte, subordinado al *yo*, favoreciendo el reconocimiento de las personas como entidades dotadas de voluntad.

Los egipcios consideraban que lo que no tenía nombre, simplemente no existía. En el *Libro de los muertos* se consignan sortilegios destinados a que el difunto recuerde su nombre, pues un alma que lo olvida deja de existir; por eso, borrar el nombre de los faraones era una forma de castigo en los registros históricos. Lo mismo ocurre con los símbolos: los legionarios romanos podían dar la vida por defender un estandarte, pues éste materializaba, en el campo de batalla entre unidades sociales, al *yo* colectivo, y su destino se ligaba al de la persona y su grupo. Del mismo modo, un amuleto concentra el poder de las fuerzas divinas que representa. En el monoteísmo hebreo del período del Segundo Templo —aproximadamente entre 530 a.C. y 70 d.C.— los amuletos eran comunes y no se asociaban a imágenes, sino nada menos que al nombre sagrado de Dios, cuya representación aparecía en idiomas como el copto o el griego.

El relato que organiza la intersubjetividad nos presenta la realidad de manera que podamos tener un porvenir en ella, sometiéndola y desencadenando las fuerzas sociales en torno al *yo* y al *otro*. Por eso, las personas buscamos no desaparecer del vínculo intersubjetivo: evitamos, a toda costa, ser vistos como objetos. Esta es la razón por la cual los antiguos se oponían a ser contados, ya que eso los reducía a un número —una simple cosa al servicio de fines económicos o de reclutamiento militar, por ejemplo—. En algunas culturas antiguas, existía un tabú sobre la realización de censos; incluso la Biblia lo consigna[58]. Ser un objeto para el *otro* implica que

---

58   «Cuando tomares el número de los hijos de Israel conforme a la cuenta de ellos, cada uno dará a Jehová el rescate de su persona, cuando los contares, para que no haya en ellos mortandad cuando los hayas contado» Éxodo 30:12 (RV2004) También se relata el censo del rey David y el castigo aparejado «PERO Satanás se levantó contra Israel, e incitó a David a que contase a Israel» «Y dijo Joab: Añada Jehová a su pueblo cien veces más. Rey señor mío, ¿no son todos estos siervos de mi señor? ¿Para qué procura mi señor esto, que será pernicioso a Israel?» «Entre estos no fueron contados los levitas, ni los hijos de Benjamín, porque Joab abominaba el mandamiento del rey. Asimismo, desagradó este negocio a los ojos de Dios, e hirió a Israel. Y dijo David a Dios: He pecado gravemente en hacer esto; te ruego que hagas pasar la iniquidad de tu siervo, porque yo he hecho muy locamente» «Así Jehová envió pestilencia en Israel, y cayeron de Israel setenta mil hombres» 1 Crónicas 21:1,3,6-8,14 (RV2004). El castigo fue cruento, el veinte por ciento de la población censada. También, el censo de Quirino en Judea, en el año 4 a.C. mencionado

éste puede hacer con nosotros cuanto quiera; en cambio, si posee nuestro nombre, significa que nuestra voluntad se encuentra dentro de él. Al ingresar en el *otro* —en el mundo intersubjetivo con el cual organiza la realidad—, se permite la humanización de las fuerzas del *yo* a través de nuestro nombre o símbolo, con el que configura su orden interno.

2.2.3 El *yo* y el *otro* en la intersubjetividad

De forma esquemática, puede describirse el proceso que experimentan el *yo* y el *otro* como una interacción dentro de un escenario en el que son aludidos por el discurso, lo que les permite abandonar su afirmación como unidades individuales y, así, integrarse en una entidad social mayor. Esto implica que tanto el *yo* como el *otro* acceden al *yo* de la unidad que los contiene. El discurso de ese *yo* colectivo —el de la unidad social que conforman—, al compartir perspectivas que permiten al *yo* y al *otro* volverse autoconscientes, escapa al control absoluto de cualquiera de las *partes*. Ningún discurso de sentido se comparte plenamente, pues las sociedades se estructuran sobre un antagonismo que impide la convivencia en condiciones de igualdad, dando lugar a una competencia donde predomina un *yo*.

En la autoconciencia, no solo nos contemplamos como un *todo* que actúa según sus tendencias, sino también como una *parte* que interactúa con otras. Del mismo modo, el escenario que nos integra es, para nosotros, un *todo*, pero también puede ser concebido como una *parte* que interactúa con otra. El *todo* que compartimos con el *otro* está articulado por un discurso de sentido, y puede llegar a ser visto como una *parte* interiorizada. Esto ocurre en la medida en que, al acceder a la racionalidad del escenario en el que interactuamos, reconocemos al *otro* que se le opone. Asimismo, todas las unidades sociales que conformamos se corresponden con una parte de nuestros instintos, ya trascendidos para formar dicho escenario. Ser autoconscientes significa acceder a esa *totalidad* que compartimos con el *otro*: el escenario que es síntesis del *yo* (tesis) y del *otro* (antítesis). La forma en que se presenta el *otro* es una expresión del *yo*, su espejo invertido. Ese lugar, dentro del esquema mental, se reserva a otra persona: una figura que parece un objeto pasivo hasta que logramos vernos en su mirada.

Así se perfila la participación de la persona en los escenarios de interacción, donde se determina, a través de dinámicas de competencia, quién asume el papel del *yo*. En el repertorio de cada individuo existe la posibilidad de desempeñar ese papel, pero, cuando esto no ocurre, puede surgir como el *otro*.

---

en los evangelios de Lucas y Mateo, fue muy mal recibido por sus propósitos fiscales y ocasionó la revuelta judía liderada por Judas el galileo.

Si, en cualquier escenario, la persona no logra expresarse como *yo* y fracasa en su intento por asumir ese papel, se manifestará como *otro*. Su abanico de opciones para actuar está constituido por la relación dialéctica entre el *yo* y el *otro* que ha conformado: eso es lo que puede interpretar en los distintos escenarios. Por ejemplo, una persona con una tendencia a subordinar a los demás, si no logra imponerse en el entorno social, tenderá a adoptar una actitud servil, pues ese es el *otro* que conoce. En la medida en que su repertorio se moldea internamente, el *yo* puede expresarse de formas menos competitivas o incluso cooperativas; sin embargo, su participación está limitada por el grado de antagonismo que contiene cada escenario. A su vez, el escenario es construido por las interpretaciones de las personas y sus vínculos materiales.

Dos personas de una misma comunidad, incluso compartiendo criterios similares, pueden aceptar relatos opuestos que describen mundos completamente distintos dentro de una misma realidad. Lo fundamental es contar con una narrativa que otorgue sentido, lo cual se facilita al afirmar al *yo* y negar al *otro*. Por ello, los discursos del *yo* y del *otro* pueden resultar completamente antagónicos. Para la Reforma protestante, los Papas eran la encarnación de Satán; del mismo modo, los líderes protestantes lo eran para los católicos, consolidando órdenes sociales distintos a partir de ideas opuestas. Los demonios del judaísmo monoteísta eran, en realidad, los dioses del *otro*: los de los pueblos vecinos, como Baal, El, la gran Babilonia, o incluso antiguos dioses propios, como Molec o el culto a la serpiente. Esto puede leerse como una forma de resistencia ante la presión de adorarlos, diluirse en el grupo dominante o retornar a su pasado. Por ello, ofrecían reces y otros animales como víctimas sustitutorias de sus antiguas prácticas de sacrificios humanos. En ese sentido, el relato de Abraham e Isaac puede interpretarse como una ruptura con las prácticas de los pueblos vecinos, que aún exigían el sacrificio del primogénito, sustituyéndolo por el sacrificio de animales que eran sagrados para ellos. Esto provocaba un conflicto constante con sus vecinos; por ejemplo, el sacrificio pascual que realizaban los hebreos —el cordero— era una ofrenda del animal sagrado egipcio: el dios Jnum.

El discurso religioso articula la creciente importancia de las normas sociales en la vida de individuos y colectividades. Su función primordial es permitirnos vernos dentro del contexto social, otorgando sentido a los principios normativos. Para lograrlo, nos presenta, de forma abstracta, a personajes inmersos en un relato del cual se pueden extraer lecciones sobre el bien y el mal. Generalmente, aparece un ente observador, un protagonista con el cual podemos identificarnos y que debe elegir entre grandes disyuntivas, así como figuras que ocupan el lugar del *otro*. Este *otro* se sitúa entre lo semejante y lo completamente extraño, y el grado de hostilidad o afinidad en nuestra relación con él depende del criterio moral que rija el vínculo: ya sea uno de antagonismo o de cooperación.

2.3 Discurso del *yo* y del *otro*

Para comprender el discurso de sentido, es necesario caracterizarlo en dos partes, según el componente del orden intersubjetivo que representa. Por un lado, está el discurso del *yo*, que organiza su identidad frente al *otro* y sistematiza todo a partir de una visión de cooperación en el orden social. Por otro lado, se halla su contraparte: el discurso del *otro*, que describe el mundo a partir de la negación del *yo*, utilizando lo que éste excluye, y se sitúa en antagonismo con él. Así, hablamos de un discurso dominante del *yo* social, que establece jerarquías mediante normas, y de un discurso del *otro*, que cuestiona dichas normas y el orden material que sustentan. Estas categorías corresponden a la diferenciación social: cuanto mayor es la distancia entre personas, más se requiere un discurso que justifique la exclusión en el cumplimiento de las normas —el del *yo*—, y más fuerte será el discurso del *otro*, que le hace frente desde las sombras. A menor competencia, prevalece la cooperación comunitaria. Todo discurso es formulado desde un *yo*, pero en ciertos escenarios puede ser dominado o percibido como el *otro*.

El *yo* es unitario en la medida en que se rige por un discurso de sentido que busca mantener su congruencia en todos los escenarios. El *otro*, en cambio, es plural, ya que existe de forma reactiva al *yo*: lo niega de maneras distintas según el escenario, encarnado en diversos *otros*. El *yo* representa la forma coherente de lo considerado bueno, como expresión del discurso. El *otro*, por el contrario, es una imagen reactiva: su configuración refleja la racionalidad que el *yo* excluye en cada contexto. Cuando el discurso no puede cambiar, se adapta la realidad para que encaje en sus lineamientos, pues lo esencial es mantener un criterio que otorgue sentido al mundo; un mecanismo que suele ser aprovechado por quien enuncia el discurso. En ausencia de una narrativa que articule el sentido —incluso en contextos materiales estables—, se han documentado casos de suicidios colectivos y desintegración social[59]. Por ello se afirma que el discurso ajusta la realidad a su forma.

La *parcialidad* de las creencias de ciertos grupos ha tendido, históricamente, a imponerse como discurso dominante en el conjunto de la sociedad: el discurso del *yo*. Esta tendencia se manifiesta en las formas en que las comunidades se relacionan con colectividades mayores. Al mismo tiempo, existen lecturas de lo divino que cuestionan el dominio de un grupo sobre otro o las divisiones internas de la sociedad. Es decir, el discurso religioso puede funcionar también como instrumento crítico frente a las asimetrías sociales, promoviendo el equilibrio. Este tipo de discur-

---

59   Los Yir Yoront, un pueblo del norte de Australia, constituyen un caso clásico en la antropología, ya que su historia ejemplifica los efectos devastadores que puede tener, en una sociedad, la alteración de sus elementos simbólicos. En la década de 1930, los colonos europeos trastocaron el discurso de sentido de esta comunidad al introducir y generalizar el uso de hachas de acero en lugar de las tradicionales hachas de piedra, lo que provocó una profunda desintegración social y un estado de anomia.

so puede asociarse con el *otro* social, en tanto crítica del mundo y sus normas, lo que implica una oposición al orden terrenal dominante: el del *yo*. El discurso del *otro* busca integrar aquello que ha sido excluido por el *yo*, con el propósito de constituir una unidad más amplia, incluyente, defensora del interés general y capaz de fracturar la *totalidad* para acceder verdaderamente a ella. Es decir, propone lo que *debería ser* el orden social, frente al *ser* jerárquico de la realidad concreta. En este sentido, el *yo* social —*stricto sensu*— es el criterio dominante que regula la acción, mientras que todo lo que se le opone es el *otro*.

Cuanto menor es la diferencia entre los discursos que conforman un escenario intersubjetivo, menor es también la asimetría, y el poder tiende a diluirse. Puede decirse entonces que existe una unificación y un vínculo de cooperación donde predomina un solo discurso. Esta configuración define como *yo* a esa sociedad frente a un *otro* externo. El *yo* es el alcance de la identificación y colaboración entre las *partes*, pero dicha identificación nunca puede ser total: pronto aparecen sus límites, revelando la existencia de un *otro* contrapuesto. Esta es una cuestión de perspectiva, ya que siempre hay un excluido en la aplicación de cualquier norma. Al seguir un criterio ético, se colabora con alguien, pero también se excluye a *otro* en la misma relación social. Ninguna racionalidad ha logrado constituir un criterio verdaderamente integrador: siempre le emerge un *otro*. El *yo* puede ser un grupo, una sociedad, una persona, o incluso una parte de un individuo: la mente (*yo*) frente al cuerpo (*otro*), el mundo espiritual (*yo*) frente al mundo material (*otro*). La Ciudad de Dios contra la ciudad terrenal del *otro*.

En una misma sociedad, el discurso del *otro* con su aceptación de la pluralidad que se opone al *yo* se puede volver imperante y sus normas tener el poder social. Cuando este discurso se convierte en dominante, comprueba que su acceso a la *totalidad* se daba, únicamente, en la medida en la que se oponía y completaba al discurso del *yo*, ahora tiene que articular las preguntas sociales, pasa del *no* reactivo al *sí* afirmativo. Una vez con el control de la racionalidad social, une y armoniza intereses, ese es su alcance, pero comprueba que no integra el *todo* y que, inexorablemente, se le enfrenta un *otro*. Lo cual, poco a poco, puede llevar a un vínculo antagónico y de competencia. Desde luego, los grupos humanos tienen diferentes alcances en integrar el criterio del *otro* en su propia racionalidad y se puede reconocer que, en general, hay sociedades y vínculos que se caracterizan por su cooperación y otros que son de tipo antagónico y de competencia. Pero, lo que se quiere describir, es que la cooperación siempre termina en un punto, tanto en los mismos que se involucran en el vínculo, como por grupos que se le oponen. Por ello, se dice que la norma posibilita, simultáneamente, una unión y una contraposición. Si una sociedad está más cercana a la cooperación es por la perspectiva que tenemos al analizarla y el criterio con el que la evaluamos.

Por ejemplo, en la actualidad, podemos afirmar que las sociedades capitalistas se caracterizan por su antagonismo económico, en contraposición a otras formas sociales a las que podríamos aspirar. Un ejemplo de cómo la descripción del antagonismo o la cooperación depende de la perspectiva se encuentra en las ideologías de la Alemania de entreguerras: el nazismo —discurso del *yo*—, que postulaba la cooperación y la unidad dentro de una comunidad étnica nacional, frente al marxismo —discurso del *otro*—, que denunciaba el antagonismo económico dentro de la sociedad nacional a través de la lucha de clases. Sin embargo, el énfasis del nazismo en la unidad se topaba con el límite de su exclusión radical del *otro* étnico —el judío—, mientras que el comunismo, en última instancia, aspiraba a erradicar la explotación económica tanto en la sociedad alemana como a nivel internacional. En este sentido, el *yo* puede definirse como aquello que se articula en torno a un discurso normativo y su capacidad, desde ese discurso, para integrar los otros que se le han opuesto.

El *yo* cumple su función al unificar mediante la cooperación, con base en un criterio que permita resolver los puntos de incertidumbre en nuestra existencia; esa función define sus características. En general, presenta su criterio como integrador y orientado al interés general, hasta que encuentra un límite en aquello que no puede integrar: el *otro*. Por ello, el *yo* es el *ser* de lo que se identifica e integra mediante su afirmación; mientras que el *deber ser* señala aquello que lo distingue del *otro* y lo excluye, al no poder integrarlo en su propio criterio. En cuanto al orden jerárquico de la sociedad, el *yo* representa un orden fijo que juzga lo demás: es la materialización de una norma. El *otro*, por su parte, desobedece o niega esa norma y juzga el orden social, al no encontrar cabida para su *yo*. Lo mismo ocurre con cada elemento social que el *yo* integra dentro de su racionalidad, la cual funciona como punto de referencia para juzgar; frente a ello, el discurso del *otro* le contrapone un *deber ser* alternativo. El *yo* juzga desde la norma dominante; el *otro* interno la desobedece y el *otro* externo la confronta con una norma distinta.

El *yo* es el *ser* de la cooperación, la fertilidad, la vida, la unidad y lo femenino; el *otro*, en cambio, representa la pluralidad, el *deber ser* de la lucha y lo masculino, que debe oponerse a aquello que lo niega. El *yo* es la dimensión afectiva que garantiza la continuidad entre los elementos; su unión en una síntesis constituye el *ser*. El *deber ser* se le contrapone: es racional, analítico, segmenta, elige entre alternativas; encarna la lucha del *otro* frente al *yo* y adopta una configuración masculina. Este equilibrio se ve trastocado por el patriarcado, en el que el principio masculino del guerrero —de naturaleza antagónica— coloniza la cooperación del principio femenino y productor, originando así la propiedad privada de los medios de producción y un antagonismo social generalizado. Podemos hablar, entonces, de una transmutación originaria de valores, donde el *otro* —asociado a la competencia y a lo masculino— se vuelve dominante como forma de organizar el *yo* de la sociedad. Esto da lugar a un individualismo que transforma al *yo*, dotándolo de características antagónicas entre su dimensión social y su dimensión personal. El *yo*, así configurado, desprecia a quien no respeta sus normas, desvalorizando las del *otro*, en un proceso ampliamente generalizado en el monoteísmo dualista. Diversos discursos configuran estos elementos de múltiples formas, con el objetivo de ofrecer un criterio sobre el bien y el mal.

El esquema básico del discurso observador-*yo*-*otro* opera apenas con cambios a lo largo de los distintos escenarios de la vida humana, y constituye la forma en que sistematizamos y configuramos nuestras relaciones interpersonales[60]. La tragedia griega —que representó magistralmente las pasiones humanas y la complejidad de nuestras interacciones— funcionó durante siglos con tan solo un protagonista, uno o dos interlocutores, y un coro que hacía las veces de opinión pública: es decir, un *yo*, un *otro* y un discurso que nos observa a través de sus normas. El discurso de sentido es una configuración de elementos: un orden compuesto por categorías y relaciones entre fuerzas, que pone en movimiento a la *totalidad* social que rodea al individuo.

Le da nombre y sentido a las *fuerzas empatadas* que enfrentamos en nuestra incertidumbre, vinculando su prescripción normativa interna con el devenir de aquello que escapa a nuestra voluntad: lo externo y lo *otro*. El discurso nos revela a ese *otro* exterior como un *yo* que ingresa en nuestro campo de visión, junto con nuestro propio *yo*, en una relación de impacto recíproco. Para acceder a un escenario y su discurso, debemos situarnos en reciprocidad con el *otro* específico que allí se nos plantea; ese es el límite de nuestro tránsito por la realidad. Así, una narrativa ordena nuestra forma de movernos dentro de la *totalidad*, actuando como un vínculo entre voluntades, se cumpla o no su esquema ético, pues lo que no es, es producto de lo que es, y ambos están articulados en un mismo orden.

La función del discurso es configurar el mundo intersubjetivo, es decir el vínculo entre el *yo* y el *otro*. En ese escenario, existe una tendencia a asociar al *otro* interno con el *otro* de la comunidad: las minorías se conciben como extranjeros, por ejemplo. Con la llegada de los españoles a América, la forma en que se concibió al *otro* refleja una similitud con el *otro* interno de cada sociedad. Para los españoles, los mexicas eran como mujeres, por sus cabellos largos y sus formas refinadas y mansas; mientras que, para los mexicas, eran los españoles quienes actuaban como mujeres, por su excesivo hablar y el uso de la astucia y la mentira en la negociación. Ambas eran culturas patriarcales donde, al dominar la competencia, el *yo* se encarnaba en el hombre, quien tenía la ventaja en el combate físico. Ser el *otro* del discurso implica una menor participación en su construcción, lo que lleva a vivir el mundo discursivo como algo natural, dominante, que nos fuerza a interpretarlo compulsivamente en los escenarios en los que nos desenvolvemos.

---

60   En la mayoría de los idiomas existen tres personas: primera (*yo*), segunda (*otro* interno) y tercera (observador, *otro* externo)

La norma ética hace inteligible al *otro*: nos permite acceder a su interioridad y transitar desde una animalidad marcada por la cosificación total —donde el *otro* es completamente desconocido— hacia el conocimiento parcial de su interioridad y su autoconciencia, algo que nunca se alcanza plenamente. Lo *otro* es aquello externo que escapa a nuestro entendimiento: si logramos comprender cómo actúa, deja de ser un *otro* que nos confronta. Por ello, se dice que el *otro* nos niega, pues no entra en nuestra racionalidad. Afirmar que el discurso hace inteligible al *otro* implica reconocer que éste posee una voluntad vinculada a la nuestra, y que podemos regirlo por nuestras normas, aunque su comprensión nunca sea completa. Lo externo, entendido como *totalidad*, es una entidad social semejante a la que habita nuestro interior, incluso si incorpora figuras divinas, dioses o héroes que parecen inalcanzables. Para que el relato que describe lo externo sea eficaz, debe corresponderse con lo que conocemos internamente. De ahí el énfasis del monoteísmo en afirmar que estamos hechos a imagen y semejanza de Dios. Incluso las doctrinas que niegan el sentido de la vida establecen un vínculo riguroso entre las cosas, a fin de hacerlas inteligibles desde nuestro mundo interno: el orden del azar.

El discurso se expresa a partir de una *parcialidad*: lo que se considera bueno en una situación de *empate de fuerzas*. Al nombrar el bien, carga de sentido las cosas y define a las personas, de modo que podamos encarnar la voluntad del discurso o quedar como un *otro* frente a él. La dimensión discursiva aparece en los predicamentos más significativos, por lo que está profundamente adaptada a la historia de individuos y colectivos; difícilmente se aleja de los actos humanos. Cada unidad social se constituye como un *yo* en la medida en que encuentra un discurso que le otorga sentido a su tránsito por los escenarios de interacción. Si no adapta sus actos a un discurso, adapta un discurso a sus actos. Como dice la sabiduría popular: «si no actuamos como pensamos, terminamos pensando como actuamos».

Aunque puede concebirse el discurso como una idea con una configuración abstracta de relaciones, está anclado a prácticas concretas que le permiten establecerse. Por ello, no solo se manifiesta en las creencias, sino sobre todo en su capacidad para operar construyendo escenarios que le dan sustento. Es en la configuración intersubjetiva de lo real donde emerge una narrativa de sentido, que actúa como fuerza organizadora de la psique humana. El discurso se encarna en un orden material y social que le permite reproducirse, o puede verse también como expresión del orden normativo material; esa es la dialéctica en la que se mueve. Desde su origen —cuando nos indica cómo actuar ante el bien y el mal—, el discurso recorre un largo camino hasta concretarse en actos y relaciones específicas. En ese tránsito, puede ser subvertido, invertido o integrar la fuerza del *otro*. Un aspecto fundamental para describir cada narrativa es si enfatiza o no el contraste con el *otro*, ya sea enfrentándolo o integrándolo en un encuentro de racionalidades. A partir de ello, puede decirse que su criterio es antagónico o de cooperación.

2.3.1 Discursos en competencia

Toda cosmovisión cumple la función de orientarnos para tomar decisiones y de hacernos inteligible el mundo en el que nos integramos, y se encuentra anclada a relaciones económicas y luchas materiales que determinan si puede materializarse o no. Esta función, desde luego, no se cumple de una vez y para siempre, sino que está en constante prueba, en tanto se enfrenta con otras formas de ver el mundo y con el devenir mismo de la realidad. El discurso puede ser efectivo, pero siempre está expuesto a su confrontación con los hechos. Los distintos discursos de sentido se encuentran en pugna por convertirse en la forma total de describir la realidad, y se transforman mutuamente, de manera complementaria o antagónica, en su intento de integrar o destruir al *otro* dentro de su visión de la *totalidad*.

Los segmentos surgidos de la diferenciación social enfrentan grandes dificultades para encontrar un árbitro en los choques de intereses. Como resultado, siempre hay algún componente de la conflictividad que actúa como juez y *parte*, con mayor o menor éxito en erigirse como una narrativa objetiva o como representación del interés general. El poder de nombrar a las *partes* sociales y regir su comportamiento ha sido, en el marco del esquema antagónico general de la sociedad, el poder de sistematizar y normalizar una asimetría entre ellas. Esto constituye una motivación para toda fuerza que protagoniza el conflicto social a participar y salir bien posicionada dentro de la retórica de la cosmovisión dominante, y una razón para no articularse desde el discurso del *otro*. Por ello, en la lucha de clases, cuanto más desigual es una sociedad, mayor es el intento de integrarse al grupo dominante y menor la disposición a participar en los esfuerzos por transformar la estructura asimétrica.

Es de esperarse que, históricamente, el discurso religioso que ha llegado hasta nosotros sea, en gran medida, un relato conservador. A lo largo de las generaciones, lo que se consolida en la narrativa social es la versión del discurso que favorece al grupo dominante de cada época, y este tiende a justificar su posición de poder en los vínculos colectivos. No obstante, esas narrativas religiosas coexistieron, en su momento, con contrapesos discursivos que rara vez lograron perdurar. El discurso del *otro*, cuando no consigue imponerse, tiende a desaparecer, ya que una narrativa alternativa es una de las mayores amenazas para un orden social basado en el antagonismo. Algunas comunidades cuyas cosmovisiones fueron suprimidas intentaron dejar testimonio de sus creencias. Ejemplo de ello son los rollos del mar Muerto, que preservan rastros de visiones heterodoxas y disidentes frente al discurso oficial.

La máxima marxista que afirma que la ideología dominante es la ideología de la clase dominante señala una tendencia general y estable en la lucha por el predominio entre las distintas visiones del mundo que otorgan sentido a los grandes predicamentos sociales y a las normas que de ellas se derivan. Sin embargo, en momentos particulares de transición entre periodos históricos, el discurso del excluido puede cuestionar el orden establecido, denunciar sus asimetrías y alterar a sus protagonistas. En tales coyunturas, es posible transformar la estructura del orden social, recuperando la visión crítica del *otro*, hasta que una nueva hegemonía se consolide e imponga su propio discurso.

En situaciones puntuales, el discurso del *otro* puede apropiarse de la racionalidad social y establecer sus propias normas. Así, aunque en ciertos contextos el discurso religioso haya funcionado como instrumento del sector dominante dentro de una conflictividad social, al reproducir dicha pugna también se transforma con la correlación de *fuerzas empatadas*, y puede desempeñar un papel clave en la mitigación de asimetrías y en la transformación del orden social. Incluso puede afirmarse que todo discurso comienza como discurso del *otro*, pues es el que necesita pronunciarse sobre las normas para intentar integrar e igualar una *totalidad* social atravesada por el antagonismo. Ese es, por ejemplo, el caso del Dios del desierto y la guerra, Yawhé, cuyo origen se sitúa en lo descartado: un espacio exterior, desconocido y oscuro, no incluido por otras deidades, y que acabó por convertirse en el Dios único.

2.3.2 Religiones del *yo* y del *otro*

En su forma de vincular los actos con el orden del mundo, el discurso religioso puede adoptar una postura optimista, característica del *yo*, o una visión más pesimista, propia del *otro*[61]. En el primer caso, bajo la lógica de la retribución inmanente, los actos se corresponden con los efectos que producen en la realidad y retornan a nosotros como recompensa o castigo, según hayamos obrado bien o mal. Esta concepción —frecuente y funcional en las narrativas que prescriben una forma ética de vida— puede denominarse, indistintamente, visión del mundo justo o visión optimista, y es propia del *yo* social, es decir, del discurso del *yo*. Ya que, cuando la narrativa de que el mundo es justo se cumple, legitima a quien la enuncia, reforzando la idea de que sigamos su normatividad. Al sujeto que propone ese discurso le interesa mostrar que las normas, si se siguen, producen efectos tangibles en el mundo y orientan eficazmente nuestras decisiones. Ejemplos de discursos del *yo* son el hinduismo, el hegelianismo[62] y la ideología capitalista.

---

61   Schopenhauer, hace una clasificación de las religiones de acuerdo con su juicio al orden del mundo, si lo respaldan, las caracteriza como optimistas, mientras que, si lo reprueban, les llama pesimistas: «Yo no puedo, como continuamente ocurre, establecer la diferencia fundamental de todas las religiones según sean monoteístas, politeístas, panteístas o ateas, sino solamente según sean optimistas o pesimistas; es decir, si plantean la existencia de este mundo como justificada por sí misma y, por lo tanto, la elogian y ensalzan, o si la consideran como algo que solo se puede concebir como consecuencia de nuestra culpa y que por tanto no debería ser, y reconocen que el dolor y la muerte no pueden radicar en el orden eterno, originario e inmutable de las cosas, en aquello que a todos los efectos debería ser» Schopenhauer, *El Mundo Como Voluntad y Representación II*, 2:188.

62   Hegel plantea que «la verdadera realidad es necesidad; lo que es real es en sí necesario» Hegel, *Rasgos fundamentales de la filosofía del derecho*, 326, justificando. lo que sucede en el mundo, el cual funciona con

Sin embargo, existe un mecanismo que permite que el discurso religioso se mantenga vigente incluso ante las peores adversidades: uno que opera de manera contraria a la lógica de la retribución inmanente. En este caso, se afirma que las leyes que rigen el mundo son perversas, que el vicio es premiado y la virtud castigada —una visión pesimista—. Este tipo de discurso, que denominamos del *otro*, tiene una presencia considerable en los sistemas éticos. Aunque resulta difícil de aceptar, al no ofrecer una relación directa entre las buenas acciones y su retribución en el mundo, sí establece un vínculo entre la conducta humana y el devenir fenoménico: el mundo es injusto. De este modo, la visión del *otro* puede mantenerse dentro del orden social, ya que la función principal del discurso no es demostrar que el mundo es justo, sino vincular nuestras decisiones —sobre posibilidades contradictorias— con sus efectos en la realidad. Si bien la idea de que las buenas obras conducen a buenos resultados es predominante, esta relación puede invertirse o anularse. En ese caso, el discurso se vuelve propio del *otro*.

La narrativa del *otro* sostiene que la realidad social está atravesada por lo negativo, lo cual permite que el sufrimiento personal —o la constatación de que quienes transgreden las normas prosperan o gozan del favor del orden social— resulte más tolerable, ya que no implica necesariamente una culpa individual dentro de un marco ético. Además, permite proyectar hacia el *otro* —ya sea una persona, un grupo o una comunidad— elementos negativos internos como la culpa, la frustración o la incapacidad de cumplir con las normas, otorgando una sensación de superioridad al considerar que «los *otros*» son los verdaderamente malos. En este esquema, el mal se ha desplazado del *otro* al *yo*, ahora el *otro* del discurso dominante pasa a representar al *yo* y adquiere una imagen positiva. Este mecanismo del discurso de sentido puede servir para consolidar el dominio de un grupo sobre otro, al hacerle ver al oprimido que el disfrute de los placeres del mundo —a los que no tiene acceso— está vinculado con prácticas degeneradas que transgreden el orden ético.

También es cierto que, en otro contexto, la idea de un mundo malo puede llevar a contraponer el *ser* al *deber ser* de tal forma que quede, en manos de la voluntad humana, la posibilidad de enderezar la realidad. Por ello, este enfoque también conlleva un potencial revolucionario. En algún grado, todas las doctrinas éticas incluyen un elemento en el que las normas se corresponden con el mundo y conducen al éxito en él; pero también integran otro componente donde el *deber ser* condena la realidad del orden social: discursos del *yo* y del *otro*. Una narrativa religiosa que incorpora ambos discursos puede adaptarse tanto a circunstancias donde domina como a

---

una racionalidad en la que encuentra a Dios. Engels se pregunta «la famosa tesis de Hegel "Todo lo real es racional, y todo lo racional es real" ¿No era esto, palpablemente, la canonización de todo lo existente, la bendición filosófica dada al despotismo, al Estado policiaco, a la justicia de gabinete, a la censura?» Engels, «Ludwig Feuerbach y el fin de la filosofía clásica alemana (1886)», 331.

aquellas que le resultan adversas. Por lo general, sigue el mecanismo de un *yo* bueno que enuncia y un *otro* malo, dado que el discurso de sentido funciona como un espejo, y lo mejor es aparecer presentables ante su mirada. Los dioses del *otro*[63], al cuestionar las normas, dividen, pero también dan inicio a procesos que exaltan la igualdad dentro de la comunidad. Los del *yo*, al establecer la eficacia de una norma, unen, pero al mismo tiempo acentúan las diferencias derivadas de su cumplimiento. En ese escenario, ambas estrategias han tenido un papel preeminente en la formación de comunidades. No debemos subestimar el poder del discurso que integra al desposeído, pues, al fin y al cabo, la cohesión y la cooperación recíproca entre los grupos humanos constituyen algunas de las formas de vínculo más ventajosas, en términos de supervivencia, para cualquier colectivo.

Quizá el caso más claro de religión del *otro* sea el budismo, que concibe al mundo como un sistema de relaciones plagado de injusticias. Es una escuela donde el deseo por las cosas del mundo conduce inevitablemente al sufrimiento y donde se describe una realidad marcada por la injusticia en las relaciones materiales. En la doctrina de Buda, la orientación ética de la voluntad humana se basa en la negación del mundo, y por ende de las tendencias más arraigadas para vincularse con él. Es, por tanto, una religión que condena al mundo como malo. Se trata de una escuela pesimista, donde el discurso actúa como un igualador de las fuerzas instintivas que emergen en la conciencia, negándolas sin necesidad de apelar a figuras divinas trascendentes. Esto implica elegir lo contrario al *ser* como *deber ser*; en consecuencia, quien te observa es tu propio espejo invertido del mundo.

Aunque se trata de un discurso del *otro* que ha alcanzado estatus de religión, no persigue transformar el orden social. La negación del mundo es un mecanismo común a muchas religiones, pero ello no implica necesariamente una voluntad de cambio; más bien, propone una vía que limita al *yo* y a las tendencias dominantes sin confrontarlas directamente, como ocurre en el caso del budismo. El camino hacia la iluminación comienza con buenas acciones, pero a medida que se progresa en las enseñanzas de Buda, estas se tornan irrelevantes e incluso deben abandonarse para evitar el apego. Así, el fin declarado del budismo es la negación del deseo. De manera abstracta, la figura del Iluminado invita a la vigilancia de los estados internos y colectivos. La imagen del Buda, junto con la de los monjes que siguen rigurosamente sus enseñanzas, actúa como una entidad observadora que permite al resto de la sociedad alcanzar la autoconciencia de sus estados mentales.

---

63   Un interesante ejemplo de dioses del otro, nos lo da la mitología griega: «Según la excelente definición debida a Wilamowitz, Artemis es la "Diosa de fuera", es decir, de todo lo que escapa a las leyes de la ciudad: reina sobre las bestias y plantas, sobre las montañas y sobre el elemento húmedo. Las labores de los campos no le conciernen directamente; así que no posee un ciclo de fiestas análogo al de Deméter» Bloch et al., «La religión griega…», 2:270.

El discurso religioso se refiere a la forma en que los conceptos se articulan en nuestras estructuras mentales y a cómo procesamos las categorías con las que percibimos la realidad, incluyéndonos en ella. Se dedica a construir una estructura de las unidades humanas, condensando tanto la experiencia vital como la cultural. Todo relato se construye confirmando sus aseveraciones con las categorías mediante las cuales nos relacionamos con el mundo en nuestra experiencia fenoménica, explicando así su dinámica. Las categorías del discurso están legitimadas por la autoridad, la tradición y los dogmas; antes que cuestionar su veracidad, tendemos a dudar de lo que percibimos, ordenando nuestras experiencias conforme a esas categorías. Por ello, es difícil que dejen de operar: solo una calamidad puede hacer que sus explicaciones pierdan sentido. No obstante, hay ocasiones en las que cosmovisiones que parecían inamovibles se derrumban como castillos de naipes. La narrativa dominante puede volverse incomprensible o dejar de reflejar la realidad, aunque insista en hacerlo; en contextos de penuria, puede ser sustituida por el discurso del *otro*.

Seguramente, esto ha ocurrido con infinidad de discursos y prácticas religiosas, especialmente cuando compiten con otras visiones que resultan más verosímiles o parecen ofrecer mejores resultados. Así, si las fuerzas materiales de quienes sostienen el discurso de sentido comienzan a debilitarse por su incapacidad para dominar el entorno, la narrativa dejará de ser dominante y será reemplazada por su contraparte. Si la estructura del discurso está demasiado ligada a una manifestación concreta en los resultados de las acciones, la narrativa desaparecerá en cuanto se desvanezca su base material. La caída de un imperio o sistema político se interpretaba como señal de que sus dioses lo habían abandonado, como ocurrió en las civilizaciones prehispánicas de incas y mexicas, por ejemplo[64]. El dios de quienes triunfaban en las guerras que resolvían los conflictos entre grupos se imponía en los panteones de los vencidos. El monoteísmo se consolida cuando este mecanismo deja de operar, ya que solo una divinidad unificada puede no solo reflejar, sino situarse por encima del mundo y su dualidad. Así, el pueblo judío, desde el cautiverio babilónico y a lo largo del dominio persa, griego y romano, conservó a su Dios a pesar de ser conquistado, precisamente porque su divinidad se articula también como un discurso del *otro*, capaz de sobrevivir en contextos adversos.

Las distintas visiones de lo divino por parte de grupos sociales antagónicos no siempre pueden conciliarse para formar un discurso común que permita la cooperación entre ellos. La arqueología de las primeras religiones muestra que, así como existía una división tripartita entre los grupos humanos, también había pugnas entre sus

---

64   Algunos de los sacerdotes mexicas que sobrevivieron a la conquista española, dijeron a los 12 primeros franciscanos llegados al recientemente caído imperio mexica en 1524: «¡Déjenos pues ya morir, déjenos ya perecer, puesto que ya nuestros dioses han muerto!» Citado en: Portilla, *El reverso de la conquista…*, 21.

respectivas deidades, con enfrentamientos simbólicos sobre lo sagrado[65]. El factor de desempate recaía en la visión sacerdotal, aunque existía una reciprocidad entre las perspectivas: si bien el discurso era proporcionado por lo religioso, cada clase reflejaba la visión de su relación con las otras dos. Así, por ejemplo, puede afirmarse que el estamento guerrero operaba como el factor de desempate en los conflictos entre clases en sociedades antagónicas, ya fuera entre los productores, o entre estos y quienes detentaban el poder ideológico, o en disputas que no podían resolverse por medio de ideas o dinero. De hecho, la política moderna puede entenderse como una herramienta de la casta guerrera[66] para dirimir los *empates fundamentales de fuerza*, una vez que la religión se ha replegado de su papel como juez.

---

65 «Las divisiones divinas y sacerdotales de Roma - como el grupo de los tres dioses mayores. Júpiter, Marte y Quirino, y sus respectivos flamines conservan las huellas de la estructura social tripartita de los indoeuropeos, divididos en sacerdotes, guerreros y agricultores, cada uno de ellos con su correspondiente patrono divino.» Bloch et al., «La religión romana», 3:227.

66 El vínculo entre política y guerra ha sido planteado de manera particularmente influyente por Carl von Clausewitz, quien afirmó que «la guerra *no es más que la continuación de la política del Estado por otros medios*» Clausewitz, *De la Guerra*, 7. Asimismo, Max Weber definió al Estado como la entidad que detenta el «monopolio legítimo de la violencia», y caracterizó la política como una «lucha por el poder». En un sentido afín, Mao Tse-Tung reflexionó que «el poder político surge del cañón de un arma».

Capítulo 3
Discurso y escenarios sociales

Exploremos ahora algunas de las características definitorias del discurso de sentido. En primer lugar, este ayuda a definir los predicamentos de la vida humana, orientándonos en una dirección que haga aceptable vernos cumplir sus mandatos. Vincula las decisiones de la gente con el orden del mundo, otorgando sentido a las normas; es decir, sitúa al individuo en un contexto específico que le responde quién es, pues solo así puede verse en la realidad. Nos señala: «esto es lo que eres, y por lo tanto, esto es lo que debes hacer». Si tuviéramos que resumir qué es el discurso divino, diríamos que es un puente entre, por un lado, el orden social del mundo —el contexto que nos dice qué es el ser humano en el devenir de las fuerzas del universo— y, por otro, la pregunta sobre cómo debe actuar: la ética. Vincula la unidad del orden —el *todo* exterior— con la dualidad de la decisión —la *parte* interna—; es, por tanto, un puente entre el afuera y el adentro, entre el *ser* y el *deber ser*.

Se pueden identificar tres funciones articuladas del discurso: nos hace inteligibles los fenómenos del mundo, nos permite vernos en nuestra interacción con el *otro* y nos orienta en las decisiones que plantea la realidad. Nos muestra nuestro *todo* como una *parte* que conforma una nueva *totalidad*, vinculando la manera en que ambas instancias —*todo* y *parte*— definen *empates de fuerza*.

El patrón de lo que es bueno que emerge del relato es una norma aplicable al *otro*, lo que implica reciprocidad: el *otro* es, al mismo tiempo, diferenciado y semejante a nosotros; puede actuar bien o mal, y comparte el discurso. Esa ambivalencia nos permite vernos y posibilita un encuentro que puede movilizar a un ejército para aniquilar al *otro* o crear una comunidad de hermanos entre personas que apenas se conocen o comparten algo en común. El criterio para interactuar con el *otro* —lo que se considera bueno en esa relación— puede ser concreto, referido a algo específico, o más abstracto, aplicable a distintas formas de expresión. El discurso cobra sentido en un escenario de opciones contrapuestas, lo que exige que el ser humano cuente con un criterio para decidir entre ellas. La incertidumbre es una dinámica antagónica en la que se alcanza un punto de *empate de fuerzas*, y es necesario optar por un todo o un nada. Los valores del discurso religioso, al establecer lo que es bueno, nos orientan en ese escenario dialéctico. Sin embargo, incluso cuando señala una de las fuerzas en lucha como lo bueno, la norma posee el potencial de reunir la energía tanto del *yo* como del *otro*, integrando las fuerzas en conflicto hacia un mismo fin.

Una forma de concebir el discurso es la de un *yo* (interior) enfrentado a un *otro* (exterior), en una narrativa que asigna un bien y un mal aplicables a ambas *partes*, las cuales, en esa medida, se igualan y establecen un vínculo. Lo interior es aquello con capacidad de actuar bien o mal, dotado de voluntad; lo exterior, aunque distinto y ajeno a la voluntad del *yo*, también puede actuar conforme al bien y participa recíprocamente en la interacción: es el *otro*. El discurso de sentido puede propiciar que el *yo* (tesis), al encontrarse con el *otro* (antítesis), dé lugar a un nuevo *yo* (síntesis), que integre la energía de ambas *partes* y en el cual podamos reconocernos. Esta sería una forma de vincular al *yo* y al *otro* que permite aprovechar su energía sin desperdiciarla: la más sana. En esa línea, una forma menos adecuada es aquella que anula al *otro* y exalta al *yo*, algo común en numerosos discursos de sentido de herencia guerrera.

Como nuestra realidad está compuesta por opciones contrarias entre las cuales debemos optar, afirmar algo implica, implícitamente, negar a su contrario. Atribuirle una característica al *otro* alude, también, a que su opuesto puede considerarse bueno. Un relato debe articular diferentes posicionamientos y dar coherencia a lo que se juzga como bueno, dentro de una narrativa que presupone la existencia de alguien que nos observa en el plano intersubjetivo. El discurso dota de sentido nuestra forma de afrontar los predicamentos y debe abarcar todos los escenarios posibles, señalando cómo tomar decisiones correctamente. El bien es una afirmación sobre lo que *es*, que niega otra posibilidad que lo contradice. Elegir entre el bien y el mal en una situación concreta está guiado por una norma, vincular a las normas dándoles sentido, nos lo aporta un discurso. En otras palabras, las narrativas otorgan sentido a las normas sociales al describir qué significa *ser* en el mundo social; todo esto se reduce a afirmar que nos permiten vernos en la realidad y, desde ahí, tomar decisiones.

3.1 Discurso, observación y normas

La conciencia se constituye como un agente que, al interpretar el mundo, lo orienta en una dirección, subordinándolo a su criterio, el cual se convierte, por ende, en la realidad misma. Sin embargo, ese criterio pasará a formar parte de un *todo*, junto con otro criterio que le hace contrapeso. Ser agentes en lo real implica que nuestras interpretaciones del mundo social se transforman en el escenario donde nos desenvolvemos, donde están sujetas a ser rebasadas, en cuanto *partes*, en un nuevo devenir. Así, la manera en que describimos al *otro* lo transforma, obligándonos a actualizar nuestra lectura de su figura. Todo ello ocurre en un escenario donde somos capaces de leer el mundo, anticiparnos a él y ejercer control. Aunque el *yo* y su perspectiva tienen un anclaje en la realidad que lo rodea, su lectura depende de su capacidad para constituirse en un instrumento que le permita, tanto a sí mismo como a la sociedad, desenvolverse en el devenir.

Cuando el discurso de sentido nos define el mundo, nos permite vincularnos con él en la medida en que el criterio que plantea nos ayuda a sortear las circunstancias del devenir. La realidad es el resultado de la cosmovisión de cada sociedad, pero esta debe permitirle integrarse en el desarrollo de lo real, de modo que se relacione adecuadamente con él para poder procurarse los medios de subsistencia. Las interpretaciones de la realidad se presentan como un *todo* que abarca todas las contingencias; sin embargo, con el movimiento del devenir pueden revelarse como una *parte* que confronta a otra para conformar un nuevo *todo*. Por ello, no podemos considerar que la cosmovisión social sea un conjunto de interpretaciones independientes del entorno concreto, sino que debe enfatizarse que está construida dialécticamente con él. En este proceso, la sociedad puede adaptar y actualizar sus interpretaciones según lo que ocurre en el medio ambiente, el cual, a su vez, cambia conforme lo hace la sociedad y su lectura del mundo. Por ello, es indispensable que el orden trascendente adjudique al ser humano un papel protagónico en la realidad, para que la construya y se asuma como defensor del orden frente a las fuerzas que lo igualan, aun si esto trastoca la certidumbre que el propio discurso religioso aspiraba a establecer. En pocas palabras, el relato de sentido nos indica lo que *es* y lo que *debe ser*.

Una narrativa se construye con el paso de generaciones y se expresa a partir de una norma ética, resultado de interminables confrontaciones, afirmaciones y negaciones entre un *yo* y un *otro* a los cuales se puede aplicar. El *yo*, al contar con el espejo del relato, es juez y *parte* de cada escenario que recorre. El discurso observador puede unir la racionalidad encarnada en el *yo* y en el *otro*; su alcance radica en su capacidad de integrar al *otro* en su configuración. Las narrativas de sentido son una manera de vincular al *yo* y al *otro*; al observarnos y ser un espejo, se moldean en escenarios donde la conciencia asume, alternativamente, uno y otro papel. Constituyen una forma abstracta de estructurar la relación del *yo* con el mundo, ya que se expresan en afirmaciones y normas que ponen en movimiento a un *yo* y a un *otro*. El hecho de que el *yo* cuente con un espejo significa que puede ser juez y *parte*. En ese tenor, el discurso se dirige a un *yo*, afirmando el *deber ser*, y desde ahí media el vínculo entre el *yo* —que es una afirmación—, un *otro* que lo niega, y un nuevo *yo* que puede integrar la fuerza de ambos. Las normas discursivas expresan el mundo social, creándolo en su afirmación, y la norma opera tanto cuando se cumple como cuando no, teniendo incluso más poder en este segundo caso, donde queda fija su descripción de la realidad. En el desarrollo del ser humano, desde la temprana infancia, se conducen los instintos, algunos encarnados en formas normativas que se contradicen con otras normas, igualmente encarnación de instintos. El discurso de sentido jerarquiza esas normas, describiéndonos cómo es el mundo para que, efectivamente, se cumplan.

Los relatos de sentido establecen toda la configuración por la que vemos la realidad, nos relacionamos con ella, interactuamos con los demás y adoptamos un papel en el orden social. Configuran el mundo incluso si el sistema normativo no se obedece; en ese caso, simplemente le otorgarán al *yo* que dice *no*, el papel del *otro*. Pero seguirá siendo la forma en la que ese *yo* se ve y se vincula con el mundo, estableciendo lo que está bien y lo que no. Por ello, puede decirse que el discurso norma el desarrollo del *yo*, ya que lo que afirma nos categoriza y describe el mundo. Incluso si el *yo* niega el relato en el que se ha formado, este seguirá operando; y si no se integra a un *otro* discursivo, la nueva narrativa será simplemente un espejo invertido de la anterior. Por ejemplo, un blasfemo que reniega de la religión continúa actuando bajo las mismas categorías y el mismo esquema de pensamiento, asumiéndose como el *otro* del relato del *yo*, el cual acepta.

De forma contraria, pueden desarrollarse en la estructura del discurso elementos provenientes de los *otros* a los que se ha enfrentado, siempre que su esquema permita encuentros constructivos y de cooperación. Como toda afirmación, una vez que el relato se enuncia, aparece aquello que escapa a su racionalidad y se le enfrenta: el *otro*, que contrasta con el *yo* que encarna el discurso. En ese *choque de fuerzas*, el relato de sentido puede propiciar la incorporación de elementos del *otro* que amplíen la racionalidad integrada en su visión. El *yo* es, propiamente hablando, la historia de sus encuentros con distintos *otros*, las asimilaciones que ha hecho de ellos, su capacidad para integrar racionalidades, lo que cae dentro de su entendimiento y control. Se constituye, por consiguiente, por los colectivos que crea en los escenarios, lo cual se refleja en la narrativa de sentido que va construyendo. La autoconciencia es producto de un observador que nos permite vernos desde el *otro*, por lo que tenemos que adentrarnos en su mirada y observarnos desde la diferencia. Integrar al *otro* implica un esfuerzo para el *yo*, pues requiere emprender un viaje en lo diferente —a partir del discurso— para recuperar su mirada y ser autoconsciente[67]; en ese trayecto, se renuncia a defender los propios intereses sin considerar otra racionalidad.

---

67   El poder de la mirada del *otro* para definir nuestra autoconciencia y establecer nuestra humanización es tremendo. Por ello, en diversas culturas persiste la creencia en el *mal de ojo*, entendido como la influencia negativa que puede emanar de una mirada cargada de envidia (literalmente, *mal de ojo*). Esta mirada niega nuestro *yo*, ya que no busca comprenderlo, sino ocupar su lugar, motivada por el deseo, la maldad o simplemente por el hecho de ser el *otro*, el distinto. Para contrarrestarla, han surgido numerosos rituales y símbolos protectores que enfrentan esa energía hostil con otra fuerza simbólica, en un duelo de miradas. De ahí que los amuletos contra el *mal de ojo* compartan una iconografía ocular, como el ojo apotropaico, el ojo de Horus en el Antiguo Egipto, el ojo de venado en culturas mesoamericanas, o las miradas frontales de Dioniso y Medusa en la tradición griega, únicas entre los dioses en ser representadas mostrando ambos ojos de frente. La descripción de quienes pueden causar el *mal de ojo* remite, sin ambigüedad, a la figura del *otro*: «Su transmisión se atribuía a personas del entorno del afectado. Como, las vecinas que envidian la buena fortuna en el propio ámbito doméstico y/o localidad, o individuas ajenas a la comunidad local y nicho ecológico. En cualquier caso, se recela profundamente de personas marginales por su condición social, imputándose el maligno poder a mendigas, brujas, viejas desgreñadas e invariablemente a mujeres:

Como función primordial, el relato de sentido nos permite vernos; es un orden en el que nos movemos, pero que contiene una lucha indeterminada en su interior. Nos describe el mundo y nos orienta dentro de él, proporcionándonos una imagen del ser humano que guía nuestros predicamentos vitales. En ese ejercicio, canaliza ciertas fuerzas instintivas y las enfrenta a aquellas que se le escapan. En las decisiones cotidianas emerge el poder que el discurso ha ido adquiriendo, haciéndonos aparecer como una imagen dentro de la experiencia de la conciencia y señalándonos el camino sancionado por determinadas normas. Las decisiones que tomamos —formas de relacionarnos con nuestro entorno— sedimentan las estrategias con las que operamos, abriendo paso a nuevas situaciones de incertidumbre. Esa incertidumbre es, propiamente, el estado que hace emerger a la conciencia, al discurso y a su ética. La autoobservación encarnada en una norma y sistematizada como ética constituye una estrategia para configurar nuestro modo de ser en relación con la realidad que habitamos. Las normas no son tanto una línea a seguir como un círculo que se cierra y se articula con nuestra relación con el mundo.

3.1.1 El discurso como puente entre el adentro y el afuera

El discurso religioso es una narrativa que integra y configura distintas normas, sancionadas dentro del abanico amplio y contradictorio de posiciones éticas presentes en la sociedad. En este sentido, si queremos indagar en la base de un relato específico, probablemente la encontremos más cercana a las propias normas que a la verosimilitud de los eventos que narra. En otras palabras, las normas sociales generan un discurso que las vincula dentro de una visión total de la realidad, una visión que otorga sentido y define al ser humano en tanto *totalidad* que se compone con el *otro*. Más que derivarse de una visión certera y racional del mundo que conduzca a normas específicas, el discurso emerge desde las normas mismas como punto de partida.

Esta preeminencia de lo normativo sobre lo explicativo en las narrativas de sentido se ejemplifica con claridad en las cosmogonías de distintas visiones religiosas, es

---

que albergan este peligro por embarazo, menstruación, menopausia. Eran especialmente temidas como agentes del mal de ojo las mendigas que iban de puerta en puerta pidiendo limosna. (Cfr. Erkoreka, *El mal de ojo en…*, 11-12., Erkoreka, *Análisis de la medicina…*, 261., Erkoreka, *Begizkoa. El mal de ojo entre…*, 29., Jordán y Peña, Mentalidad y tradición…, 245-247. y Kuschick, Medicina popular en España, 120.) y las gitanas, a las que se atribuye un alto potencial aojador. Se afirma que el mal de ojo podían provocarlo, con intencionalidad o sin ella, las mujeres y particularmente las gitanas. (Cfr. Pitt-Rivers, *The People of the Sierra.*) Por lo que respecta a las brujas, se las considera receptáculo de una sexualidad anti-reproductiva y corrupta, un sujeto maléfico femenino que amenaza la vida y la conciencia moral comunitarias, dirigiendo muchas prácticas maléficas como el mal de ojo contra la procreación (Cfr. Montesino, «*El estigma de la brujería*», 91.)». Homobono, «*Brujería y mal de ojo*», 42.

decir, en sus descripciones sobre la creación del mundo y del ser humano. Se trata de relatos que hoy pueden parecernos ininteligibles, pero que respaldan determinadas normas. Esto se evidencia al considerar que, en la actualidad, contamos con explicaciones relativamente precisas sobre la sucesión de causas que conformaron el universo, así como con la teoría de la evolución, que ofrece una aproximación al largo e intrincado recorrido de nuestra especie. Los mitos cosmogónicos de diversas culturas pueden entenderse como construcciones elaboradas a partir de los elementos disponibles para dotar de sentido a la realidad fenoménica, pero, sobre todo, como relatos destinados a legitimar ciertas normas sociales, presentándolas como coherentes con la naturaleza del mundo y del ser humano mediante una secuencia de eventos más imaginativa que factual. El discurso religioso actúa como un puente entre el mundo fenoménico —un *todo* exterior que codifica e interpreta los predicamentos vitales— y la experiencia de la conciencia —la *parte* interior—, articulando ambos planos a través de normas. Así, otorga sentido a los fenómenos de la realidad, en particular del mundo social, al hacer verosímiles las fuerzas que sostienen una normatividad orientada a organizar el mundo interior.

De esta forma, lo que dicta la norma está articulado con la manera en que funciona la realidad. Por ejemplo, si existe una norma de descansar en el séptimo día o en el séptimo año, esto obedece a una razón muy mundana, como puede ser el barbecho: un sistema de cultivo generalizado en distintas culturas que consiste en dejar descansar la tierra periódicamente para que se regenere, lo que permite aprovecharla mejor y hacerla más productiva a largo plazo. Para dotar de sentido a esta práctica dentro de la cosmogonía —el *todo* exterior de la comunidad—, se afirma que Dios descansó el séptimo día al crear el mundo[68]. Si las normas son patriarcales, entonces se narra que Dios creó primero al hombre y que, como una excrecencia de él, le entregó una mujer[69], quien representa al *otro* responsable del surgimiento del mal en el proceso de autoconciencia. Si, en cambio, las normas son más equilibradas entre

---

68   Es verosímil que el *Sabbath* se originó dentro del contexto de descansar la tierra cada séptimo año: «Habla a los hijos de Israel y diles: Cuando hayáis entrado en la tierra que yo os doy, la tierra guardará reposo para Jehová. Seis años sembrarás tu tierra, y seis años podarás tu viña y recogerás sus frutos. Pero el séptimo año la tierra tendrá descanso, reposo para Jehová; no sembrarás tu tierra, ni podarás tu viña. Lo que de suyo naciere en tu tierra segada, no lo segarás, y las uvas de tu viñedo no vendimiarás; año de reposo será para la tierra. Mas el descanso de la tierra te dará para comer a ti, a tu siervo, a tu sierva, a tu criado, y a tu extranjero que morare contigo» Levítico 25:2-6 (RV1960) De ahí se pudo extender a los días de las personas: «Seis días trabajarás, mas en el séptimo descansarás; descansarás en tiempo de siembra y siega» Éxodo 34:21 (Biblia de Jerusalén). Finalmente se le adjudicó a Dios en la creación: «Y acabó Dios en el día séptimo la obra que hizo; y reposó el día séptimo de toda la obra que hizo. Y bendijo Dios al día séptimo, y lo santificó, porque en él reposó de toda la obra que había hecho en la creación» Génesis 2:2-3 (RV1960)

69   «Con la costilla que sacó del hombre, Dios el Señor hizo una mujer, y se la llevó al hombre» Génesis 2:22 (RVC)

los géneros, se establece que Dios creó a ambos a su imagen y semejanza, una versión de la creación que, curiosamente, también aparece en el Génesis hebreo[70].

Si ante la pugna entre productores de una comunidad —entre agricultores sedentarios y ganaderos nómadas— domina el grupo nómada, entonces surge el relato de dos hermanos que ofrecen a Dios sus respectivas ofrendas, conforme a los productos característicos de su forma de vida. Dios prefiere la ofrenda del nómada[71], lo que vuelve fratricida al sedentario, quien, a causa de su acto, es condenado por Dios a llevar una marca por dondequiera que vaya. Este relato muestra cómo el discurso refleja la pugna entre grupos sociales, donde a veces se imponen unos y otras veces otros, ya que esta lucha no estuvo definida de forma tajante dentro del monoteísmo judío. Así, en esa narrativa religiosa encontramos aceptada la celebración de la Pascua con el sacrificio de un cordero —acorde a las costumbres de los nómadas ganaderos que buscaban protección para sus animales—, conviviendo relativamente en armonía con la fiesta de los panes ácimos o sin levadura —propia de los pueblos sedentarios y agricultores—, en festejo por la nueva cosecha. En un mismo relato caben y conviven posturas contradictorias sobre el quehacer comunitario y lo adecuado en sus prácticas, pues el discurso siempre implica un *yo* y un *otro*, y resulta más efectivo en la medida en que logra integrar múltiples racionalidades.

Es de suponerse que, a lo largo de la historia, los sectores sociales hayan pugnado por estar mejor representados en las narrativas que unifican a un colectivo, y que la visión religiosa de la realidad corresponda a la versión vencedora de los grupos que impusieron su interpretación del mundo, justificando así su dominio. También resulta comprensible que se dé un proceso en el que la lectura de lo divino por parte de cada *parcialidad* se acomode a los intereses de los grupos a los que pertenece o que defiende. Un ejemplo de esto es el discurso que presentan los evangelios sobre la relación de Jesús con la comunidad judía a la que pertenecía y de la que, en realidad, nunca se apartó, en contraste con lo que se dice sobre su vínculo con el Imperio romano. Estos textos sagrados están marcados por una vertiente —la paulina— que busca hacer presentable la figura del Mesías ante un público pagano-romano y sus autoridades; por tanto, minimiza la animadversión de su movimiento hacia dicho imperio y lo contrapone a los judíos, de quienes busca diferenciarlo y a quienes se atribuye casi toda la responsabilidad de su martirio.

---

70 «Y creó Dios al ser humano a su imagen, a imagen de Dios lo creó; hombre y mujer los creó» Génesis 1:27 (RV2020)

71 «Y CONOCIÓ Adán a su esposa Eva, la cual concibió y dio a luz a Caín, y dijo: He adquirido varón de parte de Jehová. Y después dio a luz a su hermano Abel. Y fue Abel pastor de ovejas, y Caín fue labrador de la tierra. Y aconteció en el transcurrir del tiempo, que Caín trajo del fruto de la tierra una ofrenda a Jehová. Y Abel trajo también de los primogénitos de sus ovejas, y de su grosura. Y miró Jehová con agrado a Abel y a su ofrenda; mas no miró con agrado a Caín y a su ofrenda. Y se ensañó Caín en gran manera, y decayó su semblante». Génesis 4:1-5 (RV2004)

El orden con el cual se describe el desenvolvimiento de la realidad sirve para dar sentido a la elección entre dos opciones, pero dicho orden debe, efectivamente, corresponderse con lo que sucede en el mundo. Es decir, elegir una opción no constituye un hecho definitivo, ya que existen instancias que abarcan a las unidades sociales y escapan al control de quienes elaboran el discurso, poniendo a prueba las decisiones de la comunidad. Esto no solo ocurre por las contradicciones en lo social, sino también por los cambios en los ciclos naturales, las enfermedades, o las consecuencias del modo de producción, todo lo cual puede hacer que una narrativa de sentido pierda su sustento.

El discurso desarrolla un proceso de construcción mutua con las relaciones entre los grupos humanos, en el que se van estableciendo órdenes con mayor o menor éxito para configurar vínculos con el mundo que les permitan mantenerse en el devenir. Es importante subrayar la relación dialéctica entre el relato de sentido y las categorías e ideas vigentes en una sociedad determinada. Resulta fácil caer en la trampa de interpretar el discurso de sentido como una influencia unilateral sobre las visiones concretas del mundo, pasando por alto el vínculo dialéctico de construcción mutua entre las ideas sobre lo divino y aquellas que describen las relaciones terrenales. Ciertamente, lo divino participa en el desarrollo de las categorías con las que interpretamos el mundo, pero dichas categorías representan las fuerzas de las tendencias presentes en el ser humano.

Estas tendencias desembocan en situaciones de definición, donde se hace necesaria una narrativa que les otorgue sentido y oriente la elección. Por ello, el relato religioso no surge en abstracto, sino a partir de un estado de *empate entre fuerzas* igualmente poderosas, encarnadas en dos conceptos que, de acuerdo con dicho relato, serán cargados como lo bueno y lo malo, respectivamente. Aunque aluden a entidades abstractas y tan poderosas que parecen alejadas de nuestras decisiones cotidianas, las narrativas religiosas sólo cobran sentido cuando se posicionan frente a cada una de nuestras dudas. Las categorías en las que se expresan estas incertidumbres son las herramientas del discurso para separar la cizaña de la mies, lo positivo de lo negativo.

A su vez, cada relato carga de sentido las palabras con las que asimilamos el mundo; las selecciona para ajustar la realidad a ellas al emitir un mensaje normativo. Un mundo en *empate de fuerzas* es también un escenario donde distintas narrativas sobre unas mismas creencias compiten entre sí. Por ello, los textos e interpretaciones sobre lo sagrado, en todas las religiones, están sujetos a debate. Al inclinar los aspectos de indefinición del ser humano, el discurso toma partido por una idea, una forma de relacionarse, un grupo social, una postura política, una forma de *ser* en sentido amplio y, en última instancia, por un conflicto entre seres humanos. Establecer el *deber ser* del mundo implica marginar y descartar otras formas de *ser*, las cuales están encarnadas en personas y en grupos de interés.

Las narrativas de sentido nos muestran el camino del *ser* para convertirse en *deber ser*, es decir, en la manera en que debemos actuar. Por ello, se expresan mediante normas, pero estas solo tienen vigencia en relación con un contexto dado, con una forma de *ser* específica. El relato de sentido es simbólico en tanto mediatiza entre lo tangible, corporal y palpable, y las formas que tiene el medio social de construir una realidad intersubjetiva. En los dichos populares e incluso en los chistes, se encuentran elementos formales que revelan las relaciones entre las cosas y las personas. Estos nos ayudan a que el discurso efectivamente realice el tránsito desde lo más abstracto —cuando establece el bien y el mal— hacia normas concretas que nos orienten en las circunstancias donde interactuamos, proporcionándonos indicios sobre cómo comportarnos. La visión del mundo que propone el discurso es una descripción del *ser* de las cosas, pero está condicionada por su función de dotar de sentido al *deber ser* de las normas. Para fines analíticos, podemos aislar una narrativa en su contenido explícito y en las ideas que articula, pero para comprenderla en su *totalidad* es necesario examinar sus imbricaciones con la *todo* social en el que se inscribe.

3.1.2 Estructura del discurso de sentido

Para acceder al significado de una narrativa, es necesario adentrarse en la forma en que da sentido a la norma: cuál es el orden del mundo que establece, quién es el que habla, quién es el interlocutor, cuál es el lugar del *yo* y del *otro*, del sujeto y del objeto, y cuál es el conflicto que plantea. Lo más importante de este análisis es la definición que realiza la narrativa sobre el bien y el mal. Es fundamental identificar quién emite el discurso, con quién nos lleva a identificarnos, qué posición asume, con qué autoridad juzga y con qué criterio, si actúa más por la fuerza o por el convencimiento. Asimismo, es necesario reconocer sus vínculos con lo político, lo económico, lo ideológico y los intereses de quienes se benefician al cumplirse sus normas en esos escenarios. Aunque todos estos elementos deben considerarse en el análisis, la base radica en el esquema donde el discurso funciona como un espejo que nos permite automonitorear nuestra relación con el *otro*, a partir de las categorías del bien y del mal. En ello se encuentra la clave para vincular un relato con la *totalidad* social y para que este cobre sentido. Para cumplir sus funciones primordiales, toda narrativa debe seguir una coherencia específica; por ello, contamos con elementos que nos permiten identificar patrones que facilitan su comprensión.

Es fundamental considerar cómo el discurso busca trascender los conflictos, ya que surge de la integración de la fuerza del *yo* y del *otro* mediante la enunciación de normas que resuelven la contradicción. Sin embargo, muchas veces solo reproduce las asimetrías, cuando mucho sustituyendo a sus protagonistas. En ese contexto, mientras más severo sea su juicio sobre el orden social, mayor será la responsabilidad que recaiga en la voluntad del creyente. Ese orden sigue siendo el punto de referencia y tiene resonancia en el interior tanto de la persona como de la comunidad. Cuanto más se proclame una identificación absoluta entre la divinidad y el emisor del discurso, más se aislará el grupo de otras visiones de la realidad social. Existe una estrecha relación entre el individuo y el más allá; asimismo, afirmar el *deber ser* implica tomar postura y entrar en conflicto con aspectos del mundo ordenado que el propio discurso describe. El discurso suele caracterizar un *yo* bueno y un *otro* malo; si este dualismo se presenta como una identificación total entre el *yo* y lo bueno, se configuran las condiciones para un escenario sectario y autoritario.

Así entonces, existe una concordancia y una compensación de elementos dentro de una narrativa de sentido, lo que le permite funcionar efectivamente como un espejo y enunciar el bien y el mal. Tiene la capacidad de oponerse al poder o de utilizarlo, operando tanto dentro como fuera del orden social dominante. Configura al *yo* y al *otro*, crea unidades sociales y articula intereses particulares, replicando en el orden social el mismo patrón que en la configuración interna. Al analizar un relato, debemos desprendernos de los supuestos que damos por sentados y considerar que, respetando su función, han existido discursos profundamente contrarios a lo que hoy consideramos como una forma adecuada de concebir el mundo. De igual forma, es posible que surjan nuevas narrativas que logren materializar lo que hoy parece imposible.

En el desarrollo del ser humano, a lo largo de las generaciones que conforman la cultura, se han formulado respuestas a preguntas fundamentales como quiénes somos, de dónde venimos y hacia dónde vamos, cómo se configura la relación entre el *yo* y el *otro*, y cómo debemos actuar en ese contexto. La forma en la que adquirimos el discurso de sentido es justamente al responder estas preguntas esenciales que enfrentamos como seres humanos. La narrativa que logre contestar dichos cuestionamientos y nos permita observarnos mientras nos desenvolvemos con el *otro* será la dominante. El orden divino puede concebirse como una jerarquía de normas que se estructura según las preguntas que dichas normas buscan responder. La importancia de cada norma será mayor en la medida en que participe de la estructura común de los escenarios donde se mueve el *yo*, ya sea colectivo o individual. Cuanto más definitoria sea una norma para la conformación del entramado discursivo en el que se integran los conceptos del *yo*, mayor será su peso dentro de una narrativa.

El discurso conforma y es, propiamente, esa jerarquía que actúa en los grupos de pertenencia, en la geopolítica, en nuestro cuerpo y en el mundo de la imaginación. Establece cómo se estructuran las dinámicas del placer y cómo transitamos de un escenario a otro, para lo cual contamos con el mundo simbólico del lenguaje, que media entre lo que sucede en un escenario y otro, sirviendo como puente. Existe un registro explícito de normas y sistemas de creencias aceptados —como el profesar una religión, por ejemplo—, pero lo fundamental es cómo se desenvuelven los vínculos entre el *yo* y el *otro* en los escenarios. En la relación entre ideas y actos, lo abstracto va modelando lo concreto, y, al mismo tiempo, lo que hacemos configura lo que pensamos. Cuando emerge el discurso de sentido, es necesario diferenciarlo de la cotidianidad: debe estar rodeado por un halo de misterio, una importancia que se manifiesta en ritos y ceremonias que nos sitúan en el ámbito de lo sagrado, en contraposición a lo profano. Un individuo adecuadamente socializado en su entorno no tendrá dificultad para identificar cuándo algo pertenece al mundo de las formas abstractas de las cosas, y no a meros casos particulares.

El relato de sentido se anuncia cuando irrumpe en la vida cotidiana, pues es crucial que sepamos cuándo no se nos habla de una decisión concreta, sino de la forma general de tomar decisiones. En todos los idiomas, el uso del artículo determinado remite a casos particulares, mientras que el indeterminado nos sitúa en el ámbito de lo general. Así, el uso del artículo indeterminado nos coloca en el contexto del discurso de sentido. Por ejemplo, en los cuentos y leyendas moralizantes —elementos fundamentales en la educación ética de las personas— el relato comienza diciéndonos que: *había UNA vez en UN lejano lugar, UN reino con UN castillo donde vivía UN príncipe enamorado de UNA aldeana*. Esto tiene un fuerte impacto en la psique, ya que el uso reiterado del artículo indeterminado nos indica que la historia se refiere y aplica a formas generales y abstractas de las situaciones que enfrentamos en la vida; por lo tanto, no nos habla de cómo tomar una decisión concreta, sino de *cómo* tomamos decisiones. Muy distinto sería si el inicio del relato fuera concreto y empleara el artículo determinado: *En 1683, en EL reino de Francia, en EL castillo de Versalles, EL rey Luis se enamoró de LA plebeya Francisca*, lo cual tiene un efecto mucho más limitado en la construcción de la ética.

En lo religioso, se activan las formas que rodean al mensaje para sensibilizar a los oyentes y hacer el relato más persuasivo. El microcosmos del altar nos anuncia cómo son las cosas «allá arriba», y cuando decimos «arriba», lo usamos como símbolo de la forma abstracta de los contenidos específicos. Quienes se oponen a la religión, blasfemando sus valores y subvirtiendo sus creencias, no tienen reparo en retomar los mismos ritos, pues su discurso alude al mismo orden, modificando únicamente algunos elementos del relato e invirtiendo a sus protagonistas. La cultura sabe indicarnos cuándo una narrativa remite a las formas que nos acompañarán para asimilar y decidir en el mundo. Para evitar que un relato de sentido se trivialice y pierda su función como canon, las instituciones que lo resguardan recurren al castigo más severo para el infiel y el hereje. Al abordar el discurso de sentido en público, quienes lo enuncian cambian sus vestiduras y realizan múltiples rituales para manifestar respeto. En el Antiguo Testamento, la cultura latina tiene un papel mínimo; el mundo neotestamentario se habló en arameo y se escribió en griego. Sin embargo, la Iglesia católica ofició sus misas en latín hasta bien entrado el siglo XX: el misterio potencia. Magos, políticos, espiritistas y nigromantes saben que es fundamental seguir a la religión en sus rituales, donde demuestran tener poder sobre lo ultraterreno. En los mitos, las sagas y las leyendas se aprecia el desarrollo del discurso de sentido en su dimensión formativa más cotidiana, donde desciende a figuras concretas, menos rígidas en la imposición de un único criterio moral.

Es de suponer que, al cambiar el entorno social y físico en el que se desenvuelve la conciencia —como consecuencia de sus propias construcciones sobre la realidad—, se vuelve una ventaja la flexibilidad de una narrativa religiosa para ofrecernos un criterio sobre lo que es bueno. Con esto se quiere decir que las nociones en torno a la bondad al actuar se volvieron progresivamente más abstractas y flexibles, menos atadas a una forma concreta de *ser* y más cercanas al juicio ético de personas y colectivos vinculados a un discurso, como ocurre en el camino hacia el monoteísmo. Esta flexibilidad en el criterio sobre cómo actuar es precisamente la que propicia el desarrollo de la autoconciencia. Es entonces cuando el mecanismo para tomar decisiones se nutre de un relato abstracto y ético —no concreto, sino formal— en el que puede ingresar tanto el *yo* de la persona aludida como su *otro*. Esto permite al ser humano abarcar su propia individualidad y verse en un escenario donde es, a la vez, espectador y partícipe, en tanto dispone de un modelo de persona con el cual puede identificarse.

Una ventaja del discurso de sentido estriba, entonces, en que se presta a ambigüedades, ya que esto le permite integrar una pluralidad de tendencias sociales. De hecho, resulta importante que la parte explícita de una narrativa abra la posibilidad de controversia sobre su significado, siendo lo suficientemente abstracta como para generar distintas posturas: algo particularmente cierto en el caso del monoteísmo. Como dice un conocido dicho hebreo: «donde hay dos judíos, hay tres opiniones»; y es en esta raíz donde se halla la fuente de las tres religiones capaces de convocar a miles de millones de fieles. En un debate, uno puede adoptar la posición que desee, pero, una vez tomado ese posicionamiento frente a un tema que nos interpela, también se asumen los presupuestos implícitos en el discurso que formula la pregunta a responder. Vale la pena profundizar en esta afirmación. Al analizar una narrativa —en sus expresiones como mitos, cuentos, leyendas, o en sus sucedáneos modernos como teorías, escuelas filosóficas o explicaciones dominantes en el imaginario colectivo—, es indispensable atender al contenido explícito. Es ahí donde nuestro aparato crítico puede centrar el análisis, estemos o no de acuerdo con lo que plantea: la narrativa explícita nos guía, nos brinda una enseñanza, nos muestra algo que se somete al escrutinio de la razón.

En ese proceso, la narrativa formula afirmaciones que dan por hecho que el mundo funciona de una determinada manera, pues está referida a la realidad de una sociedad donde conviven múltiples posibilidades y formas de *ser*, eligiendo y señalando una de ellas. Es importante observar la postura explícita que toma el discurso frente a esas posibilidades contradictorias que dividen a las personas y se hallan en debate. Sin embargo, mientras asume una posición evidente, ya ha tomado muchas otras decisiones implícitas que suelen pasar desapercibidas. En su cara visible, adopta un papel en las luchas sociales, postura que puede aceptarse o rechazarse; pero igual o incluso más relevante es lo que esa narrativa da por supuesto, lo que considera obvio y no se somete a discusión, sirviendo como base para estructurar el propio discurso y generar una polémica. Al aceptar una narrativa, consolidamos —de manera oculta— respuestas a preguntas sobre el *ser* de las cosas, respuestas que dan pie a nuevas interrogantes sobre el *deber ser*. Pero mientras el *deber ser* es más explícito, la formación del *ser* es implícita.

Si el discurso nos atrapa y participamos de la disyuntiva que plantea, ya estamos dando por sentados los cuestionamientos que responde, aquellos puntos fundamentales a los que alude y que componen al *ser* del mundo. Los cuales también son discutibles y no tienen por qué ser aceptados por la sociedad a la que se dirigen; de hecho, no son compartidos por todos sus sectores. Por ejemplo, cuando se nos presenta la historia de un caballero que debe superar múltiples obstáculos para conquistar a una bella princesa, olvidamos que no necesariamente se debe privilegiar la belleza o la riqueza al elegir pareja, ni aceptar que el hombre es el *yo* protagonista que debe conquistar a una mujer. Todo eso queda fuera de discusión: lo único que nos interesa es cómo logrará el caballero demostrar su valentía y superar los obstáculos que se interponen en su camino.

3.1.3 Discurso e ideología capitalista

En este orden de ideas, en el contexto contemporáneo, la ideología capitalista se basa en sustentos conservadores —discurso del *yo*—, donde se plantea un mundo justo en el que, cuando la *parte*-individuo actúa correctamente, el *todo* social le retribuye de forma equitativa. Si escucháramos una historia sobre la justicia inherente al orden económico, que justificara el dominio del rico sobre los demás, basándose en su supuesta bondad y en las virtudes que lo caracterizan, seguramente nuestro juicio crítico lo pondría en duda, sobre todo si no pertenecemos al grupo dominante. Lo explícito se cuestiona; por ello, en los relatos que justifican un orden económico, lo primero es generar identificación con algún componente que encarne un valor aceptado por el grueso de la sociedad. Una vez que tomamos partido por el caballero valiente en busca de una misión —tal como se describen los distintos héroes—, el resto de la descripción queda aceptado sin mayor objeción, pues introyectamos todos sus supuestos implícitos.

Así, primordialmente, se cumple la función del discurso: organizar el mundo, darle sentido. De este modo, las normas dominantes adquieren legitimidad y se propicia que participemos de ellas, pues el orden presentado se corresponde adecuadamente con nuestros actos, y el mundo premia justamente a quienes siguen la norma. Esto genera un efecto tranquilizador sobre nuestra relación con el orden social, al creer que funciona correctamente; relato que se expresa en términos de riqueza económica, como punto de llegada. Para la narrativa capitalista dominante, la sociedad se divide según el acceso a la propiedad privada, y el orden normativo debe relacionar dicha posesión con el mérito, de modo que ese privilegio resulte aceptable. Esto se logra al establecer que el orden de las cosas responde a una voluntad justa y natural; por lo tanto, cuestionarlo equivale a cuestionar el bien mismo: discurso del *yo*. El mensaje es que debemos seguir las normas que plantea la narrativa para lograr ser alguien en el orden social, respetar a quien detenta el poder económico, e identificar todas las cualidades deseables con las mismas personas, pues el mundo es justo. Incluso cuando, en este tipo de relatos, aparece un rico malvado, su presencia se presenta como una excepción que confirma la regla, y basta con que reciba su castigo para que el orden, en el cual riqueza y bondad se corresponden, quede restaurado.

La figura del ladrón bueno también tiene relevancia, pues sanciona la propiedad privada como el verdadero objeto de la lucha, en lugar de un proyecto estructural que busque cambiar la distribución de la riqueza. Las excepciones a la regla del rico virtuoso, que aparecen en las narrativas moralizantes, se identifican por su corta duración: quienes transgreden las normas reciben castigos y son pronto anulados. Así, su existencia no cuestiona el orden que propone el relato, sino que son excepciones que confirman la regla. Lo esencial es el mensaje que el discurso de sentido transmite frente a las decisiones más apremiantes con que nos confronta la realidad. Este mensaje casi siempre se encuentra oculto en la construcción del relato, lo cual dificulta que nuestro aparato crítico racional lo cuestione fácilmente. Como el lenguaje se articula en pares de conceptos activados de forma implícita, basta que un relato diga que había un rey muy bueno, guapo y rico, para que se infiera, por un lado, que esas cualidades se corresponden entre sí, y por otro, que existían súbditos malos, feos y pobres.

Dado que el mensaje implícito en la ideología capitalista[72] es que el orden del mundo responde a una justa recompensa por las acciones, la carencia de recursos suele entenderse, aunque no se diga de forma explícita, como consecuencia de indolencia, incapacidad o torpeza. Así, cualquier alusión al que se opone al rico remite de inmediato a alguien malvado que solo quiere arrebatar lo que al *otro* le corresponde por derecho. Si se obedecen las normas sociales, el pobre podrá ascender en la escala social y el rico injusto descender. Sin embargo, ese mecanismo, tácitamente, nos dice que el sistema que separa a unos de otros es justo, y la posibilidad de cambiar su funcionamiento —aunque exista socialmente— se vuelve irrelevante, al no recibir siquiera un nombre. El tonto bueno triunfa en el relato ideológico, mientras que quien busca transformar la realidad desde intereses colectivos queda descartado: v. gr. *Fo-*

---

72   En la literatura marxista, el concepto de ideología se refiere a una visión *parcial* y distorsionada que, interesadamente, difunde la clase dominante, describiendo las relaciones sociales de producción para mantener su hegemonía.

rrest Gump. De este modo, una revuelta social en la que el grupo desposeído intente liberarse de los mecanismos de opresión queda anulada antes de ser mencionada, pues dentro de las categorías establecidas por el relato no se nombra el sujeto colectivo dominado capaz de emanciparse.

En el devenir de nuestra cultura, el dominio del guerrero posibilitó que ciertos grupos desarrollaran una relación más eficaz con su entorno, lo que les permitió imponerse sobre otros y asegurarse estabilidad material. Esto se acompañó de una mayor diferenciación entre personas y, por ende, de normas que mantuvieran su hegemonía, cuyo destino quedaba vinculado a la supervivencia de las comunidades. En este contexto, hay un hilo conductor en las ideologías que han defendido sistemas opresores: un discurso del *yo* que justifica el orden y que se extiende hasta el capitalismo. Las preguntas que plantea el relato dominante —y que constituyen sus supuestos— son aquellas que permiten a uno dominar y al *otro* aceptar dicho dominio, como, por ejemplo, postergar la revancha del dominado para el más allá. Las respuestas pueden ser diversas y socialmente aceptables, siempre y cuando no cuestionen los acuerdos tácitos conservadores.

Si bien el discurso dominante tiende a ser monolítico al definir la realidad, también es dialéctico en la medida en que describe el bien y el mal. Es decir, el orden no está tan ordenado como para impedir toda posibilidad de intervención. Aun así, la presentación del relato tiene visos de absolutismo: encierra un mensaje, establece un camino para quien lo acepta y también para quien lo rechaza y busca rebelarse. Subrepticiamente, nos enseña cómo decirle que no. Quien define lo bueno define también cómo se expresa lo malo, pues este último es simplemente su contrario. Quien configura su mente en un discurso determinado seguirá con esos supuestos, incluso si los subvierte o se opone a sus valores o a quienes los encarnan. Sea uno bueno o malo, ambos caminos conducen a que las interacciones se articulen bajo el poder económico, y se acepta que quienes lo detentan ocupen la cima de la jerarquía social. En un esquema donde la propiedad privada es vista como justa, se socializarán individualidades laboriosas que prioricen la obtención de bienes, así como ladrones o personas que buscan los recursos por vías no sancionadas. Pero, en cualquier caso, el presupuesto de que la riqueza es el objetivo final ya se habrá impuesto.

El poder, de todos modos, ya ha sido legitimado, y la hegemonía, generalizada con la anuencia —explícita o tácita— del dominado. Para quien dice que no, la sociedad tiene policías y estructuras que controlan, canalizan y redirigen la oposición hacia formas manejables. Quien actúa bajo los supuestos del discurso que glorifica la economía, pero no trasciende lo individual, no representa un obstáculo para el dominio simbólico de un grupo sobre otro; difícilmente persigue algo más que cambiar a los personajes de un mismo modelo excluyente. Pues en lo económico, las personas se perciben como cosas y los intereses de las *parcialidades* se enfrentan de forma antagónica, buscando aniquilar al *otro*. El ladrón, al ser excluido de los bienes de consumo, se opone a su condición subvirtiendo los valores del discurso y actuando contra el *deber ser*, pero, al mismo tiempo, configura el mundo de acuerdo con el orden social dominante y con la propiedad privada, ayudando a conservarlos. Su papel refuerza la estructura que niega el acceso del *otro* a la riqueza social y perpetúa el dominio del *yo*.

Ahí radica la virtud de un discurso: nos lleva a ver el mundo de cierta manera y, más allá de los caminos a los que nos conduce, cumple el objetivo de que aceptemos un orden social particular. Cuando el relato nos describe su orden y nos dice cómo son las cosas, lo damos por hecho. Entonces, nuestra oposición a él ya no es una cualquiera; se vuelve una negación a una afirmación específica, sujeta a las reglas del propio relato. Ya no podemos oponer otra afirmación que compita en igualdad de condiciones, sino que quedamos atrapados en una forma subvertida del *sí* discursivo. Tanto quien afirma como quien niega una narrativa están configurados por ella, pues han aceptado la pregunta que estructura la realidad. El que dice *sí* forma parte de la comunidad que la narrativa construye; el que dice *no* se vuelve predecible, en la medida en que ya aceptó la pregunta y el esquema de sentido y se convierte en el lugar donde se proyectan las fuerzas oscuras. Es muy distinto decir *no* a una pregunta que plantear otra que configure la realidad de manera diferente. Un cambio verdadero en una pregunta social ocurre cuando se unen la negación dentro del discurso (el *otro* interno) y la negación de la pregunta misma (el *otro* externo).

Siguiendo esta línea, cuando asumimos una postura filosófica o política, también aceptamos los supuestos implícitos en la narrativa que articula la pregunta hacia la cual nos posicionamos. Por ejemplo, al politizarnos, asumimos que lo más importante para la sociedad es lo que sucede en la vida pública o con el poder del Estado. En ese marco, puede haber opciones diversas y contradictorias, y aunque habrá enemigos, se comparte la idea de que el destino colectivo se decide por medio de la acción pública. Esta es la lógica del discurso político, donde cada facción ubica el bien en una parte del espectro ideológico y todo depende de la voluntad de involucrarse en un proyecto. Esto marcará la mentalidad de quién acepta este relato. Quienes asumen la narrativa política comparten más entre sí (que responden a la misma pregunta), aun cuando estén en bandos opuestos, que con quienes no han participado de ella (que están articulados por otra pregunta). De ahí que personas puedan pasar de un extremo ideológico al otro, porque en realidad solo cambian de lado dentro de la misma pregunta. Por eso dice la sabiduría popular: «los opuestos se tocan».

3.2 Escenarios de intersubjetividad

Un escenario —sea político, económico o ideológico— es una *totalidad* social intersubjetiva: contiene un *yo*, un *otro* y un discurso. Es un espacio de realidad —ya sea divina, individual o ultraterrena— que define un *empate de fuerzas* bajo un criterio específico y materializa un discurso que establece lo dominante, es decir, al *yo*. En ese proceso, se definen los mecanismos para determinar qué personajes, instituciones o relatos se erigen como el *yo*. El escenario es parte de la definición del empate: actúa como árbitro y media entre las voluntades enfrentadas. En ese sentido, constituye la realidad, entendida como el espacio que escapa al control de una sola voluntad y resuelve el choque de racionalidades. Así, la realidad existe por su capacidad de poner a prueba las perspectivas enfrentadas. Por ejemplo, el resultado de una guerra no depende de la cosmovisión de los contendientes, sino de su enfrentamiento, aunque estos puedan acordar los criterios que definan la victoria. Cuando se produce un *empate de fuerzas* entre dos discursos, es el escenario, conforme a sus normas, el que impone la narrativa dominante: la del *yo*. Como señala el marxismo, la práctica es el criterio de verdad de los relatos que elaboramos.

Los escenarios son estructuras culturales que conducen al *yo* por trayectorias específicas de desarrollo. Son esquemas sociales reconocibles, cuyos símbolos representan formas de vinculación colectiva. Ordenan el mundo en la misma medida en que son resultado de la manera en que las personas configuran sus relaciones: construyen el discurso de sentido y son su expresión. Al describirnos la realidad, el discurso de sentido define cómo es cada escenario, y su éxito dependerá de que la gente asuma sus categorías y cree los vínculos que enuncia. Pero, en última instancia, el devenir de las personas no está determinado por un grupo o individuo, sino por la confrontación cruenta entre narrativas y personas en una realidad física que pretenden hacer inteligible. La realidad que interesadamente presentan los discursos puede ser refutada por sus consecuencias en el entorno o mediante una guerra, por ejemplo.

La *totalidad* de los escenarios se organiza dialécticamente: dentro de cada uno hay una afirmación, un relato de sentido dominante que articula espacios de realidad con un *yo*, también, en relación con otros escenarios, es un *yo* o un *otro*. La racionalidad discursiva busca interpretar el devenir y ofrecer un criterio para anticiparlo y actuar. El devenir de lo real se manifiesta en lo cotidiano y también lo encarnamos nosotros, al ser el *otro* en el mundo social de los demás. Al ingresar en un escenario, participamos en la resolución de su indeterminación, definiendo nuestra interioridad para poder interactuar en él. El escenario es una estructura normativa que articula a sus participantes, ya sea que la afirmen o la nieguen. Produce colectivos, media su interacción, se activa cuando dos unidades sociales se empatan y, al establecer la norma común, también define las diferencias en las que se enfrentan. Pues cada individuo tiene un reverso particular de lo común que plantea un escenario y, a partir de ahí, se distingue en su interacción en él.

Los relatos, generalmente, buscan que el *yo* se identifique con el bien, desde donde evalúan los escenarios. Sin embargo, lo que es el *yo* dominante en una narrativa no lo es necesariamente en otra: el hombre puede ser el *yo* frente a la mujer como *otro*, o la clase dominante frente a la dominada, pero pueden aparecer como *otro* en el discurso del *otro*. Por ejemplo, la jerarquía religiosa puede ser el *yo* espiritual para ciertas narrativas y el *otro* material para los gnósticos. Esto refleja la estructura dialéctica de la sociedad. La conflictividad social define el *yo* que prevalece: quién formula las preguntas dominantes y quién las responde. Así, todos los escenarios están concatenados por oposiciones dialécticas, reproduciendo esas contradicciones a su interior. Se reconfiguran constantemente dentro y en la *totalidad* de escenarios, pudiendo dar lugar a una síntesis que constituya una afirmación nueva. Dentro de cada escenario, existen elementos que se ajustan en mayor o menor medida al discurso del *yo*, mientras que otros se configuran como el discurso del *otro* —el que responde que *no*, pero no formula otra pregunta que la dominante—. Así mismo, hay escenarios donde domina el *otro* de los escenarios dominantes: elaboran una pregunta diferente a la del *yo*; son *otros* externos —un partido político de izquierda, por ejemplo—.

Así pues, existen escenarios que no aceptan la narrativa dominante y se organizan con base en aquello que dicha narrativa no logra articular de la realidad, es decir, en el discurso del *otro* al exterior —que niega la pregunta del *yo*—. Así, hacia dentro de un escenario contrario al dominante, se conforma un *yo* articulado por el *otro* del *yo* dominante, como en el ejemplo de los *azuras* y los *daevas* para los iranios y los hindúes. El núcleo del esquema discursivo será un *yo* y un *otro*, donde se les induce a actuar de acuerdo con un criterio de lo que es bueno. Este molde puede llenarse de distintas maneras en diferentes escenarios, empleando las formas sociales que permiten su vinculación. Muy importante para entender el discurso de sentido —ya sea que afirme o subvierta determinadas posiciones— es reconocer los marcos explicativos que emplea. Un creyente y un blasfemo comparten el mismo marco categorial que describe el mundo —el religioso—, al igual que lo hacen un capitalista y un ladrón —el económico— o un derechista y un izquierdista —el político—. Encontramos formas socialmente generalizadas de vincular a los escenarios, mediante estrategias particulares para describir el bien y el mal, el *yo* y el *otro*.

Por ejemplo, las ideologías de izquierda y derecha política se corresponden con cierta moral individual, con formas específicas de relaciones familiares y con una actitud particular hacia el cuerpo. A un izquierdista se le suele atribuir una ética personal rebelde frente a la dominante, una posible inclinación al ateísmo en lo religioso y una actitud abierta respecto a lo corporal; es decir, se le ubica como el *otro* en todos los escenarios. Es muy importante señalar que existen formas contrapuestas de describir un mismo escenario, y el discurso de sentido utiliza como base una de esas maneras en pugna para dar racionalidad y hacer inteligible el mundo, creando un esquema aplicable a todos los escenarios que le resulten relevantes. Una narrativa, al proponer un esquema común para los escenarios, puede enfrentarse con dificultades al configurar alguno de ellos y, entonces, recurrir a una excepción o a una explicación inverosímil que permita integrarlo a su visión del mundo. En realidad, no importa tanto que plantee elementos increíbles o excepciones inexplicables: si el discurso ayuda a dar sentido al mundo, cumple su función de orientar la acción. Se pasará por alto cualquier aspecto que no cuadre con él, incluidos sus fallos en escenarios ideológicos, por ejemplo, dado que recurre, con frecuencia, a alguna estratagema para suspender nuestro juicio crítico y alejarnos de quien lo contradiga.

Una narrativa realiza un esfuerzo por aplicarse a todos los escenarios mediante una forma congruente de definir lo que es el bien. Sin embargo, su eficacia radica más en su capacidad para permitirnos movernos en la realidad que en su congruencia lógica. Una ideología implica articular distintos escenarios bajo un mismo criterio; aun si introduce salvedades, puede seguir funcionando en la medida en que responda a nuestras tribulaciones fundamentales. Para moldear el esquema común con el que cada narrativa construye los diferentes escenarios, es indispensable partir de lo que socialmente se acepta como discurso del *yo*, ya sea para criticarlo, subvertirlo, aceptarlo, superarlo, convertirlo en regla o en excepción. Por eso, transformar una narrativa dominante es extremadamente difícil una vez que se ha asentado: se convierte en la base desde la cual interpretamos la realidad. Aunque puede ser trascendida, ello requiere condiciones excepcionales.

La existencia y conformación de la narrativa de sentido la define como un conjunto de relaciones normativas abstractas que ponen en marcha el mundo en sus distintos escenarios, al funcionar como un espejo que posibilita la autoobservación. Por ello, no es determinante la narrativa racional explícita sobre lo que creemos: el discurso opera como un modelo que articula nuestra normatividad en las unidades donde nos desenvolvemos, sin que sea necesario acceder conscientemente a él ni compartir su contenido de manera exacta. En muchas sociedades, la narrativa religiosa ha perdido centralidad en favor del relato racional, especialmente en espacios prácticos que hoy tienen más relevancia. Lo que confesamos explícitamente —si creemos en un Dios con barba, si somos panteístas o pietistas, o contamos con un sistema ético cuyo referente es la interacción y el bienestar social — es solo la superficie del relato de sentido. La confesión explícita tiene peso en el escenario de las creencias y genera una tensión respecto al esquema común del discurso, pero lo fundamental es la estructura normativa que sustenta.

Interactuamos en un orden ético donde el *yo* y el *otro* están atravesados por una narrativa de sentido que los carga y les sirve de base para desarrollarse, incluso cuando la niegan. Cuando emerge una norma del relato, no necesariamente se cumple, pero genera una tensión en los escenarios, de modo que, si no se respeta, puede producirse culpa. Asimismo, la incongruencia entre el *yo* y su discurso de sentido puede manifestarse socialmente como hipocresía, volubilidad, doble moral o, en casos clínicos, como personalidad múltiple o como escisión general del *yo* en la esquizofrenia. Al explicar el mundo en los distintos escenarios en los que se mueve el *yo* —desde el cuerpo hasta las relaciones personales y grupales—, se construye el discurso, en el cual es esencial que el papel del *yo* sea congruente, que pueda desplazarse y responder a las decisiones y predicamentos de nuestra existencia. El concepto clave para abordar la función del relato de sentido es el de *orden*, en tanto este se halla sujeto a normas que regulan lo que la persona debe hacer en el mundo y le permiten verse en interacción.

Así pues, las normas que rigen el comportamiento de personas y colectividades, una vez asumidas como dominantes en el mundo, constituyen el relato de sentido y generan una carga indeleble en el tránsito del *yo* por los distintos escenarios. Pues estos escenarios están representados como *partes* del esquema que plantea la narrativa de sentido. En el recorrido que hacemos a través de los espacios de la realidad, llevamos una forma específica de configurarlos y de movernos en ellos; en cada uno aparecerá un *yo*, un *otro*, y se manifestará un discurso observador que permita ver su interacción. La mediación ejercida por el lenguaje y los códigos que imperan en los escenarios otorga la diversidad con que el relato de sentido se expresa en lo concreto. De este modo, *yo*, *otro* y discurso —donde se encarna el observador— operan con distintos rostros, y existen espacios en los que nuestro *yo* personal es el *otro*, es decir, no domina.

3.2.1 El escenario sagrado del rito

Al prescribir una norma, la narrativa de sentido vincula la manera en que actuamos con la forma en que se nos expresa el mundo; esto se ejemplifica en el ritual, un procedimiento generalizado en prácticamente todas las cosmovisiones religiosas. En el trance del rito —ya sea para evitar algo adverso o para solicitar un favor— lo alto abstracto y lo bajo concreto entran en contacto mediante ciertos procedimientos y modos específicos de actuar. Así, nos relacionamos con una o varias deidades para que estas, a su vez, transformen la manera en que la realidad se relaciona con nosotros. En el ritual, los aspectos cruciales del mundo social y natural —las entidades a las que atribuimos voluntad— se representan a escala a través de un tránsito simbólico.

El rito trae a la vida el escenario sagrado de la intersubjetividad espiritual, transformando su dinámica. En este proceso, la narrativa de sentido nos indica cómo actuar y cómo ser ante la deidad y ante el mundo, normando y resolviendo las incertidumbres que enfrentamos como individuos. A cambio, ese *todo* nuestro —la deidad que nos permite vernos— resuelve el *empate de fuerzas* que rige la forma en que se nos manifiesta el mundo, por así decirlo, en nuestro favor: para que llueva, haya una buena cosecha o se conjuren los peligros. Esto ilustra cómo el ritual representa simbólicamente, en el microcosmos de lo sagrado, no solo el macrocosmos de lo alto, sino, sobre todo, el cosmos del orden social cotidiano.

Para comprender la lógica detrás del rito, es necesario considerar que, en los albores del pensamiento humano, la explicación del funcionamiento de la realidad no se basaba en la relación de causa-efecto entre dos elementos, sino en su analogía con procesos ya conocidos. Por ejemplo, el escarabajo pelotero era considerado sagrado por los egipcios debido a su vínculo con el ciclo solar: lo observaban transportar esferas amarillas de alimento, ocultarse en la arena durante la noche y resurgir por la mañana; además, se creía que cada escarabajo se reproducía por sí mismo. Por todo ello, ayudaba a entender la partida y resurrección del sol cada día, y representaba al dios solar Kephri. La analogía de procesos implica la simultaneidad en el desenvolvimiento y devenir de las cosas. Por eso, los antiguos miraban a las estrellas para conocer su futuro y veían en su orden social el reflejo del de los dioses. Como nos dice el hermetismo: *como es arriba es abajo*. En ese tenor, si se modificaba un elemento en la *correlación de fuerzas* del escenario ritual —donde se entra en contacto con lo divino—, se consideraba que se transformaba también la realidad que ese rito explicaba por analogía.

Así pues, el *yo* que atraviesa un procedimiento dentro de lo sagrado amplía su alcance y accede al control de fuerzas que, posteriormente, se manifiestan en la forma en que la realidad se le presenta, acoplada a la dinámica del rito. Los antiguos interpretaban los ciclos naturales y los fenómenos —que hoy explicamos mediante procesos de causa y efecto ajenos a nuestra voluntad— como una confirmación de la eficacia de sus ceremonias religiosas. En escenarios sociales, mediante el mecanismo de la profecía autocumplida, se materializaba aquello que el rito anunciaba, debido también a que, por el dominio de unos sobre otros, su dinámica era seguida de forma compulsiva. En ese sentido, en la antigüedad, la explicación de la historia se construía por la repetición de patrones y, en consecuencia, la correlación entre los colectivos que integraban la sociedad apenas se transformaba en su devenir: un sistema cerrado, donde las ideas justificaban el orden social en tanto natural e inexorable.

Esta explicación se ve trastocada por la idea de que la divinidad puede, en momentos decisivos y excepcionales, intervenir en el orden terrenal y transformar su dinámica hacia patrones desconocidos. La excepcionalidad se convierte en regla cuando la visión apocalíptica del devenir se impone como religión en el cristianismo, donde el mundo arde en el incesante fuego de lo nuevo. En ese movimiento las fuerzas sociales empatadas no repiten su choque, sino que se sintetizan en nuevos enfrentamientos que trascienden lo bajo de la materia concreta. Esa transformación favorece el tránsito hacia el pensamiento de causa y efecto, dado que lo divino se disocia de los escenarios materiales; estos adquieren una lógica propia, susceptible de ser indagada mediante la exploración de sus elementos, convirtiendo así a la materia en un instrumento. La síntesis de la energía empatada hacia nuevas contradicciones marca el paso de un tiempo cíclico —donde los escenarios pasados se identificaban con los futuros— a un tiempo lineal, en el que se alcanza una nueva síntesis y las fuerzas se reconfiguran de manera desconocida.

3.2.2 El escenario político

En los albores de la autoconciencia, existía una relación directa entre la narrativa —como idea que articula el *deber ser* social— y el devenir del mundo, lo real en su vínculo con las decisiones del ser humano. Entonces, lo que se dice es lo que *es*: actuar bien trae buenos resultados. Era la lógica de la retribución inmanente, propia del discurso del *yo*. Es decir, se identificaba plenamente el discurrir de ideas sobre lo que es la realidad y cómo debemos actuar según su orden, correspondiéndose con la ejecución de las decisiones sociales articuladas en el poder terrenal. En ese tenor, el *yo* no encuentra límites para aniquilar al *otro* en el escenario público. Por el contrario, la emergencia de la política —como efecto del discurso religioso sobre el del guerrero— significa que el devenir del orden social, siguiendo el esquema dialéctico, es el de una afirmación confrontada con su antagonista, en un desarrollo que conduce a una nueva síntesis surgida de ambas. En ese sentido, la política constituye una trascendencia de la guerra, al permitir la integración, en cierto grado, de intereses ajenos, como los de los productores.

La política es un mecanismo que articula a la casta militar al presentarle un discurso que lo hace verse con el trabajador, de modo que lo ideológico media los vínculos entre ambos estamentos. Esto implica un reconocimiento de aquello que escapa a la propia racionalidad y se encarna en el *otro*. Sin embargo, cuando la religión se alía con el guerrero, se afianzan la propiedad privada que legitima el expolio al productor así como el patriarcado. Todo lo cual se expresa en que en la política se desprecia al *otro* y se mantiene el dominio guerrero; esto coincide con el triunfo del antagonismo como forma de organizar la sociedad y de la competencia como estrategia para resolver los conflictos. Un modelo en el que la ganancia de uno implica la pérdida de los demás se consolidó en una mentalidad estructurada por la lucha por una riqueza limitada, donde la escasez de recursos dividía a la gente según su acceso a ellos. Por ello, se generaliza el antagonismo entre puntos de vista y el relato político se caracteriza porque sus participantes descalifican a su contraparte. De esta manera, una facción proclama poseer la configuración completa de la sociedad, negando al *otro* y proyectando en la figura del diferente de la unidad social aquello que se considera malo, de tal forma que resulta racional actuar en su perjuicio. Esta forma de tratar al *otro* en la política se atenúa cuando el productor adquiere fuerza para defender sus intereses. En ese caso, la ideología observadora restringe al guerrero en aras de mantener unido al colectivo en formas de cooperación, lo cual permite que prevalezca un modelo que enaltece al trabajador, como ocurre en el comunismo.

De tal modo que lo que aparece para ser definido en la política son los movimientos en la *correlación de fuerzas* entre las clases, los puntos donde se igualan y requieren ser resueltos en una dirección. Así pues, la política se activa cuando los intereses de los estamentos chocan, se equilibran y necesitan un mecanismo que los desempate. Nos vincula en una relación de similitud y empate; sin embargo, en la lucha por el poder, estamos diferenciados por nuestros intereses. El escenario político solo se activa y funciona cuando las fuerzas que media y dirige se encuentran en empate: lo que no se resuelve mediante el convencimiento ideológico o el dominio económico, se dirime en este espacio. Esta lógica opera para todos los escenarios, ya que cada uno juzga dos fuerzas a partir de un discurso, y solo se recurre a ellos cuando esas energías se igualan.

La elección que realizamos entre distintas categorías nos vincula a grupos con intereses y límites definidos por las formas materiales de la sociedad. La disyuntiva política nos divide en grupos y, dentro de cada persona, tener una posición frente a ella implica ser una *parte* dentro de una *totalidad* que solo reconoce al individuo como un todo o nada respecto a las luchas sociales. Quien ostenta el poder posee la facultad de hacer del dos uno, es decir, tomar decisiones en el devenir del mundo, como acertadamente señala Max Weber: «la política es la lucha por el poder»; podríamos añadir: el poder de decidir. Concretamente, el gobierno —el poder ejecutivo— es quien articula la vida pública de un colectivo, de un país, etc.; y este esquema puede aplicarse a cualquier unidad que encarne la voluntad colectiva: padres, jefes, líderes informales o, en el individuo, la racionalidad. Por ello, la política se reproduce en cada unidad social, interiorizando en cada persona el conflicto mediante el cual el estamento militar impone sus normas. La política, como herencia del guerrero, es un mecanismo para desempatar la lucha entre opciones contrarias, favoreciendo el dominio de una *parte*, en algún grado aceptando la racionalidad del *otro*, pero, en última instancia, mediante el uso de la fuerza[73].

Al ser lo político una herramienta que opera por la oposición entre contrarios, su expresión es limitada; sin embargo, si logra integrar la visión del *otro* y generar una síntesis, amplía su capacidad de comprender el devenir. La política se ha constituido a través del tránsito por distintas estrategias organizativas, dando lugar a afirmaciones que surgen del enfrentamiento con sus opuestos, ya sea incorporando o condenando su racionalidad. Las facciones se corrigen mutuamente y, con el tiempo, integran elementos de su contrario que se han generalizado dentro del discurso político, el cual articula un *sí* y un *no*, dos antagonistas que explican la realidad. Por ello, cuando una visión fracasa en su intento por dar cuenta del devenir, se recurre a su contraria; de forma que el sistema político continúa siendo eficaz gracias a su capacidad para incluir distintas racionalidades y mediar entre fuerzas que no logran imponerse por completo.

Siempre que tenga éxito en plantear las preguntas que dividen y empatan a la sociedad —por lo general, conforme a la conveniencia de quien detenta el poder económico—, la política logra activar su función. Ese empate se da entre un discurso

---

73   Weber define al Estado como la unidad que tiene el monopolio legítimo de la violencia.

dominante, que sanciona el orden social, y aquello que se le opone; entre los protagonistas de la lucha en la psique humana y en la sociedad, esto es, entre el *ser* y el *deber ser*. Las narrativas respectivas emergen con vida social para el individuo, moldean su pensamiento al hacerle optar entre categorías opuestas, hasta formar una configuración que le permite concebir y relacionarse con la realidad. Así, la política se organiza en un esquema dialéctico (derecha-izquierda, gobierno-oposición, orden-cambio), que representa la correlación de intereses sociales, como la que se da entre transformación y continuidad, o entre el Estado y la economía, los guerreros y los productores.

3.2.3 Escenarios del orden social, del individuo y del más allá

La pregunta sobre el destino de la experiencia consciente de un individuo ha acompañado siempre al ser humano, y encontramos respuestas a ella en todos los discursos religiosos. En el esquema tripartita del origen de los grupos humanos, la capacidad de verse posibilitó que las personas reprodujeran, en su interior, el antagonismo empatado de toda la sociedad y de las relaciones interpersonales. La autoconciencia nos acerca a nuestra individualidad y nos pone en interacción con el *otro*, lo cual se enlaza con la aparición de la propiedad privada, que es una extensión de los intereses particulares, a la que no todos tienen acceso y que divide a la gente de acuerdo con ella. En ese escenario, se hizo patente que lo que era bueno para un grupo era malo para otro, y la perspectiva de cada estamento indicaba formas de actuar en competencia con los demás.

De esta forma, la mayor importancia del individuo respecto a la comunidad responde al desarrollo del patriarcado y al dominio del guerrero, que generaliza las relaciones de competencia entre las unidades colectivas. Este proceso implica la emergencia de la lucha de clases, que plantea vidas muy distintas entre las personas, donde el proyecto colectivo de una narrativa religiosa no resuena de igual manera para todos. Entonces, las pugnas sociales alcanzan a la persona, y su identidad y particularidad resultan relevantes para participar en ellas. El discurso de un orden social antagónico podía llevar al *otro* a aceptar la visión del *yo*, a verse a sí mismo como un objeto que no puede ser sujeto, sino que está cosificado, despojado de su *yo* hasta ser un esclavo. De manera que cada individuo se reconoce en competencia con un *otro*, es decir, que tiene intereses que chocan con los de los demás, pues imperan los vínculos de competencia, teniendo que enfrentar sus visiones del mundo no integrándose, sino negando a una *parcialidad* mediante el ejercicio de la violencia.

Cada persona observa cómo estos intereses se enfrentan dentro de sí, resolviendo recíprocamente con *otro* su forma de actuar. La persona pasa de ser una *parte* en relación con el *otro* con el que conforma la sociedad, a reconocerse siendo esa *parte* y a verse en la interacción. Con ello, se apropia de su unidad y se convierte en un *todo*, que integra en su interior la *totalidad* de los elementos del mundo. En otras palabras, incorpora el bien y el mal, pues es capaz, gracias al discurso de sentido, de ver también las posibilidades con las que actúa el *otro*, juzgando su desempeño, igualado con él en un criterio, y evaluando el mundo empatado hacia dentro de sí, relacionándose con el resultado de su juicio. Al consolidarse y reproducir el mundo en su interior, la dimensión individual es llevada por el discurso hacia el esquema común que articula la unidad: la dialéctica del bien y el mal. Es entonces cuando aparece la ética como lucha agónica dentro de nosotros.

Cuando el ser humano accede a la observación de su subjetividad a través de un criterio para actuar, se vuelve un *todo* con las fuerzas sociales empatadas en lo interno, por lo que abarca al bien y al mal. Así se conforma un individuo, como una *totalidad* social con un movimiento y destino, que se da cuenta de su finitud: es autoconsciente y se ve como un objeto perecedero. Por eso, en la narrativa monoteísta, al presentar la emergencia de la voluntad en el jardín del Edén, Dios les dice a Adán y Eva: «Si comierais del árbol de la ciencia del bien y del mal, ciertamente moriréis». Solo quien conoce el bien y, a partir de su autoobservación, accede al mal dentro de sí, se contempla como *totalidad* y puede ver sus límites: su propio fin terrenal. Si hay un árbol de la muerte —pues el autoobservarnos y poder actuar con base en el bien y el mal nos acerca a que somos mortales—, debe existir un árbol de la vida: un criterio para actuar que nos permita seguir deviniendo.

La estructura de la unidad, dada por un discurso de sentido, se asienta con el paso de generaciones hasta llegar a culturas específicas, expresándose con una misma forma tanto en los escenarios de la sociedad como en el del individuo. El esquema común que plantea el discurso para la unidad es la relación entre el *yo* y el *otro*; indica que esta relación es una sola, tanto adentro como afuera. Se manifiesta en formas concretas que pueden variar considerablemente en su superficie, pero responden al mismo principio ordenador del *yo* y del *otro* que nos pone en movimiento en cada escenario. Tanto el ámbito social en el que nos integramos, como nuestro fuero interno —en el plano individual— constituyen escenarios en los que se configuran un *yo* y un *otro*. Lo social y lo individual son, entonces, simplemente dos escenarios de la misma unidad *yo-otro*-observador, creada por el discurso de sentido.

De esta manera, el espacio interno se vuelve una representación a escala de lo que sucede en la sociedad, donde se corresponde la pugna que se da en el entorno con los elementos del mundo interno, gracias al puente del lenguaje. Al integrar en el individuo el antagonismo de lo bueno y lo malo, y no solamente ser una *parte* que es buena o mala, surgen conceptos para distinguir la cizaña del trigo en nuestro interior. El *yo* y el *otro* equivalen, por ejemplo, a mente y cuerpo, y la lucha de clases se identifica con la contradicción entre tendencias instintivas hacia dentro de un individuo. La configuración del conflicto interno —en la cual se expresan los instintos sexuales y de otro tipo— tiene correspondencia con la conflictividad social, y la manera en que lo resolvemos en nuestros adentros nos acerca a los grupos que se conforman hacia fuera de nosotros. Incluimos en nuestro interior el empate entre las fuerzas sociales y lo configuramos con nuestra razón, por las nociones de bien y mal. Pues es un mismo esquema el que construimos para regir las unidades sociales y el que opera dentro de nosotros.

Podemos ver, entonces, que la configuración de la unidad es una sola, expresada en lo social e individual, donde aquellas fuerzas que la mente no logra encauzar se atribuyen al cuerpo —incluso hoy, cuando sabemos que el raciocinio reside en el cerebro y que éste es igualmente corporal que las funciones sexuales—. Por ello, en diversas culturas, las clases trabajadoras se han asociado tradicionalmente con el cuerpo, en particular con su zona inferior —desde la cintura hacia abajo—. De manera análoga, en el escenario individual, el cuerpo en su dimensión material se identifica con el estamento productivo. En concordancia con esto, Platón plantea, interesantemente, que la configuración de la comunidad social tripartita se corresponde con las tres partes del alma: los productores —la parte concupiscible—, contra los guerreros —la parte irascible—, manejados por el auriga gobernante —la parte racional—.

Por citar un caso de correspondencia entre el individuo y el *todo* social, entre los gnósticos existía la idea de que el mundo material se corresponde con el cuerpo y el mundo espiritual con la mente, estableciendo una identificación absoluta del *yo* con la mente, el espíritu y el núcleo de la comunidad de creyentes, contrapuestos al *otro* del cuerpo, la materia y la Iglesia establecida. En este caso, se da una condena total del *otro*, en cualquier dimensión en que se presente, sea individual o social. Otro ejemplo se da cuando, ante una relación de opresión entre estamentos, un colectivo que no tiene las herramientas para liberarse naturaliza la situación en la que se encuentra, siendo éste un estatus común entre las clases y países en el capitalismo. En ese caso, el grupo dominado es un *otro* en el escenario social, donde el grupo dominante será dueño del discurso de sentido que los hace verse y media la relación entre ambos. Ante la situación perpetua de ser un *otro* dominado en el espacio público, se generalizan en las personas oprimidas formas de autoafirmación de su *otro* en el escenario individual. Cuando el relato que justifica la dominación es aceptado por el sojuzgado, al ser colocado en el espacio del *otro* en el escenario social, afirma con más fuerza el *otro* en lo individual: su cuerpo, como un desquite de la situación que se tuvo que aceptar con el discurso, en lugar de luchar contra la opresión con su *yo* racional.

En ese caso, dentro de las clases marginadas, se asientan formas culturales de lenguaje sexualizado, soez y que enaltecen lo masculino, como afirmación ante la opresión entre clases. Este tipo de expresiones se da en el marco guerrero-patriarcal, por lo que constituye una forma de afirmarse en la interacción individual, para vengarse del dominio en las relaciones macrosociales. Sobra decir que es una válvula de escape inocua, que solo contribuye a reproducir la hegemonía; es su negación necesaria. Estos procesos describen que existe un esquema común en la unidad, sea social o individual, el cual es planteado por el discurso, estableciendo las relaciones entre los escenarios, de tal manera que se compensa lo que sucede en uno en el otro. La configuración de la unidad es una misma, desarrollándose en lo social y en lo individual, conservando el mismo patrón *yo-otro*-observador, construido por el discurso de sentido.

También, la estructura común de los escenarios se ejemplifica en personas que, a lo largo de periodos muy cortos, pasan de ser asiduos de una iglesia a militantes izquierdistas o a miembros de partidos de derecha, conservando en su transición externa elementos internos comunes. En todos esos escenarios, se puede coincidir en un relato de sentido dogmático e inflexible que exalte al *yo* sobre el *otro*, en una posición antagónica que exime al *yo* de autocrítica. A pesar de las diferencias externas, se mantienen en un marco normativo similar, en el cual su propio discurso les permite desenvolverse. Los escenarios son espacios de intersubjetividad donde opera un discurso que echa a andar la interacción, asignando y construyendo roles que se pueden describir en la relación *yo-otro*. Cada escenario está estructurado por una narrativa dada culturalmente, materializando lo dominante en la sociedad y poniendo a la gente a interactuar en él. Los discursos sociales se configuran a partir de los de las personas, y éstas influyen en la conformación de nuestras narrativas, pues las construimos al interactuar con los demás. Dada la organización general de la sociedad, donde domina la competencia sobre la cooperación, los discursos de los distintos escenarios son antagónicos, afirman cosas contrarias unos respecto de otros y destruyen al *otro* al interior de ellos.

Esto es, el esquema de opuestos entre escenarios externos, como en la lucha de clases, es igual que la oposición *yo-otro* que se plantea dentro de cada escenario grupal, como en la relación entre un jefe y su empleado, o en el fuero interno. Esta competencia en el discurso de sentido se traduce en individuos proclives a antagonizar la mente y el cuerpo en su interior, por la presión de los espacios contrarios por los que atraviesan. En el ciclo vital de la persona, igualmente encontramos un patrón de tendencias contrarias conforme se avanza en la socialización. En el desarrollo de la conciencia, dentro del seno de la familia, se conforman las primeras unidades compartidas del *yo* y el *otro*, con base en un discurso que dicta los vínculos, dado por una cultura. La diferenciación como individuo rompe la unidad que lo une con su madre; esta relación entonces se vuelve dual y, sólo en un tercer momento, aparece el relato de sentido terciando el vínculo. Inicialmente, la madre es el *yo* que lo hace *otro*; en cuanto aparece el padre como *yo*, el niño cumple el papel del *otro* junto con su madre, y tardará casi toda su estancia en el grupo familiar para interpretar, cabalmente, la función del *yo*. Originalmente, el padre se encuentra completamente identificado con el discurso; cuanto más perdure ese estado, más autoritario será el esquema.

En la adolescencia, el *yo* se consolida al enfrentarse como *otro* al de los padres, saliendo a buscar elementos contrastantes en el *otro* social, cuestionando el relato dominante y arribando a un estadio donde sintetiza elementos del *yo* y del *otro* social en un *yo* propio. Una vez que el modelo está consolidado y hemos alcanzado la autoconciencia, el esquema común del discurso —*yo-otro*-observador— operará expresándose simbólicamente de diferentes maneras en los escenarios, pero siendo uno solo en su estructura. Así pues, en la narrativa de sentido de una persona se reproducirá el mismo esquema social de *contrastación de fuerzas*. Si bien la persona juega un papel concreto en cada escenario —interpretando una parte en él con base en el discurso que le permite verse—, puede ser un *todo* que contempla también, en su interior, cada escenario como *parte*. Por ello, la autoconciencia implica, precisamente, que lo externo y lo interno, lo material y lo ideal, se construyen mutuamente en un esquema dialéctico. De ahí lo inadecuado de querer desvelar la verdad de lo ideal en lo material, o descubrir las tendencias de un individuo en la vida pública en un origen verdadero, en un impulso sexual. Tan válido puede ser ver al Estado como una representación fálica, como hablar del falo como una representación del Estado. La referencia que se puede utilizar es una voluntad observadora decidiendo, unidad mínima de análisis, aplicable tanto a lo social como a lo individual.

No existe un punto fijo verdadero para explicar las relaciones sociales; si el marxismo cae en un materialismo determinista, traiciona la dialéctica. Si enfatizó lo material, fue porque se dejaba de lado esa dimensión en una sociedad que encontraba toda explicación en lo ideal, pero su gran aportación consiste en el énfasis que hace en la dialéctica de la *totalidad* social. En la época victoriana, en la que nace el psicoanálisis, se encontraba negado el componente sexual del ser humano, pero esto no convierte a las pulsiones de esta índole en la parte verdadera de la explicación de la psique o de lo social. Hay que enfatizar la construcción mutua entre la cultura y las tendencias instintivas, donde una participa dentro de la otra. Lo que puede ampliar nuestra mirada es tomar en cuenta la *totalidad* y arribar a un discurso que nos permita vernos como agentes en el devenir social, donde humanicemos a todas las partes de la interacción y no sobrevaloremos al *yo*.

El escenario de la psique individual incluye todos los escenarios, y el *yo* se conforma a partir de asumir una responsabilidad en su paso por ellos. Este ejercicio se puede describir como la conformación -en la persona- de un discurso de sentido, un orden trascendente que le aporta un criterio para definir los empates de fuerza que le plantea la realidad. Histórica y culturalmente, la identidad individual se ha constituido en la base para construir la interacción y todas las unidades sociales; su creciente importancia es una de las tendencias reconocibles de la modernidad. El escenario de nuestro fuero interno es la experiencia de la conciencia en todas sus acepciones, nuestro puente a la *totalidad*. Si se dice que es la base, es porque, en nuestras culturas, es la entidad dotada de voluntad que se construye con el resto de las unidades, mínima expresión de sociedad unificada. Donde todos los escenarios, por definición, se pueden entender como unidades que definen empates, integrando al resto de los escenarios.

La mayor relevancia del individuo obedece a la diferenciación hacia dentro de la sociedad, en la interacción entre seres humanos, con clases antagónicas y opresión social[74]. En muchos sentidos, lo espiritual emerge con lo individual: lo del fuero interno, asiento del libre albedrío, lo que no se puede ver, en contraposición a lo social, que es un orden material tangible. De ahí esa relación entre el individuo con el espíritu y el más allá, y, por otra parte, de lo social con el reino material, la ley y el *ser* de las cosas. El mayor peso de la dimensión individual acentúa la importancia relativa que adquiere la retribución en el más allá, vinculada a la libertad asentada en el fuero interno. Conforme se afianza el individuo en el discurso, es necesario, a cambio de ser un *todo* que ahora es finito, un más allá que lo consuele, especialmente para quien cuestiona el orden del mundo o se encuentra en un estado de sufrimiento generalizado. Para hacer respetar sus normas, la cosmovisión religiosa cuenta, entonces, con la herramienta de ofrecer una vida placentera después de la muerte. Cuando se busca que una religión se acepte por coerción, también es efectivo amenazar con un más allá aterrador, como lo demuestra la descripción del infierno en el periodo medieval europeo.

A mayor importancia de la persona, más presencia tendrá la vida después de la muerte en el relato de sentido; por ello, cuando la visión religiosa enfatiza la comunidad y su obediencia al Estado, está diluido el peso del *yo* individual y no es necesario un más allá aterrador o idílico. Las narrativas de sentido que tienden a enfatizar un proyecto colectivo favorecen también lo terrenal; así se explica que las ideologías políticas propias de la modernidad, y que lograron articular tras de sí a grandes conglomerados humanos, renunciaran a ofrecer un incentivo como la salvación en el más allá, pues buscaban igualar a los miembros de la comunidad nacional en su sumisión al Estado. Las doctrinas estatistas que, de uno y otro lado del espectro político —fascismo y comunismo—, diluyeron la dimensión individual en la idea de la comunidad, el socialismo y el bien común, ofrecían sólo un proyecto colectivo y terrenal, y no hacían alusión a la vida eterna después de la muerte.

---

74 «Toda la religión de los pueblos mesopotámicos estaba orientada a la vida terrenal, no prometía al hombre castigo o recompensa en el más allá. Éste es un rasgo característico; en el propio Egipto sólo en la última época se brindó al hombre, a modo de precario consuelo, alguna esperanza en una vida mejor después la muerte como recompensa por sus méritos en esta vida. En la primera etapa de la historia de las sociedades de clase —tal como en la sociedad preclasista en general —no existe la idea de esa recompensa; aparece más tarde, al agudizarse considerablemente las contradicciones de clase» Tokárev, Serguéi Aleksándrovich. *Historia de las religiones*, 296.

Otro ejemplo de la relación entre el individuo y la ultratumba lo encontramos en el budismo, religión no teísta donde se busca la extinción del *yo* individual y, por consiguiente, no se privilegia una vida en el más allá, sino terminar con el ciclo de reencarnaciones y evitar prolongar la miseria de la existencia. El trabajo espiritual está enfocado en detener el sufrimiento; si no recomienda el suicidio, es porque esto prolongaría la existencia en una nueva reencarnación. Por otro lado, en el devenir del discurso de sentido en occidente, podemos constatar el proceso en el cual se gesta un desplazamiento en la *correlación de fuerzas* en la comunidad tripartita, desarrollándose una concatenación de cambios: el predominio del guerrero, la propiedad privada, el patriarcado, la lucha de clases, el peso del individuo y el escenario de ultratumba.

3.2.4 El individuo y el escenario del más allá en el politeísmo

Un ejemplo germinal para nuestra cultura, donde se aborda el tema de la vida en el más allá, es el del politeísmo egipcio, el que Heródoto llamaba el más religioso de los pueblos, donde la cuestión del destino del alma era tema primordial para su cosmovisión, fuente de continua zozobra. En este caso, la próspera clase dominante de las tierras fértiles alrededor del Nilo ponía el foco de sus preocupaciones en el destino del alma en la ultratumba, pues la muerte significaba la interrupción de una existencia plena y satisfactoria para unos individuos. Para responder a la incertidumbre, efectuaban incontables rituales, contenidos en el *Libro de los Muertos* y en mitos sobre el juicio final, donde el corazón se pesaba para determinar el destino del alma, sopesando las buenas y malas obras. Se sabe que las pirámides eran tumbas para los faraones, las cuales les ayudaban a sortear las peripecias que les permitirían acceder a la vida eterna.

En Roma, el interés por el más allá y su influencia sobre lo terrenal, como medio para anticipar el porvenir, revela el aumento de la importancia del individuo:

> En un determinado momento, los emperadores vieron la necesidad de frenar el ritmo incontrolado de consultas y pronósticos. Que los nuevos adivinos y fabricantes de horóscopos desataban en torno a la persona del emperador y de sus allegados, dando así armas a sus oponentes, con lo que hicieron revivir, en tiempos bien distintos, la antigua y profunda desconfianza que los senadores de la República manifestaban hacia el peligroso individualismo de las técnicas oraculares[75]

Otro indicador de la creciente relevancia de la dimensión individual en la antigüedad politeísta es el culto a deidades de la salud, al ser ésta un aspecto individual. Por

---

75   Bloch et al., «La religión romana», 3:260.

ejemplo, entre los griegos, en el siglo V a.C., se registró un aumento exponencial en la construcción de templos dedicados a Asclepio, deidad de la medicina, coincidiendo con una mayor distinción entre las personas. En ese sentido, vemos que, con el encumbramiento del individuo, se atestigua una notable transformación en el orden divino. En un inicio, los dioses de la mitología griega presentaban un *kósmos* todopoderoso, con un destino inexorable para cada uno de nosotros, dejando poco espacio para el libre albedrío y, por consiguiente, para responder sobre el más allá. La religión de Estado, con su panteón olímpico en constante conflicto, apenas se ocupaba de lo que sucedería a las personas después de la muerte, centrando su atención en enseñanzas que conducían al respeto de las normas y del orden social.

Permitiendo la reproducción del *statu quo* y la condición social de las personas. Si acaso, en la figura del héroe —a la cual poquísimas personas podían acceder, y entre las que encontramos guerreros de la talla de Aquiles[76]—, se podía alcanzar una vida eterna en los campos Elíseos, que significaban una suerte de Paraíso. Esto estaba reservado a aquellos capaces de dedicar su individualidad al *agoné* griego, en las labores del guerrero abocado al bien común. Para todas las demás personas, existía una enorme incertidumbre sobre lo que sucedería a su estado consciente una vez llegada la muerte. Probablemente esto, en un principio de la influencia del discurso mitológico, no presentaba ningún problema, pero conforme la dimensión individual cobró mayor sentido, se buscaron formas de llenar el hueco de lo que sucedería en el más allá. Interesantemente, y por influencia de los relatos de otras religiones respecto al destino del alma, el interés creciente sobre este tema se satisfizo en los llamados ritos mistéricos. La incertidumbre sobre lo que callaban los dioses olímpicos se llenó con creencias exóticas, como los ritos órficos venidos de Tracia, donde Orfeo, al haber explorado el inframundo, se presentaba como una figura que describía lo que sucedía en la otra vida. Asimismo, los misterios eleusinos recreaban el descenso de Deméter al reino de Hades, así como las ceremonias en torno a Dioniso, quien también había traspasado el umbral de ultratumba, desvelando los secretos de lo que sobreviene al fallecer.

En estos rituales, a partir de procedimientos que implicaban semanas de preparación, ejercicios propiciatorios y, crucialmente, el consumo de sustancias psicotrópicas se experimentaba, por algunos breves instantes, lo que se viviría al acabar la existencia terrenal. A pesar de que eran secretos, se ha podido reconstruir lo que ahí sucedía a partir de diversos testimonios y de las ruinas donde se llevaban a cabo las ceremonias mistéricas. Todo indica que, en estos trances, se incluían relatos del más allá y que su eficacia para conducir a una vivencia mística provenía del consumo de

---

76   Para los mexicas los guerreros iban a un lugar de privilegio, el Tlalocan y en la mitología nórdica ingresaban al Valhala pues, como en los griegos, son casos de culturas guerrero-patriarcales.

compuestos alucinatorios encontrados en los restos de sus templos, los cuales inducían estados que actualmente se conocen como experiencias cercanas a la muerte.

De acuerdo con esta interesante hipótesis, mediante las sustancias activas del cornezuelo del centeno, como la Dietilamida del Ácido Lisérgico (LSD) —presente en muchos estupefacientes—, se llegaba a un estado que parece ser una puerta al más allá y que es idéntico al experimentado por las personas que están agonizando. Se trataba de una suerte de simulación de lo que sucede al cuerpo antes de morir, consistente en sensaciones sumamente agradables, donde brevemente se recorre la vida, se ve una luz, un túnel y, finalmente, se accede a un estado en el que, aparentemente, se ingresa a una dimensión diferente de la material. Se trataría de un estado inducido por el descenso de oxígeno en las células, el cual, por razones desconocidas, parece desencadenar una experiencia transformadora que los antiguos consideraban una puerta al más allá.

En cualquier caso, se dejaba satisfecho al iniciado respecto a sus dudas existenciales sobre lo que le sucedía al morir. Tan efectivos eran esos rituales, que se cree que perduraron por más de dos mil años y que influenciaron ritos cristianos como la eucaristía. En algunas ceremonias, el consumo de sustancias se realizaba bajo el simbolismo de comer al dios, ya que en su mito se le sacrificaba y cortaba en pedazos para ser ingerido, acompañado de diversas combustiones, lo cual también influyó en el uso del incienso litúrgico. Desde luego, la presencia de humo y otros procedimientos similares a los de los ritos mistéricos fueron totalmente asimilados en el cristianismo, dentro de una cosmovisión centrada en un Dios que decide sobre la vida eterna, excluyendo cualquier uso de sustancias alucinógenas. Al pasar por los ritos de misterio, se ofrecía la salvación a quien cumpliera los requisitos y pudiera costearlos, resolviendo así la incertidumbre sobre el destino después de la muerte.

En otro contexto, en condiciones donde la injusticia y el sufrimiento humanos campean en la existencia del individuo, en un orden social que parece ser ciego a la bondad de las personas, las religiones optimistas recurren a una estrategia muy efectiva, no solo para consolar y dar sentido a las normas, sino también para justificar el orden social: un más allá tangible y entendible para la persona, el regreso del alma al orden terrenal. Así entonces, tenemos como creencias fundamentales en muchas doctrinas del *yo*, la reencarnación y la metempsicosis, pues ofrecen una respuesta a la falta de evidencia palpable de los resultados de las buenas obras en la realidad terrenal del individuo, sancionando como justo el orden social desigual en el que nacen y viven los seres humanos. Así pues, en el hinduismo, doctrina optimista, si se nace con los privilegios de un brahmán, se dirá que ello obedece a acciones realizadas en otras vidas, restando importancia a esa condición. De la misma manera, para justificar las condiciones paupérrimas de los parias o intocables y neutralizar la simpatía o solidaridad con este grupo —que podría llevar a cuestionar el orden social—, se aduce que su condición obedece a malas acciones cometidas en otra vida o que, en ella, fueron seres vivos inferiores.

3.2.5 El individuo y el escenario del más allá en el monoteísmo

Actualmente, la otra vida es, dentro del esquema religioso monoteísta, la esperanza que impulsa a dedicar la vida terrenal al cumplimiento de un conjunto de normas, llevando en muchos casos al desprecio de la vida presente en favor de la promesa espiritual. El destino de nuestra conciencia constituye la pregunta más acuciante, cuya respuesta da sentido a los sistemas de creencias, otorgando racionalidad a nuestros predicamentos existenciales más relevantes. De forma que, hoy en día, los credos de un solo Dios nos presentan, como parte fundamental de su doctrina, la idea de una vida placentera después de la muerte. Sin embargo, no siempre se ha dotado al destino de la conciencia personal con un peso primordial. El origen de este desarrollo debe buscarse en la preeminencia del individuo y en la importancia de su experiencia vital.

Este desplazamiento del eje discursivo —de la comunidad y su historia material al individuo y la vida *post mortem*— se ejemplifica en la historia del pueblo judío. En un inicio, la importancia del más allá de la muerte de la persona radicaba en el porvenir, no de ella, sino de la comunidad de creyentes: algo que perduraba al individuo y era completamente terrenal. Para los primeros monoteístas, lo importante era mantenerse en la sociedad de los vivos, a partir de que el nombre de la persona estuviera presente en el entorno de la comunidad. Por ello, en la economía de premios y castigos de la narrativa de sentido, no era necesario recurrir al acicate de lo que podría pasarle a las personas una vez que el orden del mundo dejara de operar sobre sus desdichas y regocijos.

En el judaísmo de la etapa previa al exilio babilónico, el destino del alma después de la muerte era un tema bastante tangencial, por no decir insignificante; el sujeto histórico era el pueblo de Dios. Por ello, la justicia divina que finalmente se impondría en el destino era para Judea como reino. La experiencia consciente cobraba relevancia y sentido en la medida en que se integraba a la comunidad del pueblo elegido. Lo que pasaba con ella después de que el cuerpo dejara de sostenerla era una pregunta poco relevante. La respuesta que daban era que las almas recalaban en el Sheol —en hebreo, lo indeterminado—, un lugar de reposo similar al sueño, carente de pena o gloria, destino de las almas para el primer monoteísmo.

Conforme el peso del individuo aumenta, el desfase entre el *ser* y el *deber ser* se hace mayor y resulta evidente que el poder terrenal ya ha dejado de ser reflejo de la voluntad de Dios, se recurre, en mayor medida, a una justicia en un reino espiritual después de la muerte. Este proceso es sincrónico al encumbramiento del patriarcado y de la casta militar. Es de suponer que una situación como la que enfrentaron los judíos en el exilio babilónico, y las influencias que ahí tomaron —probablemente del zoroastrismo—, propiciaron que el consuelo que necesitaba la conciencia de la persona, antes muy secundario, se lograra a partir de una vida eterna en un orden ultraterreno. En el discurso de sentido se agregó ese escenario para darle racionalidad a las normas sociales, en el contexto adverso que se estaba enfrentando, donde las promesas se habían incumplido y un reino terrenal judío brillaba por su ausencia.

En una condición de cautiverio, como la que enfrentaron los judíos en Babilonia, el orden social escapa al control y sentido del relato religioso; entonces, se concibe el mundo como malvado, pues la mirada es la del *otro* social. La narrativa religiosa se transforma al perder su base material y carecer de respaldo en el orden social, pasando a ser la religión del *otro*. Ante lo incierto de la llegada del reino de Dios en la tierra y la restauración de la casa de David, en un entorno hostil que desdibujaba las normas sociales, el punto neurálgico se trasladó a la revancha en el más allá de la conciencia individual. Así pues, en el desarrollo del monoteísmo, la pregunta por el porvenir del alma personal solo adquirió relevancia a partir de los riesgos de la disgregación social, inherentes al exilio babilónico.

Es importante destacar que el escenario del más allá es propio de la conciencia individual, lo que también nos habla de que, en el judaísmo, se empezaba a buscar una revancha por la diferencia en el respeto y cumplimiento de las normas por parte de diferentes personas en el interior del orden social. En ese sentido, en el surgimiento del cristianismo tenemos la parábola del rico y Lázaro[77], que ejemplifica perfectamente la retribución y justicia en el orden de la otra vida, tomada del relato egipcio de Setme y su hijo, al menos mil años anterior, de una cultura donde sí era primordial el destino del alma. En el cristianismo, la importancia del más allá convive con la de la comunidad, en particular en su visión primigenia. Para los primeros cristianos, el resultado de estar en armonía con la divinidad era, sobre todo, preservar el nombre en el Libro de la Vida[78], lo cual constata el dominio de lo intersubjetivo sobre todo lo

---

77 «Había un hombre rico, que se vestía de púrpura y de lino fino, y hacía cada día banquete con esplendidez. Había también un mendigo llamado Lázaro, que estaba echado a la puerta de aquel, lleno de llagas, y ansiaba saciarse de las migajas que caían de la mesa del rico; y aun los perros venían y le lamían las llagas. Aconteció que murió el mendigo, y fue llevado por los ángeles al seno de Abraham; y murió también el rico, y fue sepultado. Y en el Hades alzó sus ojos, estando en tormentos, y vio de lejos a Abraham, y a Lázaro en su seno. Entonces él, dando voces, dijo: Padre Abraham, ten misericordia de mí, y envía a Lázaro para que moje la punta de su dedo en agua, y refresque mi lengua; porque estoy atormentado en esta llama. Pero Abraham le dijo: Hijo, acuérdate que recibiste tus bienes en tu vida, y Lázaro también males; pero ahora este es consolado aquí, y tú atormentado. Además de todo esto, una gran sima está puesta entre nosotros y vosotros, de manera que los que quisieren pasar de aquí a vosotros, no pueden, ni de allá pasar acá» Lucas 16:19-26 (RV1960)

78 «Y vi a los muertos, grandes y pequeños, de pie ante Dios; y los libros fueron abiertos, y otro libro fue abierto, el cual es el libro de la vida; y fueron juzgados los muertos por las cosas que estaban escritas en los libros, según sus obras.» Apocalipsis 20:12 (RV1960) «Asimismo te ruego también a ti, compañero fiel, que

demás, pues significa que el nombre estará vivo tanto en la comunidad terrenal de creyentes como en la redención a otros ámbitos. Esto mismo parece ser válido para buena parte del mundo antiguo. Sin embargo, la matriz cristiana se ha trasladado, ostensiblemente, a la dimensión individual.

ayudes a estas que combatieron juntamente conmigo en el evangelio, con Clemente también y los demás colaboradores míos, cuyos nombres están en el libro de la vida.» Filipenses 4:3 (RV1960) «El que venciere será vestido de vestiduras blancas; y no borraré su nombre del libro de la vida, y confesaré su nombre delante de mi Padre, y delante de sus ángeles.» Apocalipsis 3:5 (RV1960) «Y el que no se halló inscrito en el libro de la vida fue lanzado al lago de fuego.» Apocalipsis 20:15 (RV1960)

Capítulo 4
Religión y monoteísmo cristiano

El ser humano configura su existencia en el mundo reconociéndose simultáneamente diferente de otras especies e identificando algo capaz de observarlo; estamos incompletos, a medio camino entre dos naturalezas. Nos observamos al tomar decisiones —eso nos distingue del resto de las especies—, pero no controlamos el destino del mundo; el *ser* de las cosas es ajeno a nuestra voluntad, y ello nos separa de lo divino.

4.1 Dualismo y monoteísmo

En todos los credos, el *sí*, la afirmación, se construye a partir de su enemigo, la negación. Esto es claro en los panteones politeístas, donde el bien y el mal son elementos divinizados, relativizados en su choque: ningún dios contiene el bien siempre, ni está en todos los escenarios. En el caso del dualismo, lo que define la existencia es una lucha irreductible entre el bien y el mal, fuerzas igualmente poderosas, antagónicas y concretas, aunque debe elegirse el bien. En el monoteísmo, el bien es igualmente absoluto, pero no enfrenta nada: no se diviniza al mal. Aunque, a menudo, se recurre a la idea de personificar al diablo[79], dotándolo de características concretas, cumpliendo así la función de hacer explícito el no[80], regresando al dualismo. La necesidad de

---

79   «Por otra parte, aun en el cristianismo, ¿acaso el diablo no es un dios destronado y, sin considerar sus orígenes, no tiene un carácter religioso por el sólo hecho de que el infierno al cual pertenece es una sección indispensable de la religión cristiana?» «El cristianismo mismo, por alta que sea la idea que él se hace de la divinidad, se ha visto obligado a dar al espíritu del mal un lugar en su mitología" Durkheim, *Las formas elementales de la vida religiosa*, 63 y 641.

80   La visión dualista, tiene tendencia enfatizar el *choque de fuerzas*, el paso al monoteísmo, como el llevado a cabo por Zaratustra, busca un único principio digno de divinizarse y no le reconoce valor a lo que queda fuera de él: «Las formas clásicas del dualismo "cultivado" por Irán y la gnosis. Esas manifestaciones dualistas tienen por esencial la oposición entre un demiurgo-rival y un "creador de base", que no reivindica para sí una creatividad universal, ni una soberanía universal; lo que, por lo general, tiene como corolario alguna forma de culto a su rival el demiurgo desde las dedicatorias a Ahriman (en los misterios

un orden unitario que nos haga inteligible la realidad se contrapone a la falta en que nos encontramos para elegir entre dos opciones, en el libre albedrío. Los discursos de las religiones de un solo Dios hacen compatible esa contradicción, al ser, al mismo tiempo y aunque no se presenten así, dualistas: desprecian al *otro* interno —el hereje— y al externo —el pagano—. Para orientarnos en lo concreto de las disyuntivas existenciales, necesitan recurrir a dos principios y fuerzas para explicar la maldad y permitirnos decidir.

En el dualismo, el bien y el mal se expresan en el contexto del antagonismo entre las clases sociales emanadas de la propiedad privada, articulando sus discursos contrapuestos. De forma que una narrativa religiosa se define al afirmarse como expresión de lo bueno, diferenciándose del *otro* malo, sea en lo externo o en lo interno de la comunidad. El *yo* de mi clase social es el bueno; el de otra clase o de otro pueblo, el malo. Se moldea con la dialéctica de grupos en conflicto, representando tendencias contrarias. En ese contexto, en el desarrollo del monoteísmo, el discurso judío es el del *otro*, tanto en lo interno —al ser la visión de la región más pobre de Israel, Judá— como en lo externo, donde enfrenta al *yo* de sus poderosos imperios vecinos, siempre a punto de absorberlo.

Por ello, el recorrido por la Biblia es uno de constante descalificación de pueblos rivales y del reino judío del norte. Esto se traduce en que la visión del *otro* interno, representada por los profetas, tenía suficiente fuerza como para hacer contrapeso al discurso del *yo*, sostenido por los sacerdotes de la tribu de Leví, quienes estaban sentados en la ley[81]. Ese encono constante es expresado por diversos profetas. Jeremías les espeta a los sacerdotes: «¿Cómo pueden decir: "Somos sabios y tenemos la Ley del Señor"? ¿No ves que los escritos de tus maestros de la Ley la han convertido en mentira?» 8:8 (VBL). Asimismo, el profeta Malaquías les dice:

Ahora, pues, oh sacerdotes, para vosotros es este mandamiento. Si no oyereis, y si no decidís de corazón dar gloria a mi nombre, ha dicho Jehová de los ejércitos, enviaré maldición sobre vosotros, y maldeciré vuestras bendiciones; y aun las he maldecido, porque no os habéis decidido de corazón. He aquí, yo os dañaré la sementera, y os echaré al rostro el estiércol, el estiércol de vuestros animales sacrificados, y seréis arrojados juntamente con él. Y sabréis que yo os envié este

---

de Mithra) hasta las misas negras. Sobre este fondo dualista, resalta la originalidad zoroástrica: para Zarathustra, el culto que se dedica a los demonios, lejos de apaciguarlos, les vigoriza. Debe ser proscrito» Bloch et al., «Irán antiguo…», 2:418.

81 «ley de Moisés y enseñanzas de los profetas: Con esta expresión se designa, aquí (Lucas 16:16) y en otros lugares del Nuevo Testamento, al Antiguo Testamento en su totalidad (ver Mateo 5:17; Mateo 7:12; Mateo 11:13; Mateo 22:40; Juan 1:45; Hechos 13:15; Hechos 24:14; Hechos 26:22; Hechos 28:23; Romanos 3:21). En Lucas 24:44 se añaden también los Salmos» Divino y De España, «Comentario a Lucas 16:16».

mandamiento, para que fuese mi pacto con Leví, ha dicho Jehová de los ejércitos. 2: 1-4 (RV1960)

Así pues, encontramos de manera generalizada la oposición y condena del movimiento profético hacia la casta sacerdotal, por ejemplo, en Ezequiel: «Sus sacerdotes violaron mi ley, y contaminaron mis santuarios; entre lo santo y lo profano no hicieron diferencia, ni distinguieron entre inmundo y limpio; y de mis días de reposo apartaron sus ojos, y yo he sido profanado en medio de ellos» 22:26 (RV1960). En Oseas se dice de ellos: «Y como ladrones que esperan a algún hombre, así una compañía de sacerdotes mata en el camino hacia Siquem; así cometieron abominación» 6:9 (RV1960). Proceso que se continúa con la propia figura del Mesías: «Pero los principales sacerdotes y los ancianos persuadieron a la multitud que pidiese a Barrabás, y que Jesús fuese muerto» Mateo 27:20 (RV1960). «Cuando le vieron los principales sacerdotes y los alguaciles, dieron voces, diciendo: ¡Crucifícale! ¡Crucifícale! Pilato les dijo: Tomadle vosotros, y crucificadle; porque yo no hallo delito en él» Juan 19:6 (RV1960).

El choque entre sacerdotes y profetas permite que las dos respuestas hacia lo que plantea la religión estén sancionadas; ambas son expresión del mismo principio, por lo que cualquier camino refuerza la pregunta que implícitamente establece la existencia de un solo Dios. En el discurso de sentido judeocristiano, el dualismo social se expresa en que, hacia dentro de nosotros, conviven dos tendencias antagónicas: una del cuerpo y otra de la mente. Como dice Pablo de Tarso, si quiero lo bueno, pero hago lo malo que no quiero, es que hay alguien más en mí[82]. También en el evangelio de Marcos, dice Jesús: «Velad y orad, para que no entréis en tentación; el espíritu a la verdad está presto, mas la carne es débil» 14:38 (RV2004), dejando claro que el *yo* es el espíritu, el *otro* el cuerpo, que tiene vocación al mal, pero no es el mal; su dualismo no anula completamente al *otro* corporal. Sin embargo, como tantas veces en el monoteísmo, encontramos tendencias contrarias, pues no en todos los escenarios se puede aplicar el mismo criterio, ni el dualista ni el monoteísta. En distintas partes del Evangelio, vemos actitudes contrastantes respecto al cuerpo: por un lado, se dice que la carga de Jesús es ligera[83]; incluso se le reprocha ser un bebedor y comedor[84],

---

82   «Porque no hago el bien que quiero, sino el mal que no quiero, eso hago. Y si hago lo que no quiero, ya no lo hago yo, sino el pecado que mora en mí. Así que, queriendo yo hacer el bien, hallo esta ley: que el mal está en mí. Porque según el hombre interior, me deleito en la ley de Dios; pero veo otra ley en mis miembros, que se rebela contra la ley de mi mente, y que me lleva cautivo a la ley del pecado que está en mis miembros. ¡Miserable de mí! ¿quién me librará de este cuerpo de muerte? Gracias doy a Dios, por Jesucristo Señor nuestro. Así que, yo mismo con la mente sirvo a la ley de Dios, mas con la carne a la ley del pecado». Romanos 7:19-25 (RV1960)

83   «Llevad mi yugo sobre vosotros, y aprended de mí, que soy manso y humilde de corazón; y hallaréis descanso para vuestras almas; porque mi yugo es fácil, y ligera mi carga» Mateo 11:29-30 (RV1960)

84   «Vino el Hijo del Hombre, que come y bebe, y dicen: He aquí un hombre glotón y bebedor de vino, amigo de publicanos y pecadores. Mas la sabiduría es justificada de sus hijos» Mateo 11:19 (RV2004)

mientras que, simultáneamente, Jesús insta a sus discípulos a hacerse eunucos por el reino de Dios[85]. Esta misma actitud ambivalente la encontramos hacia el poder del orden social: el diablo afirma que da su poder a los reinos del mundo[86], pero a Pilato se le reconoce su autoridad como proveniente de Dios[87].

En el discurso del *yo*, el mal es todo aquello que se opone al orden o a sus normas. En cambio, en el discurso del *otro*, la noción de un mundo degenerado remite al dualismo: fuerzas y principios contrarios donde el orden terrenal se percibe como perverso. La ambivalencia de los evangelios respecto al orden y las jerarquías revela la tensión entre el monoteísmo de un orden perfecto y el dualismo que enfrenta la maldad del mundo con el bien espiritual. Un discurso dualista enfatiza la lucha entre el *yo* y el *otro*, concebidos como expresiones de dos principios opuestos pero equivalentes en poder dentro del universo: el bien y el mal. El tránsito del dualismo hacia la idea de un Dios único implica la supresión de ese antagonismo en el plano divino, donde todo lo que sucede se explica a partir de un único principio. El monoteísmo representa la certeza de haber alcanzado la *totalidad*, y nos impulsa a actuar como si ya habitáramos un *todo* unificado. Sin embargo, necesita del dualismo para poder explicar la existencia del bien y del mal. Así, constatamos que la idea de un poder divino unificado, todopoderoso y bondadoso, resulta contraintuitiva y difícil de conciliar con la experiencia cotidiana, y desafía nuestra conciencia.

Cuando el discurso del Dios único ha alcanzado el poder terrenal, predomina la visión dualista, el juicio que hace el *yo* sobre el *otro* es antagónico y de aniquilación, acorde con el dualismo del *yo* bueno-*otro* malo. Se asume que existe una sola y correcta interpretación de lo divino y su alcance constituye, de hecho, el orden social. Esta visión está dada por un sector específico que tiene a su cargo la función de enunciar e interpretar lo divino, proveniente de una casta sacerdotal —muchas veces hereditaria— que cumple un seguimiento más estricto de los ordenamientos que marca, lo que hace que su papel de árbitro sea creíble. Oponerse a esa interpretación ha sido, dada la configuración social, renunciar al discurso de lo público en general, y en muchos casos, a la comunidad y a la existencia misma. En este tenor, a lo largo de la historia se han conformado —por razones diversas— discursos que no admiten interpretaciones alternativas y que excluyen al *otro* de la comunidad intersubjetiva.

---

85   «Porque hay eunucos que nacieron así del vientre de su madre; y hay eunucos que fueron hechos eunucos por los hombres, y hay eunucos que así mismos se hicieron eunucos por causa del reino de los cielos. El que sea capaz de recibir esto, que lo reciba.» Mateo 19:12 (RV2004)

86   «Otra vez le llevó el diablo a un monte muy alto, y le mostró todos los reinos del mundo y la gloria de ellos, y le dijo: Todo esto te daré, si postrado me adorares» Mateo 4:8-9 (RV1960)

87   «Entonces Pilato le dijo: —¿No me vas a contestar? ¿Acaso no sabes que tengo poder para mandar que te dejen libre, o para que mueras clavado en una cruz? Jesús le respondió: —No tendrías ningún poder sobre mí, si Dios no te lo hubiera dado. El hombre que me entregó es más culpable de pecado que tú.» Juan 19:10-11 (TLA)

Esto es particularmente evidente en el monoteísmo, que manifiesta así su carácter dualista. Los Estados premodernos con una religión oficial monoteísta no admitieron distintas creencias en su interior. Cuando existieron otras confesiones en su territorio, no implicó una sociedad verdaderamente transversal a los distintos credos. Más bien, parece tratarse de contextos donde los conflictos permanecían latentes y los grupos se distinguían con claridad en función de su fe.

De hecho, no fue sino hasta la modernidad —con la Revolución Francesa, Inglaterra y la experiencia de las colonias americanas, fundadas por quienes huían de la persecución religiosa— que comenzaron a consolidarse comunidades integradas por visiones diversas sobre la fe en un solo Dios. En un inicio, ni en la mentalidad ni en los vínculos de las iglesias perseguidas por la Iglesia católica y por los Estados donde esta se encontraba asentada, estaba constituida aún la noción de libertad religiosa. Incluso en las sectas más heréticas e iconoclastas persistía una visión única de lo divino. La Reforma protestante —primero desde dentro y luego fuera de la Iglesia católica— aspiraba a convertirse en la interpretación definitiva, anulando todas las demás. Contrario a lo que podría pensarse, una vez con el poder del *yo*, no promovía la pluralidad, sino que buscaba erigirse como nueva interpretación hegemónica, tal como ocurrió, por ejemplo, en las comunidades calvinistas, que también perseguían al *otro* disidente. Lo mismo evidencian las guerras de religión dentro del cristianismo, enfrentamientos entre visiones antagónicas que no admitían posturas alternativas. La descalificación del *otro* en las iglesias cristianas llegó a justificar el colonialismo, la esclavitud y el racismo que la acompañó[88]. A medida que estas confesiones accedieron al poder y dejaron atrás la etapa de integración con el *otro* y se entró en la de dividir a las personas según la norma, esta exclusión fue sancionada por exégetas cristianos, que en muchos casos llegaron a deshumanizar por completo al *otro*[89].

Así pues, buscaban consolidar su propio discurso, el cual no reconocía corrientes alternativas; y si en Inglaterra y en las colonias norteamericanas llegó a consolidarse un espacio que aceptaba distintas confesiones, fue debido a la imposibilidad práctica de que alguna lograra imponerse como discurso hegemónico[90]. La heteroge-

---

88   «Ya no podemos apasionarnos por los principios en nombre de los cuales el cristianismo recomendaba a los amos tratar humanamente a sus esclavos, y, por otra parte, la idea que él se hace de la igualdad y de la fraternidad humana nos parece hoy que deja demasiado lugar a injustas desigualdades» Durkheim, *Las formas elementales de la vida religiosa*, 651.

89   «el papel de la cristiandad como religión de los esclavos, los proscritos, los desposeídos, los perseguidos, los oprimidos. Con la victoria del cristianismo esta circunstancia quedó relegada a último plano y se asignó entonces la principal importancia a la antítesis entre creyentes y paganos, ortodoxos y heréticos» Engels, «Anti-Düring (1876-1878) (extractos)», 277.

90   Como planteaba Voltaire: «En un país donde hay una sola religión, no se puede vivir; en donde hay dos, hay guerra civil; pero en Inglaterra, donde hay treinta, existe paz». Citado en: Dotel Matos, «A qué se llamó la Ilustración».

neidad era tal que ninguna contaba con los medios necesarios para imponerse. Es en ese contexto donde emerge el Estado como centro neurálgico de las relaciones sociales y como discurso dominante en el ámbito público y político. Es decir, ante la incapacidad del discurso religioso para articular a la sociedad —producto de su fragmentación y del *empate de sus fuerzas*—, esa función es asumida por el Estado, que relega a la religión a un ámbito secundario, plural y privado. Es imposible cuantificar la responsabilidad de los discursos que, al intentar imponer una visión del mundo y eliminar cualquier alternativa, han contribuido a los episodios más cruentos vinculados al fenómeno religioso. Está a debate el papel de las contradicciones discursivas sobre lo divino en las atrocidades que se cometen en su nombre, pues también se les usa como bandera de otros conflictos. Siempre resulta preferible decir que se pelea por razones religiosas a admitir que se actúa por los intereses más mezquinos.

4.2 Cristianismo apocalíptico y discurso del *otro*

Cuando el cristianismo surge como doctrina, no está subordinado al orden del mundo, sino que lo juzga; pero, aun así, no tiene como prioridad atacar al *otro* terrenal, sino, por el contrario, nos deja ante la necesidad de integrar las fuerzas enfrentadas. Cuestiona que las normas nos lleven a despreciar al *otro*, pues la ley humana no es la de Dios[91]. No busca aniquilar el discurso del *otro* en lo externo, sino integrarlo en lo interno; el foco está en nuestras creencias, en las que estamos hermanados con lo diferente, soslayando la separación que hace de nosotros la moral. Este movimiento, donde la divinidad llega a nosotros más por la mente en la fe que por nuestros actos en la norma, permite el cambio de valores. De hecho, forja al cristianismo[92] a partir del judaísmo y al protestantismo a partir del catolicismo. Interesantemente, ambos procesos se sustentan en el mismo versículo de Pablo, en el primer capítulo de su

---

91   «Entonces les dijo (Jesús): Vosotros sois los que os justificáis a vosotros mismos delante de los hombres; mas Dios conoce vuestros corazones; porque lo que los hombres tienen por sublime, delante de Dios es abominación. » Lucas 16:15 (RV1960) «Porque todos los que dependen de las obras de la ley están bajo maldición, pues escrito está: Maldito todo aquel que no permaneciere en todas las cosas escritas en el libro de la ley, para hacerlas.» Gálatas 3:10 (RV1960). Retomando el Antiguo Testamento: «Maldito el que no confirmare las palabras de esta ley para hacerlas. Y dirá todo el pueblo: Amén». Deuteronomio 27:26 (RV1960)

92   «Por eso enseña también el cristianismo, con razón, que todas las obras exteriores carecen de valor si no nacen de un ánimo auténtico consistente en la verdadera benevolencia y el amor puro, y que lo que santifica y salva no son las obras cumplidas (*opera operata*) sino la fe, el ánimo auténtico que solo el Espíritu Santo concede y que no lo genera la voluntad libre y reflexiva que solo tiene la ley ante los ojos» Schopenhauer, *El Mundo Como Voluntad y Representación I*, 1:624.

carta a los Romanos: «Porque en el evangelio la justicia de Dios se revela por fe y para fe, como está escrito: Mas el justo por la fe vivirá» 1:17 (RV1960)[93]

Apoyado a lo largo de la doctrina paulina que funda el cristianismo: «Por tanto, es por la fe, para que sea por gracia; a fin de que la promesa sea firme a toda simiente; no sólo al que es de la ley, sino también al que es de la fe de Abraham; el cual es padre de todos nosotros» Romanos 4:16 (RV2004). Una imagen similar la encontramos en su carta a los Gálatas:

> Sabiendo que el hombre no es justificado por las obras de la ley, sino por la fe de Jesucristo, nosotros también hemos creído en Jesucristo, para ser justificados por la fe de Cristo y no por las obras de la ley, por cuanto por las obras de la ley ninguna carne será justificada. Gálatas 2:16 (RV2004)

Esto es, se deja entre paréntesis la norma y se sustenta al creyente en la aceptación del discurso, que puede interpretar y configurar hacia nuevas normas. En su estructura, la fe cristiana tiene como pilar su vertiente primigenia: la visión donde se cuestiona que, efectivamente, el mundo social responde a la voluntad de Dios, rompiendo con su origen en un judaísmo conservador de la moral. Pone en entredicho la lógica del castigo a quien transgrede las normas; por el contrario, se aboga por el perdón, rompiendo con la cadena de pensamiento de la retribución inmanente. También, en sus textos, hay diversos pasajes donde el orden religioso en el cual se desenvuelve es duramente cuestionado; por ejemplo, en las críticas a los fariseos por su interpretación excesivamente literal de la ley[94]. Aunque se trata de un debate interno dentro del judaísmo, constituye el primer paso que luego retomarán quienes fundarán una religión que rompe con él. Al retomar el movimiento profético —el discurso del *otro* que cuestiona el mundo y su moral— y articularlo con la ley de Moisés —el discurso del *yo*—, se llega a una síntesis entre ambos: la doctrina cristiana.

Dado que los evangelios fueron escritos en un proceso de distinción con respecto a la matriz hebrea, es comprensible que se enfatizaran las críticas hacia ella. La nueva religión, desde luego, debía construirse a partir del contraste con su raíz[95]. Por otro

---

93   El «como está escrito» nos remite al Antiguo Testamento, en el profeta Habacuc, que escribe «He aquí que aquel cuya alma no es recta, se enorgullece; mas el justo por su fe vivirá.» 2:4 (RV1960)

94   «Los fariseos observaban atentamente a Jesús para ver si lo curaba en sábado, con el fin de acusarlo. Jesús dijo al hombre de la mano paralizada: "Ven y colócate aquí delante". Y les dijo: "¿Está permitido en sábado hacer el bien o el mal, salvar una vida o perderla?". Pero ellos callaron. Entonces, dirigiendo sobre ellos una mirada llena de indignación y apenado por la dureza de sus corazones, dijo al hombre: "Extiende tu mano". El la extendió y su mano quedó curada. Los fariseos salieron y se confabularon con los herodianos para buscar la forma de acabar con él.» Marcos 3:2-6 (LPD)

95   «El Antiguo Testamento es realmente ajeno al verdadero cristianismo: pues en el Nuevo Testamento se habla continuamente del mundo como de algo a lo que no se pertenece, que no se ama e incluso que está dominado por el Diablo» «En virtud de ese origen (o, al menos, de esa coincidencia) el cristianismo

lado, también es de suponerse que, en el afán de presentarse ante un público gentil y sus autoridades, se matizaran las desavenencias con el Imperio romano, que necesariamente acompañaron a la figura mesiánica. En este proceso, fue fundamental la lección que dejaron a los autores del Nuevo Testamento el fracaso de la revuelta nacionalista judía contra Roma en el año 66, que culminó con la aniquilación de la nación judía y la destrucción del Segundo Templo. De ahí el esfuerzo por eludir la censura imperial en los textos sagrados, razón por la cual su protagonista no podía presentarse como un enemigo frontal del poder romano. Aun así, en los escritos que conformarían el Nuevo Testamento, el Mesías mantiene una postura crítica tanto frente al dominio imperial como hacia los gobernadores judíos que lo representaban.

Así pues, la imagen general del orden social, junto con su jerarquía y estructura religiosa, es, en esencia, objeto de una condena severa. Para constatarlo, basta con considerar el episodio en el que trastorna las mesas del templo y expulsa a los vendedores[96], así como su confrontación con los fariseos. De igual modo, en el ámbito político, se opone a los publicanos y a los gobernadores de Judea; un ejemplo claro es la manera en que reprende al rey hebreo Herodes, representante del Imperio romano:

> Aquel mismo día vinieron unos fariseos, diciéndole: Sal, y vete de aquí, porque Herodes te quiere matar. Y él (Jesús) les dijo: Id, y decid a aquella zorra: He aquí, echo fuera demonios y hago sanidades hoy y mañana, y al tercer día seré consumado. Lucas 13:31-32 (RV2004)

En el desarrollo de un movimiento mesiánico que, en términos terrenales, fracasó, queda claro que la visión dominante del cristianismo respecto al mundo material tiende a la sentencia: el mal es el gobernante del orden social[97]. Por ello, el cristianismo manifiesta una disposición inveterada al cuestionamiento de la idea de que el mundo es justo[98], ya que su figura central no fundó un reino, sino que fue crucificada. Esto rompe con el esquema de razonamiento que justifica el sufrimiento como consecuencia de malas obras, o que ensalza a quienes disfrutan placeres, atribuyéndoles virtudes. Por el contrario, la lógica de su doctrina es hacer que los ciegos

---

se encuentra entre las antiguas, verdaderas y sublimes creencias de la humanidad que se oponen al falso, vulgar y corruptor optimismo que se presenta en el paganismo griego, el judaísmo y el islam» Schopenhauer, *El Mundo Como Voluntad y Representación II*, 2:718 y 716.

96   «Y entró Jesús en el templo de Dios, y echó fuera a todos los que vendían y compraban en el templo, y volcó las mesas de los cambistas, y las sillas de los que vendían palomas; y les dijo: Escrito está: Mi casa, casa de oración será llamada; mas vosotros la habéis hecho cueva de ladrones» Mateo 21:12-13 (RV1960)

97   «Ha llegado el tiempo de juzgar a este mundo, cuando Satanás —quien gobierna este mundo— será expulsado» Juan 12:31 (NTV)

98   «No pensemos acaso que la fe cristiana es favorable al optimismo, porque, al contrario, en los Evangelios "mundo" y "mal" se emplean casi como expresiones sinónimas» Schopenhauer, *El Mundo Como Voluntad y Representación I*, 1:385.

vean y que quienes creen ver, resulten estar ciegos. No se busca la retribución en el mundo visible, sino en uno que no se ve. El ejemplo a seguir —la persona situada en el punto más alto dentro de la religión— fue rechazado por la realidad social y llevó hasta el final su confrontación con el príncipe de este mundo[99]. Este relato trastoca la relación tanto del creyente como de la comunidad con las jerarquías sociales, que en ciertos pasajes son severamente condenadas. No obstante, no nos conduce ni a destruir ni a adaptarnos al orden social.

Lo fundamental es que el cristianismo opera como un igualador social; propicia un estado de *empate entre las fuerzas* en conflicto, lo que, a su vez, permite que emerja la voluntad como una lectura capaz de reconfigurar la realidad. Un ejemplo claro se encuentra en las bienaventuranzas[100], donde se afirma que quien ríe llorará y quien llora tendrá regocijo. Podemos interpretar el efecto que tiene esta narrativa sobre las asimetrías sociales en las comunidades donde se difunde, poniendo en movimiento perpetuo a las clases sociales, pues, sin importar las vueltas que se den en su configuración, el mensaje cristiano lleva a ensalzar al pequeño y a cuestionar al grande. Propicia una *igualación de las fuerzas* sociales continua, lo que abre un espacio de reconfiguración de las normas y del orden terrenal. Como telón de fondo de este mecanismo, se encuentra la omnipresente figura de la redención de un Mesías que ha de venir prontamente y que echa a andar al cristiano y a su comunidad, en la búsqueda de enderezar los caminos en la esperanza de su llegada, la cual trazará un mundo mejor.

Existe una narrativa de crítica social propia de la visión del mundo del *otro*, la cual sigue reivindicándose doctrinalmente, incluso cuando las normas de la religión cristiana pasan a ocupar el lugar del *yo*, promoviendo así el cambio. Sin embargo, a diferencia de otros discursos del *otro* —que establecen un *yo* bueno frente a un *otro* malo—, el discurso cristiano integra ambos papeles, sin importar el lugar en el que se sitúe. Esto representa un hecho singular dentro del discurso dominante, ya que este último suele buscar que el creyente se vincule con el mundo, otorgándole sentido a sus actos y haciéndole inteligible la realidad al integrarlo a ella, lo que casi siempre implica el rechazo del *otro*. Normalmente, este proceso se facilita mediante la retó-

---

99 «El Salvador del cristianismo, aquella magnífica figura llena de profunda vida, de la máxima verdad poética y suma significación, que sin embargo, en su perfecta virtud, santidad y sublimidad se presenta ante nosotros en estado de máximo sufrimiento». Ibid., 109.

100 «Y Jesús, dirigiendo su mirada hacia los discípulos, decía: —Bienaventurados vosotros los pobres, porque vuestro es el reino de Dios. Bienaventurados los que ahora tenéis hambre, porque seréis saciados. Bienaventurados los que ahora lloráis, porque reiréis.» «Mas ¡ay de vosotros, ricos!, porque ya tenéis vuestro consuelo. ¡Ay de vosotros, los que ahora estáis saciados!, porque tendréis hambre. ¡Ay de vosotros, los que ahora reís!, porque os lamentaréis y lloraréis» Lucas 6:20-21,24-25 (RV2020) «Bienaventurados los que tienen hambre y sed de justicia, porque ellos serán saciados» «Porque el que se enaltece será humillado y el que se humilla será enaltecido» Mateo 5:6 y 23:12 (RV2020)

rica de un mundo justo y predecible, que condena a quien sufre. Cuando la lógica de la retribución inmanente —propia del discurso del *yo*— comienza a resquebrajarse, emerge una visión que condena al mundo y aspira a transformarlo. Lo cual, en la mayoría de los casos, es un elemento transitorio en el corpus discursivo religioso, para ajustarse a las nuevas circunstancias.

En este sentido, dentro del monoteísmo hebraico, el movimiento profético surge de manera puntual, siempre en contraposición a las jerarquías sociales, ya sea como un llamado al cambio de las prácticas o, en ocasiones, como exhortación a aceptar el castigo divino. Un ejemplo de esto último es el caso de Jeremías y su oposición a Joacim, donde el profeta interpreta la invasión babilónica liderada por Nabucodonosor como la mano justiciera de Dios[101]. En otros casos, el profeta llama a la unión de la comunidad en una guerra santa para enfrentar la maldad del enemigo externo, como cuando Isaías aconseja al rey de Judá, Ezequías, enfrentar a los asirios[102]. Sin embargo, estos episodios corresponden a periodos perentorios; constituyen la antítesis del orden dominante y tienen una existencia esencialmente reactiva y breve.

Lo singular del cristianismo es que es un discurso del *otro* institucionalizado, el cual no rechaza completamente al *yo* y, cuando ocupa su lugar, sus escrituras sagradas tampoco justifican su destrucción. Con la figura del Mesías sufriente[103], se subvier-

---

101 Así se dirige Dios, de acuerdo con Jeremías, a la familia real de Judá, previo a la invasión Babilonia: «Vivo yo, dice Jehová, que si Conías hijo de Joacim rey de Judá fuera anillo en mi mano derecha, aun de allí te arrancaría. Te entregaré en mano de los que buscan tu vida, y en mano de aquellos cuya vista temes; sí, en mano de Nabucodonosor rey de Babilonia, y en mano de los caldeos» Jeremías 22:24-25 (RV1960)

102 «Vinieron, pues, los siervos de Ezequías a Isaías. Y les dijo Isaías: Diréis así a vuestro señor: Así ha dicho Jehová: No temas por las palabras que has oído, con las cuales me han blasfemado los siervos del rey de Asiria. He aquí que yo pondré en él un espíritu, y oirá un rumor, y volverá a su tierra; y haré que en su tierra perezca a espada» Isaías 37:5-7 (RV1960) «Porque de Jerusalén saldrá un remanente, y del monte de Sion los que se salven. El celo de Jehová de los ejércitos hará esto. Por tanto, así dice Jehová acerca del rey de Asiria: No entrará en esta ciudad, ni arrojará saeta en ella; no vendrá delante de ella con escudo, ni levantará contra ella baluarte. Por el camino que vino, volverá, y no entrará en esta ciudad, dice Jehová. Porque yo ampararé a esta ciudad para salvarla, por amor de mí mismo, y por amor de David mi siervo. Y salió el ángel de Jehová y mató a ciento ochenta y cinco mil en el campamento de los asirios; y cuando se levantaron por la mañana, he aquí que todo era cuerpos de muertos. Entonces Senaquerib rey de Asiria se fue, e hizo su morada en Nínive. Y aconteció que mientras adoraba en el templo de Nisroc su dios, sus hijos Adramelec y Sarezer le mataron a espada, y huyeron a la tierra de Ararat; y reinó en su lugar Esar-hadón su hijo» Isaías 37:32-38 (RV1960)

103 «En el Nuevo Testamento el mundo se presenta como un valle de lágrimas y la vida como un proceso de purificación; y el símbolo del cristianismo es un instrumento de martirio» Schopenhauer, *El Mundo Como Voluntad y Representación II*, 2:671. «Realmente, la doctrina del pecado original (afirmación de la voluntad) y de la redención (negación de la voluntad) es la gran verdad que constituye el núcleo del cristianismo; mientras que lo demás no es en su mayoría más que ropaje y envoltura, o bien adorno. Por consiguiente, debemos concebir en general a Jesucristo como el símbolo o la personificación de la negación de la voluntad de vivir» Schopenhauer, *El Mundo Como Voluntad y Representación I*, 1:480. «Los mencionados filósofos y ensalzadores de la historia son, por consiguiente, cándidos realistas, también optimistas y

ten los valores propios de la retribución inmanente. Así lo ejemplifica el siguiente versículo de Lucas: «Porque si en el árbol verde hacen estas cosas, ¿en el seco, qué harán?» 23:31, (RV2020), donde Jesús reflexiona ante el martirio que está por sufrir y lo que ello implica para sus discípulos. Ya que en el estado de cosas que enfrenta en el mundo terrenal, no cabe esperar que las buenas obras traigan consigo una armonía con el orden social. Tampoco se justifica la aparición de jerarquías basadas en el mérito del cumplimiento de normas, pues, una vez más, se afirma que quien quiera ser grande debe hacerse como el más pequeño[104]. Esto trastoca la dinámica mental de la comunidad cristiana frente al orden social mundano, donde no se debe buscar la jerarquía[105]. Al mismo tiempo, no se exige a la comunidad que se aparte del mundo terrenal, sino que no forme parte de la maldad presente en sus prácticas[106]. Al centrarse en la fe y declarar que su reino no pertenece a este mundo[107], el cristianismo desencanta el orden de lo real, subordinándolo a la persona capaz de interpretar la divinidad, bosquejando la estructura de la modernidad.

Los evangelios están concebidos para organizar la vida de una comunidad marginal, y su relación con el mundo no consiste en aceptarlo ni en apartarse de él, sino en resistir durante el breve periodo previo a la *parusía*; ser la sal de un mundo perverso[108], superarlo, trascenderlo. Aunque el mundo material pueda ser malo, la doctrina

---

eudaimonistas, banales asociados y filisteos empedernidos, además de malos cristianos; pues el verdadero espíritu y núcleo del cristianismo, como también del brahmanismo y el budismo, es conocer la vanidad de la felicidad terrena, despreciarla por completo y volverse hacia una existencia totalmente distinta y hasta opuesta: este, afirmo yo, es el espíritu y fin del cristianismo, el verdadero "humor del asunto" y no, como ellos piensan, el monoteísmo; de ahí que el budismo ateo sea más afín al cristianismo que el judaísmo optimista y su variedad, el islam». Schopenhauer, *El Mundo Como Voluntad y Representación II*, 2:508.

104 «Después comenzaron a discutir quién sería el más importante entre ellos. Jesús les dijo: "En este mundo, los reyes y los grandes hombres tratan a su pueblo con prepotencia; sin embargo, son llamados 'amigos del pueblo' Pero entre ustedes será diferente. El más importante de ustedes deberá tomar el puesto más bajo, y el líder debe ser como un sirviente. ¿Quién es más importante: el que se sienta a la mesa o el que la sirve? El que se sienta a la mesa, por supuesto. ¡Pero en este caso no!, pues yo estoy entre ustedes como uno que sirve"» Lucas 22:24-27 (NTV)

105 «Así que, después de lavarles los pies, tomó su manto y volviéndose a la mesa les dijo: —¿Comprendéis lo que os he hecho? Vosotros me llamáis Maestro y Señor y decís bien, porque lo soy. Pues si yo, el Señor y el Maestro, os he lavado los pies, lo mismo debéis hacer vosotros unos con otros» Juan 13:12-14 (RV2020)

106 «No ruego que los quites del mundo, sino que los guardes del mal» Juan 17:15 (RV2020)

107 «Respondió Jesús: Mi reino no es de este mundo; si mi reino fuera de este mundo, mis servidores pelearían para que yo no fuera entregado a los judíos; pero ahora mi reino no es de aquí» Juan 18:36 (RVG) La palabra que se traduce por mundo, es en griego κόσμου, (cosmos) es decir un orden social concreto, no el mundo para siempre. Así mismo, la parte final de este versículo también ha sido traducido, solamente, como «mi reino no es de aquí» se ha quitado ese νῦν (ahora) probablemente para que a nadie se le ocurra decir que en un tiempo diferente al de Jesús, su reino se tenga que instaurar en el orden material, la traducción se hace para no alterar el orden social dominante.

108 «Vosotros sois la sal de la tierra; pero si la sal pierde su sabor, ¿con qué la sazonaréis? No sirve ya para nada, sino para ser echada fuera y pisoteada por la gente. Vosotros sois la luz del mundo; una ciudad asen-

cristiana, al exigir amar incluso a los enemigos, tampoco autoriza su destrucción, ni la del cuerpo ni la del *otro*. Lo que puede constatarse empíricamente es que se trata de un discurso que transforma radicalmente las sociedades donde se integra. En un inicio, incorpora la fuerza del *otro* con el que interactúa. Sin embargo, una vez que se identifica con el poder del Estado romano, sus formas institucionales —sin sustento alguno en los textos neotestamentarios— se vuelven marcadamente antagónicas y, en ocasiones, brutalmente hostiles hacia el *otro*, acercándose más al dualismo característico del Antiguo Testamento.

El politeísmo del Imperio romano, el de Grecia y, progresivamente, el del resto de Europa, fue cediendo paso a una doctrina como la cristiana, que logró un mayor éxito en el desarrollo de comunidades capaces de atender tanto las necesidades materiales como espirituales de sus miembros. La postura frente a quien infringe la norma, al suavizar en el Nuevo Testamento la idea del castigo hacia el pecador, permitió la formación de comunidades más atractivas para la población, resultando claramente preferibles para sectores como las mujeres y las clases subalternas[109]. En un contexto en el que la religión de Estado se desplazaba hacia aquello que garantizaba la supervivencia del Imperio, terminó acoplándose a las prácticas de un culto que un número creciente de personas comenzaba a adoptar. En ese mismo proceso, el cristianismo fue dejando de lado su vocación antiromana. La base de su doctrina —presente ya en el *Levítico* y en las enseñanzas del contemporáneo de Jesús, el también judío Hilel[110]— invita a la reciprocidad del *yo* con el *otro*, en el marco de un discurso que trasciende a ambas *partes*: «Ama a tu prójimo como a ti mismo y a Dios por sobre todas las cosas». Esta sentencia resume la perspectiva cristiana

---

tada sobre un monte no se puede esconder» Mateo 5:13-14 (RV2020) «Si fuerais del mundo, el mundo os amaría como cosa suya. Pero como no pertenecéis al mundo, sino que yo os elegí del mundo, por eso el mundo os aborrece» Juan 15:19 (RV2020) «Yo les he entregado tu palabra y el mundo los odia porque no son del mundo, como tampoco lo soy yo» Juan 17:14 (RV2020) «No améis al mundo ni las cosas que están en el mundo. Si alguno ama al mundo, el amor del Padre no está en él» 1 Juan 2:15 (RV2020)

109 «Cuando se rastrean en el mundo romano los comienzos del cristianismo, se encuentran asociaciones de apoyo mutuo, asociaciones de pobres, de enfermos, asociaciones para los entierros, que crecieron en el nivel más bajo de aquella sociedad y en las que se cultivaba conscientemente ese medio principal contra la depresión, la pequeña alegría, la alegría de la beneficencia mutua» Nietzsche, *La genealogía de la moral*, 181-182. «La fuerza en virtud de la cual el cristianismo pudo superar primero al judaísmo y luego al paganismo griego y romano se encuentra única y exclusivamente en su pesimismo, en la confesión de que nuestro estado es sumamente miserable y al mismo tiempo culpable, mientras que el judaísmo y el paganismo eran optimistas» Schopenhauer, *El Mundo Como Voluntad y Representación II*, 2:188-189.

110 «No te vengarás, ni guardarás rencor a los hijos de tu pueblo, sino amarás a tu prójimo como a ti mismo. Yo Jehová.» «Como a un natural de vosotros tendréis al extranjero que more entre vosotros, y lo amarás como a ti mismo; porque extranjeros fuisteis en la tierra de Egipto. Yo Jehová vuestro Dios.» Levítico 19:18 y 34 (RV1960) Hilel respondió al reto de enseñar toda la Torá a un postulante a la conversión mientras estaba parado en un solo pie: «No hagas al prójimo lo que no te gusta que te hagan a ti, es toda la Torá; el resto es simplemente "comentario" anda estúdialo». Sefaria «Shabbat 31a:7».

sobre la intersubjetividad y la ética, integrando dialécticamente la tensión entre la ley y los profetas[111].

4.2.1 Mesianismo apocalíptico

El cristianismo tiene sus raíces en el movimiento profético, en la apocalíptica judía y en el mesianismo, representados también por la figura de Juan el Bautista. Desde allí se articula una condena general a las relaciones sociales existentes, revelando la necesidad de prepararse para el fin del mundo: un juicio que transformará radicalmente todo. Esto está en sintonía con la tradición profética del judaísmo, en la que los profetas asumen el papel del *otro*, en oposición al *yo* representado por la casta sacerdotal, a la que confrontan y hacen contrapeso. A esta tensión se suma la promesa de redención del Mesías, que funciona como un consuelo ante las inclemencias de la realidad y como un aliento para resistir el tramo final ante la inminencia del juicio divino. El trance definitivo está cerca: el *todo* está a punto de decidir sobre las *partes*, y hay que prepararse para ese gran momento de definición. Este mensaje, claramente dirigido a un periodo breve y excepcional[112] —ni siquiera más extenso que el lapso de una generación[113]—, se asienta, sin embargo, de forma definitiva en el cristianismo como discurso dominante. Así, la observancia literal de las leyes queda como telón de fondo, permitiendo y potenciando enormemente la transformación social.

Si bien es cierto que, con el paso de los siglos, la institución cristiana despoja a la redención mesiánica de su retórica de cambio —trasladando el foco de su mensaje desde la igualdad y la justicia social hacia el individuo y su destino en un más allá posterior a la muerte, donde se ubica el consuelo ante las injusticias terrenales—,

---

111 «Maestro, ¿cuál es el gran mandamiento en la ley? Jesús le dijo: Amarás al Señor tu Dios con todo tu corazón, y con toda tu alma, y con toda tu mente. Este es el primero y grande mandamiento. Y el segundo es semejante: Amarás a tu prójimo como a ti mismo. De estos dos mandamientos depende toda la ley y los profetas» Mateo 22:36-40 (RV1960)

112 Pablo pensaba que él mismo sería arrebatado al cielo cuando Jesús regresara, siendo un hombre anciano y tuvo que resolver la duda, nacida de la sorpresa, de que algunos de los primeros cristianos comenzaban a morir sin ver el regreso del Señor: «Mas no quiero, hermanos, que ignoréis acerca de los que duermen, para que no os entristezcáis como los otros que no tienen esperanza. Porque si creemos que Jesús murió y resucitó, así también traerá Dios con él a los que durmieron en Jesús. Por lo cual, os decimos esto por palabra del Señor; que nosotros que vivimos, que habremos quedado hasta la venida del Señor, no precederemos a los que durmieron. Porque el Señor mismo con aclamación, con voz de arcángel, y con trompeta de Dios, descenderá del cielo; y los muertos en Cristo resucitarán primero. Luego nosotros los que vivimos, los que hayamos quedado, juntamente con ellos seremos arrebatados en las nubes para recibir al Señor en el aire, y así estaremos siempre con el Señor» 1 Tesalonicenses 4:13-17 (RV2004)

113 «De cierto os digo que no pasará esta generación, hasta que todo esto acontezca» Marcos 13:30 (RV2004). «Mas el fin de todas las cosas se acerca; sed, pues, sobrios, y velad en oración.» 1 Pedro 4:7 (RV2004) «He aquí, yo vengo pronto; retén lo que tienes, para que ninguno tome tu corona» Apocalipsis 3:11 (RV2004)

dejando en paz a este mundo y su miseria[114]. Es importante tener en cuenta que el discurso suele estar en manos de la casta sacerdotal, por lo que su talante político y su capacidad transformadora se ven limitados por la necesidad de preservar su propia supervivencia como clase. Por ello, la crítica a la realidad y la denuncia del mundo como injusto suelen darse cuando quien enuncia el discurso se encuentra fuera del poder, asumiendo así la voz de los excluidos; es decir, se habla desde la posición del *otro* social: los profetas. Siendo así como surge el cristianismo, esta dinámica cambia cuando pasa a ser el *yo* dominante de la sociedad, elevando a los sacerdotes y dejando de lado su vocación original de condena a la realidad como algo latente.

En la fase apocalíptica del monoteísmo, y particularmente en la figura del Mesías, se plantea que la redención de la miseria impuesta por el orden social puede provenir de la encarnación de la voluntad divina en un ser humano que hace justicia a su pueblo. Hay muchos elementos que nos indican que el mesianismo se refería, en su sentido original, a una revolución o rebelión política contra los enemigos del pueblo de Dios. A pesar de su institucionalización, esta figura sigue viva en el cristianismo a través de la esperanza en el regreso del Cristo. Dado su relato sobre un Mesías azotado por el orden terrenal, el discurso cristiano, en su devenir como doctrina, interpreta el mal, la injusticia y el sufrimiento como experiencias que el ser humano puede transformar en una forma de revancha.

La etimología de la palabra *Mesías*, así como de su versión griega *Cristo*, remite al verbo *ungir*, ya que la figura política investida como rey entre los judíos era sometida a ese procedimiento, al igual que los sumos sacerdotes, significando el *ungido*[115]. Otro elemento que evidencia el carácter político del Mesías es su denominación como «hijo de la casa de David». Esto se origina en la promesa hecha a este rey: que su casa sería restaurada —es decir, su reino político— por medio de un descendiente suyo, quien sería el Mesías. En ese sentido, la atribución mesiánica a Jesús es inequívocamente de carácter político, pues al pertenecer a la tribu de Judá y no a la de

---

114 «Conforme a todo ello, opino que el catolicismo es un cristianismo del que se ha abusado vergonzosamente, y el protestantismo, un cristianismo degenerado; y pienso que el cristianismo en general ha tenido el destino que recae en todas las cosas nobles, elevadas y grandiosas, tan pronto como han de subsistir entre los hombres» Schopenhauer, *El Mundo Como Voluntad y Representación II*, 2:720. «No nos importa aquí que en la época reciente el cristianismo haya olvidado su significado verdadero y haya degenerado en un vulgar optimismo» Schopenhauer, *El Mundo Como Voluntad y Representación I*, 1:480. «una pura trivialidad cercana al judaísmo o, a lo sumo, al superficial pelagianismo y, lo que es peor, a un infame optimismo que es ajeno al cristianismo verdadero» Schopenhauer, *El Mundo Como Voluntad y Representación II*, 2:185

115 En el Antiguo Testamento aparece en 38 ocasiones el concepto de Mesías, 30 veces se refiere a un rey, 6 al sumo sacerdote y en 2 a los patriarcas.

Leví[116], no podía ser sacerdote, y mucho menos sumo sacerdote, pero sí un Mesías político, de la misma tribu y linaje que David.

En un principio, resulta indudable que la figura del Mesías judío, hijo de David, reviste un cariz revolucionario. Prueba de ello son, por ejemplo, los episodios en los que afirma venir a sembrar conflicto y espada entre las personas:

> No penséis que he venido para meter paz en la tierra; no he venido para meter paz, sino espada. Porque he venido para poner en disensión al hombre contra su padre, a la hija contra su madre, y a la nuera contra su suegra. Y los enemigos del hombre serán los de su propia casa. Mateo 10:34-36 (RV2004)

También encontramos el pasaje en el que instruye a sus discípulos a armarse: «Entonces les dijo: Pues ahora, el que tiene bolsa, tómela, y también la alforja; y el que no tiene espada, venda su capa y compre una» Lucas 22:36 (RV2004). La propia crucifixión, aplicada como castigo al disidente político —y la causa por la que se le condena[117]—, revela un movimiento que, de distintas maneras, se oponía al orden romano imperante. Resulta del todo verosímil que el mensaje de nacionalismo hebreo, en oposición al imperio, evidente en la figura profetizada de un Mesías redentor del pueblo judío, haya sido relegado a un segundo plano por los acontecimientos que antecedieron la redacción de los relatos fundacionales del cristianismo en los cuatro evangelios. En el intento por llegar a un público pagano, dentro del contexto político romano, se enfatizó más bien la oposición interna dentro del entorno judío. De este modo, la figura del Mesías transita del león de Judá al cordero de Dios, del *yo* al *otro*, retomando la imagen del chivo expiatorio hebreo, cuyo sacrificio redime los pecados de la comunidad.

En la religión judía, se habla de un periodo especial de restauración y plenitud que, con la llegada del Mesías, trastocaría la relación entre la comunidad de creyentes y la ley, donde su lectura se abre a variantes heterodoxas. Se ha interpretado, con base en los profetas, que la era apocalíptica implica una suspensión del encono en la naturaleza[118], entre seres humanos, y un momento en el que Jehová legisla a los pue-

---

116 «Los sacerdotes serán de la tribu de Leví. Como tal, no tendrán su parte del territorio dentro de Israel, sino que vivirán de las ofrendas de comida que se le ofrecen al SEÑOR. Los sacrificios que se presentan al SEÑOR serán la parte que les corresponde» Deuteronomio 18:1 (PDT) «Está claro que nuestro Señor era descendiente de Judá, pero Moisés no dijo nada de sacerdotes que fueran descendientes de Judá.» Hebreos 7:14 (PDT)

117 De acuerdo con la tradición, la inscripción en la cruz INRI, Iesus Nazarenus Rex Iudaeorum, significa en español «Jesús de Nazaret, rey de los judíos», como en los demás casos de crucifixión se colocó para indicar el delito por el que fue condenado. En este caso por hacerse rey de una región bajo el dominio romano y, por lo tanto, oponerse políticamente a ese imperio.

118 «Morará el lobo con el cordero, y el leopardo con el cabrito se acostará; el becerro y el león y la bestia doméstica andarán juntos, y un niño los pastoreará. La vaca y la osa pacerán, sus crías se echarán juntas; y

blos[119]. Traerá una restauración del equilibrio de una comunidad tripartita en la que Israel forma parte, donde voluntad de su Dios regirá sobre dos poderosos imperios:

136

> En aquel tiempo Israel será tercero con Egipto y con Asiria para bendición en medio de la tierra; porque Jehová de los ejércitos los bendecirá diciendo: Bendito el pueblo mío Egipto, y el asirio obra de mis manos, e Israel mi heredad. Isaías 19:24-25 (RV1960)

El mesianismo adelanta la idea de que llegará un tiempo en el que desaparecerán las contradicciones sociales, noción que más tarde retomarían proyectos de la modernidad como el comunismo. El movimiento mesiánico dentro del judaísmo — consolidado institucionalmente en el cristianismo— pone el protagonismo en la persona y en su modo particular de configurar el *deber ser* en el devenir, privilegiando su propio criterio por encima de la norma de la tradición. Establece un *empate de fuerzas* entre las distintas interpretaciones presentes en el orden social, para que sea el individuo quien las juzgue; ya no es la vida la que se somete al dogma, sino el dogma el que se somete al juicio de la vida. La experiencia y el criterio vital no deben ser anulados por la norma; por el contrario, las normatividades han de adaptarse a la realidad de esa experiencia y a su concepción del bien. Así lo resume el Jesús del evangelio de Marcos: «También les dijo: —El sábado se hizo para el hombre y no el hombre para el sábado.» (2:27, RV2020). En el último caso, la norma juzga a la vida; en el primero, la vida juzga a la norma.

El discurso de sentido de corte apocalíptico recrea constantemente su significado, ya que la inminencia de un final trastoca el orden imperante y abre la puerta a interpretaciones aventuradas. La condición necesaria para este proceso es un orden social que se autoobserva, en la medida en que el poder de las clases que lo integran se iguala. Solo entonces, el dominio de unos intereses sobre otros da paso a una indagación profunda, producto de que el antagonismo no se consuma, sino que se trasciende a lo que marca el propio discurso. A su vez, la posibilidad de que el discurso juzgue el orden del mundo depende de que dicho orden no se ejerza de manera total, sino que cuente con un contrapeso que revele sus asimetrías. Quien se halla completamente oprimido no puede ver, y mucho menos describir, la relación en la

---

el león como el buey comerá paja.» Isaías 11:6-7 (RV1960)

119 «Lo que vio Isaías hijo de Amoz acerca de Judá y de Jerusalén. Acontecerá en lo postrero de los tiempos, que será confirmado el monte de la casa de Jehová como cabeza de los montes, y será exaltado sobre los collados, y correrán a él todas las naciones. Y vendrán muchos pueblos, y dirán: Venid, y subamos al monte de Jehová, a la casa del Dios de Jacob; y nos enseñará sus caminos, y caminaremos por sus sendas. Porque de Sion saldrá la ley, y de Jerusalén la palabra de Jehová. Y juzgará entre las naciones, y reprenderá a muchos pueblos; y volverán sus espadas en rejas de arado, y sus lanzas en hoces; no alzará espada nación contra nación, ni se adiestrarán más para la guerra» Isaías 2:1-4 (RV1960) casi idéntica profecía la encontramos en Miqueas 4:3

que se encuentra. El desequilibrio absoluto es indescriptible para sus protagonistas: hace falta un igualador que les permita verse en su desigualdad. Ese es, precisamente, el papel del discurso apocalíptico, que, ante un contexto de transformación del entorno social, donde el *todo* juzga a las *partes*, disuelve el sentido de las diferencias humanas.

El tiempo deja de ser cíclico, repetitivo y conservador; ahora se vuelve lineal y avanza hacia una culminación que reconfigura de forma nueva las *partes*. Ante la apremiante necesidad de respuestas en una realidad que se desmorona, el orden social entra en una reelaboración constante de sus categorías y de la configuración que propone. La contradicción entre el *ser* y el *deber ser* se vuelve abismal, y la confianza se deposita en la figura redentora del Mesías, quien anuncia la llegada de un mundo aún desconocido. Esta particularidad del cristianismo tiene implicaciones *sui géneris*, tanto en lo político como en lo religioso, y lo distingue de otras cosmovisiones: de aquellas optimistas, que justifican el mundo tal como es, e incluso de las pesimistas, que lo condenan sin posibilidad de redención.

Si las visiones parten de que el orden es justo, nos llevan a adaptarnos a él y obedecer sus normas; mientras que, si señalan que campan en él las injusticias, más bien nos alejan de su influencia. Por otro lado, la visión apocalíptica llama a hacer derechos los caminos para la llegada del juicio, y en particular la idea del Mesías lleva a buscar activamente hacer propicio el orden del mundo para que instaure su reino. Lo material no es ya el orden de Dios, sino que tenemos que prepararlo para que el Mesías lo vuelva tal. Uno de los elementos decisivos que aporta el mesianismo —posiblemente el más importante— es su capacidad de integrar las energías de las fuerzas enfrentadas ante la inminencia del fin y la llegada del Salvador. Al estar todas ellas comprendidas dentro del marco del Dios único, remiten, en última instancia, al mismo principio. Así, aunque la norma elige, también sintetiza el poder de los opuestos, sin anular al *otro*; esta es una característica definitoria del cristianismo. Tal síntesis es mucho más difícil en el contexto del politeísmo, donde el equilibrio de fuerzas responde a principios y deidades distintas y, por tanto, incompatibles; y también en el monoteísmo dualista, en el que la norma condena al *otro* como ajeno e irreconciliable. En el mesianismo, en cambio, las categorías dadas por la norma pueden dar lugar a formas variadas e incluso contrarias de relación con la divinidad. Esta flexibilidad da cuenta de un *empate* entre interpretaciones divergentes, y abre el camino para realizar nuevas configuraciones del discurso.

En el contexto de un movimiento político malogrado, resulta particularmente notable que el mensaje de un Mesías enfrentado al mundo y crucificado por su ministerio haya terminado encumbrado en los altares de una nueva religión. No es menos sorprendente que la visión apocalíptica, originalmente concebida como un llamado urgente al arrepentimiento ante un fin inminente, se haya institucionalizado más allá de los fines perentorios que le dieron origen. En el caso de las sociedades cristianas, la excepcionalidad de la era mesiánica se convierte en norma e institución, lo que permite que las perspectivas contrastantes —tan comunes en el monoteísmo— puedan ser reconfiguradas desde la experiencia del creyente. Así, ante las encrucijadas fundamentales de la vida, donde pueden coexistir dos formas de actuar —una sancionada por la ley y otra por los profetas— que en apariencia se oponen, el creyente asume un papel central. No está obligado a someterse pasivamente a una interpretación única, sino que, debido al *empate de fuerzas* que enfrenta, puede ejercer su libertad para interpretar su credo. Esta posibilidad se ve potenciada por la tradición mesiánica y por la estructura misma del monoteísmo puro, que deposita en el creyente el criterio final ante la ambivalencia normativa.

La orientación que brinda el discurso implica para el creyente una lectura de toda la situación que lo lleva a tener que decidirse, sin que haya una respuesta absoluta dada por la religión. Por ejemplo, ante la disyuntiva de si es justo el orden social del mundo asentado en la jerarquía política, si obedece o no a la voluntad de Dios, encontramos en el cristianismo las dos respuestas: la que viene del *yo* y lo afirma, y la que viene del *otro* y lo niega. Como hemos citado, en los textos neotestamentarios conviven, con apenas algunas páginas de separación, versiones contrarias sobre las jerarquías sociales. En algún punto, se establece que se deben respetar, y en otro momento se presentan como contrarias a la voluntad de Dios, ya que quien reparte esos poderes es el demonio, y Jesús llama «zorra» al gobernante que lo persigue. El *yo* y el *otro* están en *empate de fuerzas*, abiertos para que el creyente los interprete, se ponga en uno u otro sitio y transforme su configuración.

A su vez, en el orden jerárquico terrenal, tanto el *yo* como el *otro* pueden identificarse con el cristianismo, igualando las fuerzas desde el discurso, sin importar cómo se muevan. Más que una respuesta concreta a una disyuntiva[120], lo que nos plantea son preguntas sobre el mundo y, como hemos revisado, esas preguntas lo definen en una dirección, lo pintan de una determinada manera. El *yo* no puede vanagloriarse de su poder y el discurso del *otro*, que juzga el mundo, no acepta justificar las jerarquías como instrumento del castigo divino. Lo propio e interesante del cristianismo es la encarnación del espíritu justiciero de Dios en una figura humana. Este proceso significa una creciente relevancia de la dimensión de la voluntad individual, el *deber ser* en el fuero interno, en contraposición a entender el devenir o el orden social como instrumentos de Dios. Se enfatiza lo interno como un *todo*, escenario donde se enfrentan las fuerzas del universo, y no solo como una *parte* de la lucha en el *todo* exterior.

---

120 De acuerdo con los evangelios, la figura de Jesús no juzga lo concreto, sino cambia la configuración general: «Le dijo uno de la multitud: Maestro, di a mi hermano que parta conmigo la herencia. Mas él le dijo: Hombre, ¿quién me ha puesto sobre vosotros como juez o partidor?» Lucas 12:13-14 (RV1960)

Todo esto nos habla de un *empate de fuerzas* entre el *yo* y el *otro* en el escenario del mundo, donde las categorías del *otro* social malo y del *yo* social bueno se dejan de lado, y ahora lo bueno y lo malo están dentro de nosotros. De tal manera que el *yo* no puede describir al orden como encarnación de Dios, pero tampoco el *otro* puede concebir al mundo como instrumento del demonio. Por ello, las clases que representan al *yo* y al *otro* no se pueden destruir, y suspenden su conflictividad para que el juicio divino y el Mesías impartan justicia. La elocuencia de la sentencia apocalíptica: «Dichoso el que lee y los que oyen las palabras de esta profecía, y cumplen lo que en ella está escrito, porque el tiempo está cerca» Apocalipsis 1:3 (RV2020), invita a diferir las diferencias entre las clases sociales, pues desestima o posterga la opción de aniquilar al *otro*, dada la inminencia de un veredicto del *todo*, en el que ambos son *partes*. Al mismo tiempo, conmueve a una transformación imperiosa de cada *parte* en la comunidad que conforma, como se constata en las admoniciones de Juan el Bautista, en especial hacia la casta guerrera, caracterizada por la lucha[121].

La apocalíptica, el mesianismo y el movimiento profético representan al *otro* de un orden social; invitan a perseverar en la lucha por el reino y ofrecen consuelo en la revancha de los justos, ya sea en la voz que clama en el desierto o en el *Libro del Apocalipsis*, en la figura sangrienta de un redentor que combate por la comunidad de creyentes. Esta cosmovisión pesimista del mundo, sostenida con firmeza por su figura central, dio origen a uno de los casos más portentosos de la fuerza del alma humana: los mártires cristianos, ejemplificando el tremendo poder del discurso de sentido.

Dado que eran acusados de impiedad y ateísmo por no rendir culto a los dioses romanos, los primeros cristianos se vieron confrontados con las dos únicas opciones que les dejaba el entorno religioso y político: abjurar de sus creencias y adorar al panteón romano, o bien sufrir el martirio por su fe. Preparados por una cosmovisión en la que el mundo estaba bajo la potestad del mal y el demonio era su príncipe, elegían mantenerse fieles a sus creencias; incluso marchaban a la muerte con una sonrisa de satisfacción, y optaban por morir de maneras distintas al Mesías, en la

---

121 «Y decía a las multitudes que salían para ser bautizadas por él: ¡Oh generación de víboras! ¿Quién os enseñó a huir de la ira que vendrá? Haced, pues, frutos dignos de arrepentimiento, y no comencéis a decir en vosotros mismos: Tenemos a Abraham por padre; porque os digo que Dios puede levantar hijos a Abraham aun de estas piedras. Y ya también el hacha está puesta a la raíz de los árboles; por tanto, todo árbol que no da buen fruto es cortado y echado en el fuego. Y la gente le preguntaba, diciendo: ¿Qué, pues, haremos? Y respondiendo, les dijo: El que tiene dos túnicas, dé al que no tiene; y el que tiene qué comer, haga lo mismo. Y vinieron también publicanos para ser bautizados, y le dijeron: Maestro, ¿qué haremos? Y él les dijo: No exijáis más de lo que os está ordenado. Y le preguntaron también los soldados, diciendo: Y nosotros, ¿qué haremos? Y les dice: No hagáis extorsión a nadie ni calumniéis; y contentaos con vuestro salario». Lucas 3:7-14 (RVG)

humildad de no pretender igualarse a él[122]. En general, el cristianismo conserva viva esta raíz de pensamiento, aunque, como consecuencia de su institucionalización, se fue asentando también la visión del mundo justo —pues, ciertamente, no faltan elementos en los textos sagrados que fundamenten esta otra postura[123]—. Así, ambas perspectivas conviven dentro del mismo cuerpo doctrinal, y las dos caras se le presentan al creyente en su paso por los escenarios de la realidad.

En todo el desarrollo del cristianismo, la imagen del Mesías azotado por el mundo rompe, una y otra vez, con un esquema conservador de relacionarnos con la realidad social y material. Desde luego, no es su única vertiente, pues la tendencia a buscar en el mundo la retribución de Dios también es muy fuerte, como ocurre en todas las instituciones, ya que, a final de cuentas, estas buscan justificarse en la idea de que encarnan normas éticas, y que su prosperidad en el mundo responde a ello. La vertiente cristiana emanada de la Reforma protestante constituye un movimiento hacia una relación más directa entre Dios y el creyente, prescindiendo de intermediarios para llegar a la divinidad y apoyándose primordialmente en los textos bíblicos. En este sentido, el espacio del más allá —en la lógica reformada— deja de ser el punto en el que se proyecta la relación entre las obras y su retribución divina; por el contrario, la salvación se da por gracia y desde la fe. Así, el objeto del esfuerzo del creyente se sitúa, sobre todo, en el más acá, pues ahora la ética del trabajo coloca en el éxito terrenal una fuente de satisfacción y de búsqueda de armonía con Dios[124].

Por otro lado, en el esquema de crítica del mundo, el movimiento protestante va bosquejando y desarrollando una idea que se expresa en la modernidad occidental: un desplazamiento que no solo cuestiona la forma en que se interpreta la realidad dentro de un orden social, sino que pone en entredicho que dicho orden sea producto

---

122 Según la tradición, el apóstol Pedro no aceptó sufrir el martirio de la misma manera que Jesús, por lo que fue crucificado de cabeza.

123 «Toda persona debe someterse a las autoridades superiores, porque no hay autoridad que no provenga de Dios, y las que hay, han sido establecidas por Dios. De modo que quien se opone a la autoridad, se resiste a lo establecido por Dios; y los que se resisten, se ganan su propia condenación. Porque los gobernantes no dan miedo al que hace el bien, sino al que hace lo malo. ¿No quieres tener miedo a la autoridad? Pues haz lo bueno y serás elogiado por ella, porque está al servicio de Dios para tu bien. Pero si haces lo malo, debes tener miedo, porque no lleva la espada en vano, pues está al servicio de Dios para hacer justicia y para castigar al que hace lo malo. Por lo tanto hay que estar sometido, no solamente por razón del castigo, sino más aún por motivos de conciencia. Por eso mismo pagáis también los impuestos, porque son funcionarios de Dios, dedicados a esto mismo. Así que pagad a todos lo que debéis: al que tributo, tributo; al que impuesto, impuesto; al que respeto, respeto; al que honra, honra.» Romanos 13:1-7 (RV2020) Este pasaje es considerado un añadido ajeno a Pablo, cfr. Kallas, «*Romans xiii. 1–7: An Interpolation*».

124 «Pues no solo las religiones del Oriente, también el cristianismo verdadero tiene un fundamental carácter ascético que mi filosofía explica como negación de la voluntad de vivir; si bien el protestantismo, sobre todo en su forma actual, ha intentado disimular eso» Schopenhauer, *El Mundo Como Voluntad y Representación II*, 2:708.

de una voluntad divina, abriendo así la puerta a diversas maneras de relacionarnos con lo real y, a partir de la propia lectura de las cosas, transformarlo. Esto se refleja, por ejemplo, en los movimientos evangélicos milenaristas y otras vertientes apocalípticas[125]. En ese tenor, una tendencia del movimiento protestante —y de su doctrina de justificación por la fe, apoyada en la carta de Pablo a los Romanos— consiste en desacralizar el mundo, pues lo importante es el fuero interno, asiento de la fe, con reminiscencias de la visión agustiniana, pero con un énfasis particular en convertir el mundo terrenal en la ciudad de Dios.

Como hemos visto, este es un proceso novedoso y excepcional en el mecanismo psicológico con el que opera el discurso de sentido. Pues una cosa es cuestionar el mundo —como lo hace el budismo— y otra, muy distinta, es pretender conducirlo por un camino diferente, de acuerdo con la lectura que hagamos de él. Para que este proceso sea posible, se conjugan la visión crítica del mundo y la consideración de este como un escenario digno de nuestros esfuerzos. El orden social se desacraliza: ya no es obra directa de Dios, pero tampoco es —necesariamente ni para siempre— contrario a su voluntad, pues puede ser justificado mediante el trabajo. El *otro* material y corporal no tiene por qué ser destruido. La pregunta sobre si la sociedad es obra divina, enunciada por la religión y que antes respondía con un *sí* que la identificaba con la voluntad de Dios, o con un *no* que la concebía como obra del demonio, ha dejado de tener eficacia.

Ante el retraimiento de la Iglesia, la pregunta religiosa es sustituida por una interrogante laica, en la que el mundo terrenal deja de estar regido por una divinidad que exprese su voluntad en ese escenario. Al retirarse lo religioso, el orden social pasa a concebirse como un instrumento bajo control del ser humano[126]: ya sea del *yo* y su Razón, de la sociología como reflejo del sistema de explotación económica, o —como se constataría en el siglo XX— de una doctrina política. Donde muchas ideologías buscan negar la voluntad humana, lo cual no solo constituye una posición filosófica, sino que también encierra la velada intención de subordinar aquello que se niega en el *otro* —su libertad— a la voluntad de quien detenta el dominio del discurso.

La Ilustración sitúa a la conciencia humana y su libre albedrío fuera de la subordinación a un Dios observador, otorgándole la libertad para juzgar el mundo social. El discurso de sentido que se desarrolla en la modernidad apunta directamente al *yo*

---

125 «No obstante, incluso en el seno del protestantismo se abrió paso de nuevo el espíritu esencialmente ascético y encratita del cristianismo; y desde ahí ha surgido un fenómeno de envergadura y firmeza quizás no habidas hasta ahora, en la curiosa secta de los shakers de Norteamérica, fundada por una inglesa, Anna Lee, en 1774» Ibíd., 720

126 Un proceso similar se dio cuando el monoteísmo hebreo quitó lo sagrado a los animales, dejando al ser humano como su señor, pues lo que se desacraliza y no tiene voluntad personal, se puede supeditar a la persona, es una cosa, un objeto.

como espejo, colocando en el centro a la voluntad humana —la Razón— para que formule una nueva lectura de la verdad y permita que lo que se dice sobre ella se materialice, se convierta en realidad[127]. Al igualarse los poderes en disputa por conformar el discurso, se alinean la razón del que juzga con lo real: el *todo* se identifica con la *parte*.

Se ha querido ver en el movimiento moderno un rompimiento con el orden religioso y, efectivamente, supone un quiebre con la tradición; sin embargo, también puede concebirse como la expresión madura de la semilla del discurso de sentido cristiano. En el cristianismo, si bien existen pasajes donde se desprecia el mundo por usurpar el vínculo con Dios, lo material se deja entre paréntesis, para centrarse en los vínculos sociales y en el orden intersubjetivo. Esto abre la puerta para que un discurso como el científico se enseñoree de la naturaleza. La materia queda fuera del orden divino, pero no se descarta del todo, por lo que puede ser subordinada a lo humano: lo natural no es ni bueno ni malo. En este punto, el *logos* cristiano se separa de aquellas doctrinas que rechazan, sin más, las cosas materiales. A diferencia de estas —que, al criticar el mundo, pretenden descartarlo, no corregirlo—, el cristianismo conserva la posibilidad de transformarlo. Hacia dentro del judaísmo, algunas expresiones proféticas de condena al mundo estuvieron acompañadas de un ascetismo que buscaba, precisamente, purificarse y alejarse de él, como en el caso de los esenios. En cambio, cuando el movimiento profético cuestionaba el orden social, lo hacía para convertirlo en el reino de Dios, una expresión plenamente material y terrenal, en forma de Estado judío.

En esa vertiente religiosa, si el profeta intentaba cambiar las cosas y participar del mundo, lo hacía dentro del orden social concreto, en la construcción del reino político de Dios, omnipresente en la mentalidad hebraica y radicalizada en los zelotas. Por el contrario, la escisión que introduce el cristianismo —entre las dos espadas, la de lo material y la de lo espiritual— se expresa en la admonición: «Mi reino no es de este mundo», y lleva a no buscar, primordialmente, a Dios en el orden social terrenal, aunque sin alejarnos de él. Igualmente, la sentencia que invita a «dar al César lo que es del César»[128] rompe la relación directa del discurso religioso con el mundo material, lo que permite construir ese orden social mundano desde otro discurso, otra racio-

---

127 Es un desarrollo análogo el que posibilitó el surgimiento de la filosofía griega en el contexto de las explicaciones mitológicas. El esquema de *igualdad de fuerzas* propio de la democracia, junto con la ausencia de modelos imperiales, condujo a la desacralización de la vida pública y del orden social, lo que permitió que el mito diera paso al *logos* de la reflexión sobre el *arché* desde la Razón.

128 «Y le enviaron algunos de los fariseos y de los herodianos, para que le sorprendiesen en alguna palabra. Viniendo ellos, le dijeron: Maestro, sabemos que eres hombre veraz, y que no te cuidas de nadie; porque no miras la apariencia de los hombres, sino que con verdad enseñas el camino de Dios. ¿Es lícito dar tributo a César, o no? ¿Daremos, o no daremos? Mas él, percibiendo la hipocresía de ellos, les dijo: ¿Por qué me tentáis? Traedme la moneda para que la vea. Ellos se la trajeron; y les dijo: ¿De quién es esta

nalidad. Este es el punto neurálgico del rompimiento del cristianismo con su matriz hebrea: su postura de integración con el *otro*, donde no lo destruye, pero tampoco acepta lo que considera malvado.

En el recorrido que realiza el cristianismo a partir de la cosmovisión hebrea, el discurso del *yo* judío se vincula con lo material, se le considera propio del orden social terrenal y, posteriormente, se le transmuta al lugar del *otro*. De forma distinta, es el discurso del *otro* de raíz judía —el del profeta y el desposeído— el que se vuelve fundamental para el cristianismo; se vuelca hacia lo espiritual y, en la religión paulina, acaba por constituirse como discurso del *yo*. Este movimiento cambia el foco del esfuerzo del creyente: de la búsqueda de un reino terrenal —en lo cual fracasó el Mesías— a la realización interior y espiritual de la voluntad divina. Todo ello suspende la consumación de la dimensión individual en lo concreto de las relaciones sociales, en las cuales se persigue la igualación de las personas, siendo el *fuero interno* el verdadero escenario de la lucha planteada por el discurso de sentido. El cristianismo inaugura un reino que «ya está entre nosotros»[129]; es intersubjetivo, no hay que buscarlo en lo material, aunque pueda expresarse allí —como en la ética protestante—, pues es, primordialmente, espiritual: se encuentra en nuestra configuración interna. Estos elementos reflejan la creciente importancia de lo interno individual frente a lo externo social; por ello se afirma que el poder de la fe tiene preeminencia y potestad sobre lo material externo[130], o que nada externo puede corromper, pues es desde dentro de donde surge la maldad[131].

4.2.2 Discurso cristiano y orden social

Surgidos en las condiciones más apremiantes, el cristianismo, el judaísmo y otros discursos de sentido se abrieron paso en un entorno adverso; emergen como *otros*, atenuando los castigos y las prohibiciones de las normas, y subrayando los vínculos comunitarios rotos por éstas. Ante la amenaza exterior, el discurso se sitúa en la cohesión social, la pertenencia y la satisfacción recíproca de necesidades. Une al *otro* —que siempre es plural— frente al enfrentamiento con el orden, el *yo*, de tenden-

---

imagen y la inscripción? Ellos le dijeron: De César. Respondiendo Jesús, les dijo: Dad a César lo que es de César, y a Dios lo que es de Dios. Y se maravillaron de él.» Marcos 12:13-17 (RV1960)

129 «Preguntado por los fariseos, cuándo había de venir el reino de Dios, les respondió y dijo: El reino de Dios no vendrá con advertencia, ni dirán: Helo aquí, o helo allí; porque he aquí el reino de Dios está entre vosotros» Lucas 17:20-21 (RV1960)

130 «Y Jesús les dijo: Por vuestra incredulidad; porque de cierto os digo, que si tuviereis fe como un grano de mostaza, diréis a este monte: Pásate de aquí allá, y se pasará; y nada os será imposible» Mateo 17:20 (RVG)

131 «Porque de dentro, del corazón de los hombres, salen las intenciones malas: fornicaciones, robos, asesinatos, adulterios, avaricias, maldades, fraude, libertinaje, envidia, injuria, insolencia, insensatez. Todas estas perversidades salen de dentro y contaminan al hombre.» Marcos 7:21-23 (BJ3)

cia unitaria. El esquema general indica que los discursos de sentido surgen desde el *otro* excluido; por esta razón, les interesa denunciar al mundo como injusto y, por lo general, buscan igualar las condiciones sociales. Por ejemplo, entre los primeros cristianos se abogaba por la propiedad común de los bienes, y estaba generalizado el desprecio por lo material y la oposición a ese reino[132].

En la siguiente generación, al constatar que el fin del mundo no llegaba, se consolidó una casta sacerdotal excluida de la jerarquía judía, donde la propiedad común y la separación de la raíz hebrea respondían a los intereses de los líderes, beneficiándose también de la incorporación de prosélitos que incrementaban la riqueza común. La igualdad social favorecía a dicha casta, por lo que es razonable pensar que aún constituía su prioridad. Sin embargo, conforme el cristianismo fue adquiriendo poder institucional y se convirtió en la religión oficial del Imperio romano, el clero pasó a preocuparse más por justificar sus privilegios. Así, fue desplazando la retórica centrada en el bien común —la igualdad social— por otra enfocada en la dimensión individual, la moral sexual y el celibato como justificación de su posición hegemónica y forma de evitar pérdida de bienes. El cristianismo atravesó así un proceso de tránsito desde la visión del *otro* —donde el mundo es injusto y opuesto al *deber ser*— a la visión del *yo*, donde las normas justifican el orden.

Antes de que el cristianismo se asentara en el poder del Imperio romano —y estamos hablando de tres siglos de desarrollo— convivieron las interpretaciones más heterodoxas del mensaje cristiano. Desde aquellas con las que ya estamos familiarizados, hasta otras que exaltaban a Judas por haber liberado a Jesús del mundo material. Algunas señalaban que el Mesías había resucitado y permanecido entre sus discípulos durante 10, 40 o incluso más de 500 días, o que, en realidad, otro fue crucificado en su lugar. Además, grupos gnósticos que se adhirieron al cristianismo subvirtieron la imagen del Dios del Antiguo Testamento, presentándolo como una deidad sanguinaria y malvada, responsable del origen del mal. También hubo quienes exaltaron la figura de María Magdalena o retrataron al niño Jesús como peligrosamente travieso, dado su estatus de hijo de Dios. Todo ello revela que el discurso de sentido atravesaba una etapa de fecundación, donde proliferaban múltiples interpretaciones que ponían a prueba su capacidad para crear comunidades funcionales en el devenir del mundo. Es de suponer que el criterio para ordenar y describir los acontecimientos

---

132 De acuerdo con la tradición evangélica, la casi totalidad de las personas que participaron de la creación del cristianismo y que aparecen representados en el Nuevo Testamento, sufrieron la muerte por martirio, con la notable excepción de Juan, el autor de Apocalipsis: «En el ulterior cristianismo culto vemos que aquel germen ascético floreció plenamente en los escritos de los santos y místicos cristianos. Estos predican, junto al amor puro y la total resignación, la absoluta pobreza voluntaria, la serenidad verdadera, la completa indiferencia hacia todas las cosas mundanas, la muerte de la propia voluntad y el renacimiento en Dios, el total olvido de la propia persona y el abandono en la intuición de Dios» Schopenhauer, *El Mundo Como Voluntad y Representación I*, 1:457.

fundacionales del relato no fue la indagación histórica de los hechos acaecidos, sino la relación del discurso con la forma de construir normas y vínculos comunitarios entre los creyentes.

En el tránsito hacia la unificación del orden y el poder, se sedimentó, dentro del contexto apocalíptico mesiánico, la versión más conservadora y adecuada para ser convertida en institución. Algo similar ocurrió con el relato dominante sobre los acontecimientos mismos que dieron origen a la religión. Triunfó la narrativa de los cuatro evangelios, los cuales pasaron por el filtro de su capacidad para dar sentido a las normas y construir comunidades viables. Así, se pasó de la multiplicidad a la hegemonía monolítica del poder; del discurso del *otro* —que es plural y tiende a la resistencia— al discurso del *yo* patriarcal —que es uno, tiende al dominio y a defender el orden—. Más allá de su discurso, el cual puede ir cambiando, las iglesias, como instituciones, tienden a aliarse con el poder político y económico con el que se relacionan, de manera que se les permita prosperar, aunque esto implique alejarse de las enseñanzas fundamentales que les dieron origen. En particular, el cristianismo ha atravesado este proceso, pero conserva viva una matriz crítica del mundo, propia del discurso de los excluidos, es decir, del *otro* social. Sin embargo, como institución, ha buscado interpretar la doctrina de formas que le permitan convivir con los poderes del orden social. Solo de esta manera se explica, por ejemplo, la aprobación y el apoyo de la Iglesia católica a las dictaduras latinoamericanas del siglo XX, las cuales aplastaban los intereses populares y la igualdad social, mientras la Iglesia se centraba en condenar a los homosexuales, ateos y otros temas relacionados con la moral individual.

La alianza del cristianismo con el poder romano y el triunfo de la cosmovisión del mundo justo le han planteado diversos cuestionamientos. Por ejemplo, tras la caída del imperio romano por la invasión bárbara de Alarico en el 410, el cristiano asentado en la lógica de la retribución inmanente comenzó a poner en duda su fe. Dentro de las propias comunidades cristianas surgió una pregunta, enmarcada en el modelo optimista del mundo: ¿por qué se castigaba de esa manera a los creyentes en Cristo? ¿Acaso Dios no podía evitarlo? Es en ese contexto que Agustín de Hipona escribe *La ciudad de Dios*, donde habla de dos ciudades: la del mundo, azotada por los bárbaros, y la de Dios, incólume a cualquier ataque, siempre que la comunidad de creyentes se mantuviera fiel a la doctrina. Hay un mundo justo, propio del orden divino en la realidad que no se ve, y hay un mundo social material, dominado por la maldad. El cristianismo implica un paso al fuero interno como el espacio donde sí se puede cumplir la voluntad de Dios, aunque todo lo exterior te condene. A partir de este espacio, se funda una nueva comunidad, lo cual prefigura la modernidad. La interpretación agustiniana se erige como la doctrina del catolicismo e integra, de alguna manera, las dos posturas sobre el orden material. Le da una connotación de que el mundo social es malo. De ahí que Schopenhauer considerara al catolicismo como pesimista en su interpretación de la realidad material, ya que establece que el orden social mundano está marcado por la injusticia y la maldad.

Por otro lado, su crítica del mundo y el exaltamiento de los rechazados le han valido al cristianismo muchas descalificaciones. En el mismo momento histórico que da pie a las reflexiones agustinianas —en el que decae el poder romano en Occidente— se culpó a la llegada de la fe cristiana de la decadencia y posterior disolución del imperio. Se afirmó que el tipo de religiosidad que suscitaba estaba alejado de los dioses romanos —más belicosos— y que su crítica al orden del mundo fue en detrimento de la fuerza de sus instituciones. Ya en la modernidad, también se cuestionó la crítica al orden social por parte del cristianismo: autores como Friedrich Nietzsche vieron en la influencia judeocristiana sobre la ética una transmutación de los valores —donde hay un tránsito del dominio de la moral de la fuerza, el señorío y la voluntad de poder, hacia un sistema ético de esclavos que ven con rencor al mundo—, un rebaño que tiene coartada la libertad individual, religión propia de los débiles[133].

En su esencia, el impacto del cristianismo sobre el orden social estriba en que conjura las energías del *yo* para que se integre con un *otro* —unión donde caben fuerzas cada vez más opuestas y abarcadoras—, hacia un *yo* nuevo que se actualiza incesantemente. Es un discurso de sentido que reconfigura, de forma constante, el *empate de fuerzas* entre la afirmación del *yo* y la negación del *otro*, hacia una correlación nueva. Donde emerge una síntesis desconocida, con el poder para que el *yo* abandone sus certezas y dé un paso al vacío, enfrentando las tribulaciones del mundo material. Hay una síntesis continua de energías, en la cual se favorece que se diluyan las *partes* del orden social. En términos simbólicos, el cambio y la integración constante del *yo* y el *otro* —hacia nuevos enfrentamientos— se significa en la alegoría de traer el fuego; por ello dice Jesús en Lucas: «Vine a echar fuego sobre la tierra, y ¡cómo me gustaría que ya estuviera ardiendo!» 12:49 (RV2020)

El patrón de reconfiguración y síntesis de fuerzas —más que la reproducción y repetición de las oposiciones— es el modelo con el que la doctrina cristiana organiza la dinámica de las energías sobre las que opera. Esto se aplica tanto a las visiones del mundo e ideologías que la integran como a las fuerzas sociales que se rigen por

---

133 «La fe cristiana es, desde el principio, sacrificio: sacrificio de toda libertad, de todo orgullo, de toda autocerteza del espíritu; a la vez, sometimiento y escarnio de sí mismo, mutilación de sí mismo» Nietzsche, *Más allá del bien y del mal,* 72-73. «Al cristianismo no se le debe engalanar: él ha hecho una guerra a muerte a ese tipo superior de hombre, él ha proscrito todos los instintos fundamentales de este tipo, él ha extraído de esos instintos, por destilación, el mal, el hombre malvado —el hombre fuerte considerado como hombre típicamente reprobable [...] El cristianismo ha tomado partido por todo lo débil, bajo, malogrado, ha hecho un ideal de la contradicción a los instintos de conservación de la vida fuerte; ha corrompido la razón, incluso de las naturalezas dotadas de máxima fortaleza espiritual, al enseñar a sentir como pecaminosos, como descarriados, como tentaciones, los valores supremos de la espiritualidad» Nietzsche, *El Anticristo,* 29-30.

su visión, lo cual acelera los enfrentamientos, pero enfatiza la recuperación de las *partes* que chocan, no la anulación de una sobre otra. Hacia dentro de su estructura axiológica —en la tensión entre las normas y la lectura personal de la vida, escenificada en las leyes mosaicas y el movimiento profético—, el cristianismo busca la integración de las *partes* hacia formas nuevas: «La ley y los profetas llegaron hasta Juan. Desde entonces el reino de Dios es proclamado, y cada uno entra en él con violencia. Pero es más fácil que el cielo y la tierra desaparezcan, que caiga un trazo de letra de la ley» Lucas 16:16 (BTX3). Estos versículos nos hablan de la violencia por el *choque de fuerzas*, donde, al empatarse la energía, se abre un espacio de transformación en el que hay una reconfiguración propia del tiempo mesiánico —necesaria para el amanecer de lo nuevo—. En ese escenario, las fuerzas se encuentran vivas, recuperadas en la síntesis; de ahí ese énfasis en mantener la ley: «Les digo la verdad, hasta que desaparezcan el cielo y la tierra, no desaparecerá ni el más mínimo detalle de la ley de Dios hasta que su propósito se cumpla» Mateo 5:18 (NTV).

Conforme las energías que pone en movimiento el cristianismo se desarrollan, devienen en una doctrina con una forma nueva de organizar la comunidad, materializada en la teología paulina. En ese proceso —en el nivel doctrinal— constatamos la recuperación de la afirmación y su negación en la síntesis: la tesis es la ley del discurso del *yo*; la antítesis, el movimiento profético que llega hasta Juan el Bautista; y la síntesis, el cristianismo de Pablo. Pero también —en el nivel del orden social— el *yo* es el judío observante de la ley, el *otro* es el despreciado por no obedecerla ni estar bajo ella —el pecador y el gentil—, y la síntesis es el reino de la comunidad de la Iglesia universal. Esta visión naciente tiene como figura central al Mesías, quien da cumplimiento y respeta la ley mosaica, uniéndola con la visión profética del vínculo con Dios: al ser despreciado por el mundo, sintetiza en una nueva afirmación al *yo* sin dejar de ser el *otro*. Movimiento sincrónico al mensaje de integración y vocación universal de la doctrina —abierta no solo al judío, sino también a su *otro*: el gentil—, hermanándolos en una comunidad. Así se describe en la carta a los Romanos:

Porque en base a la observancia de la Ley no será justificado ningún mortal ante Dios. El fruto de la Ley es otro: nos hace conscientes del pecado. Ahora se nos ha revelado cómo Dios nos reordena y hace justos sin hablar de la Ley, pero ya lo daban a entender la Ley y los profetas. Mediante la fe según Jesucristo Dios reordena y hace justos a todos los que llegan a la fe. No hay distinción de personas, pues todos pecaron y están faltos de la gloria de Dios. Pero todos son reformados y hechos justos gratuitamente y por pura bondad, mediante la redención realizada en Cristo Jesús. 3:20-24 (BL95)

También leemos en Juan: «Pues la ley por medio de Moisés fue dada, pero la gracia y la verdad vinieron por medio de Jesucristo» Juan 1:17 (RVR60). La ley se recupera para aceptar los límites y reconocerse en estado de carencia —lo cual acerca al creyente con la divinidad, trascendiendo esa norma—: «Porque el pecado ya no tendrá dominio sobre vosotros, pues no estáis bajo la ley, sino bajo la gracia» Romanos 6:14 (RV2020). Así se abre la comunidad al *otro* que no respeta o no conoce la ley: el gentil[134]: «Así que no importa si son judíos o no lo son, si son esclavos o libres, o si son hombres o mujeres. Si están unidos a Jesucristo, todos son iguales» Gálatas 3:28 (TLA).

La síntesis es entonces doble: se integran el *yo* y el *otro* en dos dimensiones que corren simultáneamente —la ley y los profetas en una doctrina, y el judío y el gentil en una comunidad religiosa—. Proceso que se describe en el siguiente versículo de Mateo: «Así que, todo lo que quieran que la gente haga con ustedes, eso mismo hagan ustedes con ellos, porque en esto se resumen la ley y los profetas» 7:12 (RVC). La unión y acción recíproca entre el judío y el gentil es también la consumación y síntesis de la ley mosaica y el movimiento profético. En ese tenor, el cristianismo trasciende la afirmación de las leyes judías —a partir de retomar la visión del *otro*—; significa el equilibrio entre la visión del *ser* y del *deber ser*, aun si son tremendamente antagónicas, lo cual amplía su alcance. Integra al Dios que se presenta con la fórmula: «yo soy el que soy», es decir, el *ser*, el presente, con la otra acepción de su nombre: «yo seré el que seré», el *deber ser*, el futuro[135].

Al fin y al cabo, la visión cristiana es una integración de miradas, por lo que el antagonismo social no se resuelve por la visión de una de las *partes*, sino en la del *todo* del relato religioso. Esta configuración particular de la proximidad del fin del mundo —que, en las sociedades donde predomina, consideramos como la forma común y natural de la religión— es totalmente excepcional en ella. Abre el camino para que el individuo reconfigure las categorías que le da el discurso, cambiando la estructura que las posibilitó —todo esto con la sanción de ese mismo relato—. Por ello, para construir esta narrativa de sentido se puede partir siendo el desposeído o el privile-

---

134 «Porque así nos ha mandado el Señor, diciendo: Te he puesto por luz de los gentiles, Para que seas por salvación hasta lo último de la tierra. Y los gentiles oyendo esto, se regocijaban y glorificaban la palabra del Señor; y creyeron todos los que estaban ordenados para vida eterna.» «Y los creyentes de la circuncisión, que habían venido con Pedro, estaban asombrados de que también sobre los gentiles se derramase el don del Espíritu Santo.» «Y cuando Silas y Timoteo vinieron de Macedonia, Pablo, constreñido en espíritu, testificaba a los judíos que Jesús era el Cristo. Mas oponiéndose y blasfemando ellos, sacudiéndose él sus ropas, les dijo: Vuestra sangre sea sobre vuestra cabeza; yo limpio estoy; desde ahora me iré a los gentiles» «Os sea, pues, notorio, que a los gentiles es enviada esta salvación de Dios; y ellos oirán.» Hechos 13:47-48, 10:45, 18:5-6, 28:28 (RV2004)

135 El nombre que Dios da a Moisés en Éxodo 3:14: «"Yo Soy el que Soy" (אֶהְיֶה אֲשֶׁר אֶהְיֶה, 'ehyeh 'ăšer 'ehyeh en hebreo), es uno de los textos más fascinantes y debatidos de la Biblia. Aunque a menudo se traduce como "Yo Soy el que Soy", el significado exacto del hebreo original es difícil de determinar y ha sido objeto de mucha interpretación. El término "אֶהְיֶה" ('ehyeh) es la primera persona singular del verbo "ser" en hebreo en tiempo futuro, por lo que "אֶהְיֶה אֲשֶׁר אֶהְיֶה" podría interpretarse literalmente como "Seré el que Seré" » Biblia Work, «*Interpretación detallada de "Yo Soy el que Soy" en hebreo* (אֶהְיֶה אֲשֶׁר אֶהְיֶה, 'ehyeh 'ăšer 'ehyeh)».

giado en el mundo, trascendiendo y utilizando la fuerza del discurso desde cualquier punto del orden social.

Ese desenvolvimiento, en el que se puede rastrear el desarrollo de las creencias de la modernidad, está acompasado por una tendencia —por parte de lo religioso— a trasladarse hacia la dimensión individual. Desde luego, no es una dirección inexorable o inconmovible: puede haber fluctuaciones en cualquier sentido, pero, dado el estado actual de cosas, se puede ver que el curso de los acontecimientos implica el movimiento del *todo* en dirección hacia el fuero interno.

Capítulo 5
Discurso moderno y ciencia

Un avance definitivo del discurso de sentido hacia el fuero interno se da muchos siglos después de la semilla cristiana, en el nacimiento de la modernidad. El discurso religioso —en un proceso similar al que enfrentó el monoteísmo hebreo— tuvo su «cautiverio babilónico» cuando la ciencia moderna estableció leyes que desvelaban el desenvolvimiento del mundo natural; se le quitó el poder de las manos y pasó a ser discurso del *otro*. En ese escenario, para explicar lo que sucedía en el mundo físico, dejó de ser necesario recurrir a una voluntad trascendente que respondiera a nuestros actos. Todo lo anterior conduce a encumbrar a la conciencia individual, generalizando las relaciones sociales que ya no obedecen las normas religiosas. Entonces, la Iglesia también se aboca al fuero interno y al más allá. Su movimiento hacia lo individual —en la modernidad occidental— tiene que ver con que dejó de ser efectiva para mediar en las relaciones sociales de clase, pues se alió completamente al poder político y económico en su pacto con la nobleza del Antiguo Régimen. Dejando de interesarse en cuestionar el orden social, tendencia que continuó, por ejemplo, en su alianza con los intereses burgueses en el contexto de la influencia comunista.

Cuando el ser humano había cobrado un papel para dirigir el destino de los pueblos, esto se daba en su calidad de representante y encarnación de una voluntad divina. La indagación del sentido que tiene la existencia —sin una verdad predeterminada— ha sido perseguida y condenada desde que la filosofía antigua hizo su aparición, y es apenas en los albores de la modernidad cuando se vuelve algo aceptable socialmente, o incluso un ideal. El discurso cristiano madura en el Estado laico moderno, que se disocia —no tanto del fuero interno— sino de una subjetividad particular prescriptiva, de una sola visión que exija aplicarse a lo material, pues ese escenario deja de ser primordial en la lucha del creyente por conocer la voluntad de la deidad. Esto se debe a que la sociedad empieza a observar su propio desenvolvimiento y no solo actúa conforme a la interpretación religiosa de las leyes naturales del devenir social. En otras palabras, el espejo que significa el discurso de sentido deja de ser normativo y de presentarse como inexorable, insondable, etc. El espejo que nos permite vernos se disocia de las instituciones terrenales, de manera que, *stricto sensu*, estas no son ni buenas ni malas. Se va abriendo el espacio para la idea de que el discurso mismo es, por un lado, una construcción humana y, por otro, que crea y cambia la sociedad en la que vivimos, acelerando exponencialmente el cambio social.

152 Esto es, propiamente, lo que significa que, como nunca antes, nos observamos en nuestra relación con el espejo en el que contemplamos nuestra existencia. Conforme la conciencia se desarrolla, es capaz de abarcar su *totalidad* —es decir, de verse a sí misma—, pero este proceso no es completo e intenta, una y otra vez, integrarse incluyendo las formas previas de autoconciencia. La autoobservación que posibilita la emergencia de la Ilustración no se da de manera aislada de la forma en que la sociedad se reconfigura, y la modernidad no se puede entender sin la emergencia de la burguesía que —aunque fuera solo por su mera novedad— reivindica aquello del *deber ser* social que había sido dejado de lado por quienes tenían el poder. En Occidente, ante el pacto entre el clero y la nobleza —que anuló el papel de mediador de la religión—, la narrativa de la razón moderna le arrebató el discurso de sentido a las instituciones cristianas. El maridaje entre la casta sacerdotal y el grupo político de la nobleza guerrera dejó por fuera al tercer Estado: los productores que cargaban con el trabajo y la burguesía comerciante. Ante esta exclusión, los capitalistas —que se habían apoderado de buena parte del poder económico— se desembarazaron de atavismos que no les eran indispensables y abanderaron la apertura del pensamiento hacia nuevas formas de ser y de representar al ser humano. En Francia, la libertad, la igualdad y la fraternidad confrontaron al Antiguo Régimen en la primera revolución burguesa, quitándole el poder del Estado a la nobleza guerrera, aliada de los sacerdotes.

El entusiasmo y la apertura que dan origen a la modernidad están marcados en ciertos valores que abren una puerta que, por lo menos en un primer momento, deja salir todo lo que estaba encerrado en el anquilosado sistema aristocrático-clerical que aplastaba al pueblo. El ímpetu burgués retoma el reverso del discurso dominante, oponiéndose a él para anunciar una transformación a partir de todo lo que dejaba fuera la forma antigua de ver la realidad. El estado crítico del *empate de fuerzas* entre las clases libera engendros, destapa una caja de Pandora, como dice Gramsci: «La crisis consiste precisamente en el hecho de que lo viejo muere y lo nuevo no puede nacer: en ese interregno se verifican los fenómenos morbosos más variados»[136], dando paso a una serie de configuraciones que se prestan para construir un discurso nuevo. Este discurso se realiza tomando como base la razón de quien queda liberado para reflexionar sobre cómo *debe ser* la sociedad, sin las ataduras del que dominaba, hasta que unos intereses particulares tomen el control del *ser* social. Una vez asentado el poder de la clase burguesa, la libertad se vuelve una prerrogativa del

---

136 Gramsci, *Cuadernos de la cárcel*, 37.

grupo dominante —el *yo* de la sociedad— mientras se le arrebata al *otro*. En el caso de la modernidad, después de que el dominio social lo obtuvo el capitalista, su discurso del *yo*, al tener el poder social, se vuelve la visión correcta de la realidad.

La aparición del nuevo discurso está marcada por el lenguaje que le preexiste, por las luchas que debe venir a definir y por las clases sociales que las protagonizan. El proceso en el cual surge la modernidad nos revela claramente cómo el discurso de sentido, respetando sus funciones esenciales, puede tomar las formas más diversas. El ejercicio en el que se confrontan ideas y deviene en la renovación del discurso parte, no tanto de la anulación de una clase sobre otra, sino, al contrario, de un momento en que la ideología dominante empieza a decaer y se empata en poderío con otras visiones; es ese tránsito de igualdades lo que abre la posibilidad de la libre indagación en el discurso de sentido[137].

La base religiosa en la que se da la modernidad nos dice gran parte de cómo fue que se llevó a cabo ese reajuste. En el cristianismo, el estado de indeterminación e *igualamiento de fuerzas* tiende a ser la regla; por ello, recupera elementos de la cosmovisión del judaísmo que le da origen y al cual, en muchos sentidos, se opone. El mensaje de su doctrina es el de exaltar al excluido e igualarlo con el poderoso —pone al *otro* a la par del *yo* que encarna sus propias normas—. Esto se da para mantener la afirmación con la antítesis, dando el *sí* y el *no*, el *yo* y el *otro*, fomentando el *empate de fuerzas* y dando pie a una configuración nueva que integre a ambos. En el interregno entre el dominio de un discurso y otro —o ante una mera crisis— se ponen en entredicho los determinantes del pensamiento. Esto nos emancipa de la coerción inherente al discurso de sentido, de tal suerte que el criterio para elaborarlo deja de ser la autoridad o la tradición. Entonces, la narrativa puede tornarse hacia temas como el valor del ser humano, la capacidad de su razón para juzgar lo que está bien, el análisis de la situación de los sectores sociales marginales o la búsqueda de la igualdad. Todo ello apunta a la *totalidad* social y al interés general, recuperados por el *otro* que cuestiona al orden material y señala los límites del *yo* social, pues lo juzga por no lograr esos objetivos. En los trances de cambio y *empate de fuerzas*, el *otro* social recupera elementos característicos del momento de lucha —del discurso del *deber ser*— para oponerse a la dominación de la que es objeto. Busca integrar su propia pluralidad, ya que es la expresión contraria de las normas del orden.

En el escenario de la modernidad, la idea de dejar de lado —en el discurso de sentido— a un Dios creador, omnisciente, omnipresente y todopoderoso fue postulada

---

137 «Otto Bauer acuñó el concepto de "equilibrio de fuerzas de las clases", indudablemente una interesante idea para explicar desde un punto de vista marxista las emergentes democracias occidentales. Tanto Adler como Bauer decían que hay épocas en las que ninguna de las dos clases tiene fuerzas para dominar a la otra. En esas épocas no se puede realizar la democracia social, que es propia de las sociedades sin clases, pero el empate de fuerzas permite realizar la democracia política» Arnoletto, *Curso de teoría política*, 237.

como algo capaz de fundar una nueva época. Este desarrollo se enfrentaría a su contraparte religiosa —pues, aun muy cuestionada, ésta contaba con una influencia notable—. El pensamiento moderno racional, pretendiera o no desplazar a Dios del discurso de sentido, revolucionó particularmente la forma en la que entendemos y nos relacionamos con el mundo físico: con las cosas y fenómenos naturales objetivos que nos rodean. Las ciencias de la naturaleza cambiaron radicalmente la concepción de la realidad física y de las cosas no humanas, de tal manera que el método científico, integrando el empirismo y el racionalismo, pareció —en un momento dado— capaz de desterrar cualquier otro tipo de explicación del mundo.

Pero detengámonos en lo que es susceptible de ser objeto de estudio del método científico: en ese campo, tenemos elementos del mundo físico, los cuales son posibles de cuantificar y a los que se les pueden establecer relaciones de causalidad. A partir de sus procedimientos y abocada a esos temas, la potencia explicativa de la Ciencia descalifica las formas tradicionales de dar sentido a los fenómenos del medio. Se enseñorea de la explicación del entorno que nos circunda —por ejemplo, en los ciclos naturales o astronómicos, los vínculos que construimos con el mundo físico, las prácticas de producción de riqueza—; todo ello encuentra ahora una explicación certera dada por la Ciencia. También quedan mal paradas las formas tradicionales de abordar los aspectos biológicos de nuestra especie, como el funcionamiento del cuerpo humano o las enfermedades que nos aquejan.

Si retomamos la labor que desempeña el discurso religioso —la cual hemos concebido como una función de puente entre el orden sensible y los predicamentos donde tenemos que elegir—, vemos que, con la ciencia moderna, se asoma un cataclismo para él. Sobre todo, para una lógica religiosa que busca explicar el mundo a partir de un agente sobrenatural que conduce *todo*, pues se rompe un pilar que la sostiene, desencadenando una crisis para las iglesias en general. El entorno que nos circunda, ahora se puede explicar por la razón y parece no estar relacionado ni con nuestra voluntad ni con la de un observador que evalúa nuestros actos para expresarse en esa realidad física. Por lo tanto, tanto para quienes creen que la naturaleza premia o castiga, como para quienes la ven controlada por Dios o como espacio de las huestes demoníacas, el acicate y el látigo del mundo físico dejaron de ser efectivos para darle sentido a la vida del creyente moderno.

El desencanto del orden natural puso contra las cuerdas a la noción misma de un discurso que vincula la ética con la realidad física. Sin embargo, si regresamos a lo que explica la Ciencia, observamos que su avance exponencial e innegable se da, fundamentalmente, en las disciplinas que se abocan al estudio del orden de la naturaleza. Pero ese escenario de cosas inermes dejó de ser el motor principal de la conducta humana. Por el contrario, el espacio de las relaciones sociales se erige como la prioridad dentro de lo que nos vincula con el *todo* exterior. Nuestros miedos, goces, satisfacciones y penurias responden primordialmente al lugar que cada persona ocupa en la realidad social, además de que nuestro vínculo con el orden natural y físico se encuentra mediado por el rol que jugamos en la sociedad. Lo mismo sucede con la religión: recordemos que lo divino siempre se traslada hacia lo que no comprendemos y nos confronta.

La parte natural del mundo fenoménico adquiere un sentido racional a partir de la ciencia moderna, que parece incontrastable. Pero encuentra sus límites dentro de lo objetivo: aquello que no cambia dependiendo de las interpretaciones que hagamos de él y en lo que podemos llegar a consensos sobre su significado. Por otro lado, la rama de las ciencias que sí se dedica a estudiar aspectos humanos —aquello que nos define, que establece un sentido a las cosas o intenta explicar las relaciones entre grupos e individuos, ocupándose del porqué deberíamos actuar de una forma o de otra, en la ética— ha vivido un avance más bien discreto. Autores de la antigüedad todavía tienen mucho que decir respecto a las humanidades, mientras que sus opiniones sobre los fenómenos naturales resultan completamente superadas —y a veces ridículas—. Por más que se ha intentado importar el método de las ciencias naturales a las del ser humano, ha resultado un proceso muy poco satisfactorio; basta acercarnos a las pretendidamente rigurosas disciplinas sociales que imitan a las ciencias naturales para comprobar que llevan aletas para escalar una montaña.

En las sociedades modernas, la Ciencia se ha enseñoreado del campo que explica los eventos del mundo natural[138], mientras que al discurso religioso se le relegó a dar sentido al orden social —siendo la parte de nuestra vida que rige las relaciones y normas sociales la fundamental dentro de nuestro orden fenoménico—. Con el paso del tiempo, ante la crisis en Occidente del discurso religioso —dado su desvelado fracaso para explicar el mundo físico—, se le ha descalificado, también, para dar cuenta del social. Su base material e institucional, en las iglesias cristianas, se identificó completamente con una de las *partes* en pugna —la nobleza guerrera— dejando de servir como espejo que permitiera ver las asimetrías sociales, y en su lugar, las justificaba por su interpretación de la ética cristiana. Sus anquilosadas instituciones mantenían un criterio de interpretación basado en dogmas y en la tradición como fuente de conocimiento, acorde con el opresor.

En el Occidente moderno, no solamente dejó de necesitarse la explicación religiosa de la naturaleza, sino que ésta se volvió un estorbo para nuestro entendimiento del mundo. Si bien ni la Ciencia ni ningún sistema filosófico han hegemonizado las explicaciones del orden social, en la mentalidad dominante, la visión religiosa se contrajo tremendamente ante lo económico y lo político —que, en su pugna atávica, querían

---

138 «Salida de la religión, la ciencia tiende a sustituir a esta última en todo lo que concierne a las funciones cognoscitivas e intelectuales. Ya el cristianismo ha consagrado definitivamente esta sustitución en el orden de los fenómenos materiales» Durkheim, *Las formas elementales de la vida religiosa*, 654.

también el papel de árbitros de sus conflictos sociales—. Ambos buscaban deshacerse del espejo que nos muestra al *otro*, para estar en libertad de destruirlo. Al fallar el orden divino en relacionar las normas sociales con el desenvolvimiento del mundo—especialmente del mundo natural—se resquebrajó toda la visión religiosa, y llegó un momento en que parecía herida de muerte—en todo caso, sin mucho que decir sobre nuestra realidad social—. Esto puede verse como un ejemplo de cómo la forma se confunde con el contenido—la *parte* por el *todo*—. Pues la cáscara institucional de la Iglesia y su interpretación particular del mensaje cristiano se confundieron con la esencia de lo que esta tradición tiene que decir respecto al orden social—y que, en realidad, no ha sido invalidado, en el plano de las relaciones intersubjetivas, por ningún sistema de creencias—.

El modelo religioso y su definición del ser humano han sufrido muchos ataques desde la racionalidad ilustrada. En ese sentido, es curioso que, sin grandes resultados, se pretenda que los desarrollos teóricos de la modernidad tengan la última palabra sobre lo social. Incluso el positivismo, adalid de las ciencias modernas y quien veía a la narrativa religiosa como una etapa a superar por la ciencia positiva, erigía a la sociología como el pilar de lo científico. Es decir, contemplaba que el discurso de la Ciencia supliría completamente a la religión en sus explicaciones sobre la sociedad—y, según Auguste Comte, la sociología se constituiría en la ciencia de las ciencias—. Un proyecto con modestos resultados, por no mencionar el papel de cierto cientificismo que, incorporando desde las ciencias naturales la teoría de la evolución de Darwin, pretendió justificar una visión nueva del orden social de tipo eugenésico—con expresiones tales como el nazismo—.

Al desencantarse el mundo de la naturaleza, la búsqueda de sentido se llevó por los más diversos caminos, desde una pluralidad de intereses sociales. Algunos, como en el Zaratustra de Nietzsche, llegaron a proclamar la muerte de Dios. Si lo real podía explicarse sin necesidad de un ser trascendente, cuya voluntad estuviera vinculada a nuestros actos, entonces el sentido de estos últimos había que buscarlo en otro sitio. La ciencia racional pronto se probó incapaz de brindar mucho auxilio para encontrar sentido a nuestros predicamentos—pues temas como el alma humana, la existencia del mal o el libre albedrío parecían inverosímiles de convertirse en su objeto de estudio—.

Precisamente donde termina la potestad de la ciencia moderna, empieza la encrucijada de la definición del ser humano, del para qué de su existencia y de un criterio ético para actuar en el mundo. Estas preguntas, al quedar abiertas, fueron pronto colonizadas por ideologías políticas y por los intereses de las clases dominantes en el orden social, preeminentemente desde las relaciones económicas. Es proverbial el privilegio de los valores materiales en la modernidad, donde el consumo, siendo fundamental en el capitalismo, se vuelve un valor, un bien en un esquema ético. El valor de cambio del dinero deja de ser un medio para satisfacer las necesidades humanas y se convierte en un fin en sí mismo—mientras el tener se impone sobre el *deber ser*, objetivando a las personas—. En ese contexto, Immanuel Kant completa su imperativo categórico: «Obra de tal modo que trates a la humanidad, tanto en tu persona como en la persona de cualquier otro, siempre al mismo tiempo como fin y nunca simplemente como medio»[139], expresión del reconocimiento del *otro*, propio de la raíz cristiana, y norma que se opone al desplazamiento ético que le tocó presenciar.

5.1 Religión y modernidad

En los albores de la modernidad, al desplazarse el discurso religioso en su papel ejecutivo, se le dejó en posibilidad de enfocarse, en cierta medida, en la narrativa de la hermandad universal—lo cual le permitía avanzar hacia la cooperación—. Sin embargo, seguía siendo usado por el discurso del *yo* para imponerse. El poder político, al mismo tiempo que colonizaba la narrativa de sentido que antes dominaba la religión, buscaba ser sancionado por las iglesias en la descalificación de su contrario—en particular la derecha en su rechazo de la izquierda—. Al encumbrarse la Ciencia, la política moderna también recurrió a ella: el nazismo buscó apoyo en el discurso pseudocientífico de la frenología o en el darwinismo social para crear categorías que justificaran su búsqueda de hegemonía y descalificaran a las del comunismo—burgueses y proletarios—. De la misma forma, el poder económico recurrió al respaldo de la religión: el esclavismo buscaba su justificación en la condena de Noé a Cam o en la marca de Caín, interpretada como el color de su piel—manteniendo un discurso de desprecio por el *otro*—.

Simultáneamente, la búsqueda de riqueza dejó de justificarse por el imperativo civilizatorio de llevar la fe a los lugares de extracción de materias primas—la economía se justificó a sí misma al convertir el tener material en criterio de valor para dar sentido a la vida—. Por el lado contrario, quienes cuestionaban el mundo y el dominio de una clase social sobre otra dejaron de verlo como algo decretado por un Dios—en realidad nunca sustentado en el cristianismo—, dando paso a explicaciones críticas. La ética del trabajo, muy aparejada al capitalismo a partir de la Reforma protestante, ganó espacio como una cosmovisión que veía el mundo material como terreno válido para los esfuerzos y la retribución del creyente. Mientras tanto, perdió fuerza la narrativa de un más allá como justificación verdadera, que veía al orden social y material como imperfecto y distorsionado, del que convenía liberarse. Así pues, en la época moderna cobra mayor relevancia, para el discurso religioso, su forma de explicar el orden social, comparada con lo que dice respecto al medio físico, pues las ciencias naturales dan cuenta efectiva de este último. Con todo, el orden social

---

139 Kant, *Fundamentación de la metafísica…*, 429.

deviene en lo material—el cual sigue siendo determinante en nuestro devenir como especie—, como resulta patente en la forma antagónica y depredadora del capitalismo para utilizar los recursos del medio y los riesgos que esto plantea.

158 En la lucha entre el *logos* y la fe, la modernidad encuentra sus límites para colonizar el discurso de sentido, y la religión mantiene su potestad en muchos ámbitos. Lo religioso aporta respuestas a nuestros predicamentos y, aun en un grupo familiar ateo, se tomarán sus referentes—pues están generalizados en la sociedad—. El mito judeocristiano de la creación o el de Caín y Abel están presentes en la psique colectiva, de manera que, incluso en hogares no creyentes, serán narrativas que ejerzan su efecto en la conformación de la estructura común de conceptos y escenarios. La forma en la cual se describe el origen del universo y del ser humano en la Ciencia carece de propósito; se formula en periodos temporales tan superlativos que resulta poco eficaz para encontrar, en su relato, un sentido a nuestra existencia—siendo, precisamente, eso lo que esperamos al formular la pregunta sobre nuestro origen—. El discurso científico tiene poco que aportar respecto a los conceptos que, históricamente, se han encontrado en nuestra cultura y psique para dar cuenta de la conciencia moral. Elementos no materiales que construyen el discurso de sentido—tales como alma, más allá, dioses, etc.—, entidades de existencia incierta, a las que atribuimos voluntad y que sirven para orientar nuestras conductas, siguen siendo las categorías a las que recurrimos para dar sentido a nuestra vida, y son, sin embargo, descartadas por la racionalidad moderna.

La Ciencia no puede dar sentido a la vida en esos términos. Lo que sí lo hace es aquello que nos permite relacionarnos con los demás—al dejarnos ver nuestro mundo interior: lo intersubjetivo—. El método científico se aboca a las cosas en cuanto son iguales para las personas: lo objetivo. El discurso religioso, por otro lado, aporta sentido a las decisiones que toman las personas, vinculándolas con la estructura de la sociedad y su devenir, que es lo que conforma la mente y cultura humanas. Es muy difícil que se sustituya a la religión en esa función. Ya se ha visto, repetidamente, cómo vuelve a emerger en entornos donde dominaron doctrinas que la desahuciaron por completo—positivismo, marxismo, psicoanálisis, fascismo, etc.—.

En especial, resulta muy improbable que la Ciencia tome el papel de la religión en el fuero interno, tal y como se ha afianzado históricamente. Pues las categorías que definen ese escenario son las que consolidó el relato de lo divino—y no se han modificado en la Edad de la Razón—. La forma en que el discurso religioso abordó a la persona fue a partir del más allá, del espíritu, del alma: categorías que caen muy lejos de lo social, lo objetivo y lo medible. Pues son, precisamente, conceptos que emergen para oponerse al mundo concreto y material. No solamente es gracias a la dimensión individual que surgen elementos como el juicio final, la reencarnación, el cielo o el infierno—sino que, en realidad, es por ella que la propia distinción entre mente y cuerpo, espíritu y materia, cobra una importancia crucial—.

El discurso de sentido pone la realidad en movimiento: nos ofrece un relato que nos dice quiénes somos en ella. Es una forma de resolver qué es la verdad y qué es la realidad, y para ello nombra el mundo—indicando cómo se vinculan las dinámicas del orden fenoménico con los nombres que les asigna—. Esto implica una lucha entre distintas maneras de decir lo que es verdad, diferentes criterios para describir la realidad y, en última instancia, la necesidad de que el discurso nos oriente ante las preguntas y decisiones apremiantes de la vida. En otras palabras, el relato debe dar sentido a las normas sociales: que lo bueno esté cargado por la forma en que se mueve el universo y que sitúe —a quien lo acepta— frente a categorías que lo vinculen con los demás y le indiquen qué hacer.

Las Iglesias cristianas, por razones interesadas, han tergiversado los fundamentos de su credo —provocando que este dejara de resonar en la comunidad de creyentes—, razón por la cual surgieron tendencias dentro de la modernidad que se apresuraron a desecharlas. En ese escenario de reconfiguración del discurso de sentido, el orden político deja de requerir justificación en el derecho divino y pasa a fundamentarse en la voluntad del colectivo como principio rector de la vida pública: la soberanía popular, que consagra la categoría de Estado nación por encima de la comunidad religiosa. En la política moderna imperan ideologías que exaltan al *yo* —y al *nosotros* de la comunidad frente a un *otro* a aniquilar—; una política orientada a defender los intereses del capitalismo, junto con su lógica de rechazo y explotación del *otro*: liberalismo y neoliberalismo. Como mera crítica, la descalificación del sentido religioso —muy extendida en el capitalismo— abre *de facto* la puerta a la imposición de otros valores: aquellos omnipresentes en este sistema económico y de antagonismo político con el *otro*. Este fue el sustituto que encontró la modernidad al rechazar la tradición cristiana como juez de nuestra relación con el *otro*[140] —una tradición asentada en Occidente durante dos milenios—.

Así pues, la modernidad significó un avance exponencial en el entendimiento del mundo físico; sin embargo, no ocurrió lo mismo con el mundo social, que sigue siendo un terreno de incertidumbre, impredecibilidad y potencial marginación y destrucción para personas y grupos. La comunidad ha sido colonizada por el individualismo competitivo, que nos proporciona respuestas sobre cómo vincularnos —respuestas moldeadas según los intereses de dominio de una clase—. Las sociedades actua-

---

140 El giro definitivo del discurso cristiano respecto al judío se da en el vínculo intersubjetivo con el *otro*: «Oísteis que fue dicho: Amarás a tu prójimo, y aborrecerás a tu enemigo. Pero yo os digo: Amad a vuestros enemigos, bendecid a los que os maldicen, haced bien a los que os aborrecen, y orad por los que os ultrajan y os persiguen; para que seáis hijos de vuestro Padre que está en los cielos, que hace salir su sol sobre malos y buenos, y que hace llover sobre justos e injustos. Porque si amáis a los que os aman, ¿qué recompensa tendréis? ¿No hacen también lo mismo los publicanos? Y si saludáis a vuestros hermanos solamente, ¿qué hacéis de más? ¿No hacen también así los gentiles?» Mateo 5:43-47 (RV1960)

les, pese a sus avances técnicos, siguen generando marginación y condiciones miserables en los vínculos que establecen entre personas. Continúan configurándose bajo esquemas de competencia, exclusión y violencia. Tal vez sea en estos tiempos cuando puedan resolverse los predicamentos del individuo, observándonos de una manera novedosa. Puede decirse que el discurso de sentido se ha desplazado hacia el escenario de la conciencia, colocándolo en oposición a la esfera social. Esta contraposición se acepta —explícita o implícitamente— al privilegiarse lo individual desde el propio discurso social.

Ante esa incertidumbre, necesitamos un discurso que nos oriente y nos permita avanzar en un entorno hostil. No existe una ley infalible para describir lo que ocurrirá en las sociedades; más bien, es el discurso de sentido con el que las construyamos el que determinará cómo nos relacionamos en ellas. Buscar objetividad en ese escenario implicaría, necesariamente, reconocer la subjetividad de todas las *partes*. Todo indica que —para acceder al criterio último con el cual formular un discurso de sentido que oriente nuestro actuar— poco puede aportarnos la defensa de intereses objetivizantes de competencia: ya sea para ampliar un *yo* en la economía o para justificar la aniquilación del *otro* en la política. Por el contrario, tendremos que recurrir a la ética: tan discutible, subjetiva e incomprobable como necesaria.

5.1.1 Discurso científico

En todas las épocas, el discurso de sentido que ha acompañado a la humanidad refleja la incertidumbre propia de su tiempo. Pretende brindarnos la información que nos falta para develar la verdad sobre el orden del mundo y ofrecernos un criterio que nos permita orientarnos ante la indeterminación con la que se nos presenta. La narrativa que plantea la modernidad —desarrollada en los medios intelectuales, en la academia y, en cierta medida, en todos los espacios de interacción— está marcada por la búsqueda de llenar el vacío dejado por su rechazo al discurso religioso. De modo que, incluso si no lo reconoce, al consolidarse socialmente termina por llenar la necesidad de dar respuesta a las preguntas que ya no aceptemos formular desde lo religioso.

El pensamiento moderno ha pretendido erigir a la Ciencia como árbitro sustituto de la Iglesia. Aunque su objeto de estudio no la autoriza para juzgar éticamente el mundo, su participación en el discurso social la acerca a esa función. Todo discurso es ético: cualquier afirmación nace de presupuestos que implican un posicionamiento frente al bien y al mal, así como frente a las categorías con las que se describe la realidad en su relación con ese par valorativo. Toda cosmovisión está cargada de valor. Su tarea consiste en establecer un posicionamiento frente al mundo —posicionamiento que atraviesa todas las actividades y aspectos del ser humano—. Si la Razón moderna —apoyada en la Ciencia o en cualquier otra teoría— se convierte en la visión dominante y rechaza la religión, inevitablemente se extraerán de sus propias afirmaciones las conclusiones necesarias para construir un sistema ético que la sustituya. Si una teoría no cuestiona las normas del orden social imperante, tácitamente las está validando. En ambos casos, importa poco que se presente como neutra en términos valorativos. Al insertarse en el juego del lenguaje y del discurso que la precede, ya ha tomado una posición. Por ello —y con ese propósito— toda narrativa se constituye, en primer lugar, como un discurso social.

La neutralidad ética de la Ciencia se ve limitada por la propia construcción del discurso moderno. Este, por un lado, se orienta hacia la búsqueda de la verdad —una tarea que la Ciencia, precisamente, intenta desarrollar—. Pero, por otro lado, el discurso contemporáneo —como toda narrativa— busca la verdad para responder a la cuestión de la voluntad humana. Da por hecho su existencia y se aboca a proporcionarnos elementos para enfrentarla. Desde luego, el relato que propone la Ciencia puede reconocer sus propios límites y abstenerse de ser prescriptivo en términos valorativos respecto a los conceptos y fenómenos que estudia. Puede abstenerse de dictar normas. Pero en tal caso, no debe ignorar que está sancionando, de forma implícita, la normatividad dominante. Pues el discurso se produce dentro de un contexto que le da sentido y en el cual se integra para orientarse hacia una dirección determinada. Es como un pasajero en un barco que ya navega: ocupa una posición y se desplaza hacia un destino. No tomar postura equivale a aceptar esa ruta. Además, resulta difícil —si no imposible— concebir una asepsia metodológica en las ciencias sociales. Aun en el caso de que fuera posible, cabría preguntarse si sería verdaderamente deseable. Las doctrinas están en constante devenir social y son interpretadas por quienes se sienten en posición de dar el paso que otros no se atrevieron a dar: conducirlas hacia el terreno de los predicamentos éticos.

De esa forma, no falta quien —desde el poder— se arroga el derecho a dictar normas basadas en aquello que, recubierto de objetividad, fue planteado por teóricos de la Ciencia. Las teorías son asimiladas por personas y colectivos que buscan respuestas determinadas. Quien las emite no puede abstraerse de ese contexto; más bien, debería asumir desde dónde se habla y quién es el que interpreta. Describir procesos sin permitir que una visión del mundo o una ideología colonicen el discurso es, desde luego, loable. Pero caer en el extremo de desconocer que la Ciencia —en particular la social— se ocupa de temas que inevitablemente tienen implicaciones en las cuestiones fundamentales que enfrenta el ser humano, es ignorar lo que implica el uso mismo de la lengua. Todo discurso parte de presupuestos que definen aspectos éticos. Al ingresar en el lenguaje, las teorías los aprueban o se oponen a ellos. Esto no significa que sea deseable que toda la Ciencia se vuelva activista ni que se subordine a cualquier doctrina. Más bien, necesita reconocer el devenir de los valores que, tácita o explícitamente, defiende. Es importante que el discurso científico mantenga su independencia frente a cualquier presión que lo desvíe de sus objetivos. Lo que aquí se quiere subrayar es la necesidad de que reconozca sus implicaciones en otras esferas.

No hace mucho tiempo, la pseudociencia de la frenología y el darwinismo social —bajo la fachada de la objetividad— justificaban el sometimiento e incluso la aniquilación de grupos humanos. El psicoanálisis nació con el presupuesto de que resolvía procesos objetivos desde la Ciencia. Sin embargo, pronto se constituyó en un *deber ser* para la sociedad, en forma de espejo invertido de la moral victoriana. Del mismo modo, el marxismo fue utilizado como pretexto para la opresión y la tiranía. Las ciencias sociales de corte funcionalista —surgidas como contrapeso al marxismo— adoptan una visión del mundo aparentemente inocua, que se limita a clasificar a las personas, asumiendo que su desenvolvimiento es natural. En general, dan por sentada la justicia del capitalismo liberal. Las preguntas que formula gran parte de la ciencia del ser humano suelen dejar de lado el cuestionamiento del orden social. Al dar por sentado que dicho orden escapa al alcance de la Ciencia, entendida como una forma objetiva de conocer el mundo, se le otorga legitimidad.

5.1.2 Modernidad y sentido religioso

Las figuras trascendentes contribuyen a imponer la noción de que la realidad contiene un sentido —una voluntad recíproca a la nuestra—, existente incluso si no la reconocemos mediante las estrategias explicativas de las que disponemos. Por otro lado, la Ciencia considera la subjetividad como un estorbo para la construcción de un conocimiento cierto de la realidad. La duda metódica de Descartes nos enseña que no podemos estar seguros y que, más bien, debemos sospechar constantemente de la correspondencia entre la experiencia consciente y el mundo. El objetivismo científico plantea que lo cierto es aquello observable, medible y cuantificable del objeto —es decir, lo que no depende de nuestros juicios de valor—, mientras que el materialismo otorga preeminencia a los procesos económicos y sociales. En general, el idealismo se sitúa en el extremo opuesto en cuanto a la importancia que se concede al mundo interior frente al exterior. Pero, a fin de cuentas, coincide con las escuelas antes mencionadas en la escisión fundamental entre el sujeto y el objeto.

Así pues, el giro copernicano de Kant enfatiza que el conocimiento no depende tanto de cómo es el objeto, sino que revela al sujeto y a sus instrumentos para conocer. Tanto es así que se afirma la imposibilidad de conocer las cosas mismas, de las cuales solo nos llega una versión distorsionada por nuestro mundo interno, mientras que la *cosa en sí* permanece inaccesible. Schopenhauer, con gran agudeza, interpreta que la *cosa en sí* es perfectamente cognoscible, identificándola con la voluntad —proceso sintetizado en la sentencia: «El mundo es el autoconocimiento de la voluntad»—. Sin embargo, resulta difícil —a partir de su pensamiento— avanzar hacia un esquema ético, ya que, para esa escuela, la voluntad es la simple vocación de ser de las cosas, característica de especies no humanas, plantas e incluso del agua o las piedras. Además, niega que exista la posibilidad de que las cosas sean de una manera o de otra, rechazando de forma taxativa el libre albedrío.

163

Por ello, su teoría no puede decirnos mucho respecto a cómo actuar, en términos de un *deber ser* al cual acceder a partir de la voluntad. La gran aportación que, en su momento, nos ofrece Schopenhauer es romper con la escisión entre el adentro y el afuera —una ruptura que habría que reivindicar—, ya que en nuestro mundo interno se encuentran los elementos para acceder a la racionalidad que rige lo externo. En concordancia con el budismo, no deberíamos partir de la idea de que son mundos ajenos. Es mucho más verosímil asumir que comparten un sustrato que los iguala y que las distorsiones con las que abordamos lo externo se deben a la sobrestimación —en el discurso de sentido— del sujeto que lo interpreta: el *yo*.

El problema del individualismo moderno consiste en equiparar los intereses particulares del *yo* —en un contexto antagónico como el de nuestras sociedades— con los intereses generales. En otras palabras, la distorsión consiste en confundir la *parte* —en pugna con un *otro*— con el *todo* social en el que ambas están integradas. De ahí surge el segundo imperativo categórico kantiano: «Obra sólo según aquella máxima por la cual puedas querer que al mismo tiempo se convierta en ley universal»[141], el cual busca precisamente que la *parte* actúe en armonía con el *todo* bajo un criterio. De igual forma, en la regla de oro —generalizada en los discursos religiosos— se subraya la necesidad de equilibrio entre el *yo* y el *otro*. Esta regla, conocida en su vertiente cristiana como «Amarás a tu prójimo como a ti mismo»[142] —y ya presente desde el Imperio Medio egipcio[143]—, enfatiza la reciprocidad con los demás. Así se evita que se sobrevalore al *yo* frente al *otro* y, en su lugar, se encumbra al observador, subordinando ambas voluntades a Él: «Amarás a Dios por sobre todas las cosas». De acuerdo con la matriz ética judeocristiana, no se trata simplemente de afirmar que la *parte* interna es igual al *todo* externo, ya que vivimos en sociedades donde la *parte yo* niega al *otro*.

Para dar cuenta de la *totalidad* externa y convivir con lo diferente, habría que avanzar hacia la eliminación del antagonismo social —precisamente a partir de un discurso que integre las fuerzas del *yo* y del *otro*—. Afirmar que el mundo y sus eventos tienen un sentido para nuestros actos y para nuestra experiencia consciente está en con-

---

141 Kant, *Fundamentación de la metafísica…*, 421.

142 Dice Jesús en el evangelio de Mateo 5:43 y 19:19, Marcos 12:31, y Lucas 10:27. Retomado del Levítico: «No te vengarás, ni guardarás rencor a los hijos de tu pueblo, sino amarás a tu prójimo como a ti mismo. Yo Jehová» 19:18 (RV1960) También lo afirma Pablo «Porque toda la ley en esta sola palabra se cumple: Amarás a tu prójimo como a ti mismo» Gálatas 5:14 (RV1960) y Romanos 13:9

143 En la egipcia «Historia del campesino elocuente», escrita entre el 2040 y 1640 A.C. Encontramos: «Eso que odias que se te haga, no lo hagas a otro» Conectrorium, *«Reciprocidad y regla de oro»*.

cordancia con la idea de que quien interpreta es parte de aquello que experimenta. Las normas que posibilitan nuestro *yo* son las mismas que la conciencia trata de explicar. Por ello, cuenta con acceso tanto al impacto que las cosas tienen en los demás como a la forma en que resuenan en su interior. La autoconciencia nos permite ver la realidad integrándonos en ella. El discurso que la posibilita nos brinda los conceptos para actuar en el mundo externo —conceptos que son los mismos que articulan nuestro fuero interno—.

5.1.3 Nihilismo y escepticismo

Una de las corrientes filosóficas más importantes desarrolladas en la modernidad es aquella que niega que la realidad o la existencia tengan algún sentido. Esta tradición es conocida como nihilismo. Se caracteriza por declararse incompetente para servir como puente entre nuestras decisiones y el mundo fenoménico. Establece que este último carece de una forma de sistematizarse de acuerdo con nuestra libertad o nuestro entendimiento. Afirma que el modo en que se desenvuelven las cosas del mundo no puede configurarse bajo un criterio que las relacione con la nuestra, o con cualquier otra voluntad.

Asimismo, ante el vacío dejado por el retraimiento de la visión teísta, emerge el escepticismo: una perspectiva que sostiene que no existe la verdad y que, de hecho, no es posible alcanzar un conocimiento cierto del mundo. Ambas posturas nos conducen a la imposibilidad de resolver los predicamentos vitales a partir de una visión que otorgue racionalidad a lo real —es decir, que brinde sentido a nuestra forma de decidir, en función de nuestro vínculo con el orden del mundo—. Sin embargo, dado que es autoconsciente, el ser humano se encuentra liberado del instinto. Pero esa misma liberación lo obliga a indagar en el sentido de sus actos. Necesita crear su propia interpretación del mundo en el cual se integra. Debe buscar un criterio que encauce sus instintos y dé salida sus tendencias, permitiéndole verse en la realidad, hacerla comprensible y justificar sus actos. Como dice Sartre: «estamos condenados a ser libres»[144].

Nos encontramos en una búsqueda perpetua de una verdad que nos diga cómo es el mundo, para así poder decidir en él. Si queremos saber a qué obedece el surgimiento del lenguaje y el discurso, no hay otra respuesta que esa indagación. Las comunidades humanas solo pueden surgir a partir de criterios y normas que posibilitan un orden intersubjetivo en nuestro interior —orden que, en última instancia, nos proporciona un sentido—. El discurso que afirma que la vida no tiene sentido no

---

144 «Estamos solos, sin excusas. Es lo que expresaré diciendo que el hombre está condenado a ser libre. Condenado porque no se ha creado a sí mismo, y sin embargo, por otro lado, libre, porque una vez arrojado al mundo es responsable de todo lo que hace.» Sartre. *El existencialismo es un humanismo.* 28.

constituye una excepción a la búsqueda de la verdad. De hecho, nos ahorra muchos de los problemas que presentan otros discursos —problemas como excepciones, contradicciones y limitaciones—. Negar la verdad conduce, en última instancia, a que este discurso rechace los demás discursos y convierta sus fallos en una regla. Este relato hace inteligible el mundo al decirnos que no existe un orden en él —lo cual, paradójicamente, le otorga un orden que lo vuelve predecible para nosotros—: nunca vamos a encontrarle un sentido, es aleatorio. Además, esta narrativa nos hará sentir satisfechos ante cada fallo de algún otro discurso. Y resolverá nuestros predicamentos de reproche o culpa al liberarnos de la responsabilidad en nuestros actos. Todo esto se ve favorecido por una dinámica propia de la modernidad, en la que se atribuye un halo de superioridad a quien descarta las visiones tradicionales —toda clase de creencias, credos y religiones—, revestido con la apariencia de que no va con el rebaño.

Si bien el nihilismo parte de un rechazo —y, por tanto, resulta más reactivo que afirmativo frente a la moral dominante—, conlleva, en última instancia, un *deber ser*: nos indica que no actuemos como si aceptáramos un discurso de sentido, pues tal discurso no lo es, ya que carece de verdad. En el mejor de los casos, quienes razonan de este modo encuentran un criterio ético en la interacción y, a pesar de todo, se adaptan a las normas sociales, aunque sea únicamente por mero convencionalismo. En ese caso, lo absurdo radica en incorporarse a un sistema social que asume y da por hecho un sentido para dictar las normas que regulan nuestra interacción. En el peor de los casos, esta forma de pensar abre la puerta a actividades hedonistas, antisociales o autodestructivas. Los planteamientos fundamentales de estas doctrinas resultan contradictorios respecto de las pretensiones que enarbolan para la sociedad. Si una persona —a partir de su búsqueda individual— no logra encontrar sentido a la vida, lo más lógico sería que redujera su existencia a una forma muy elemental o, incluso, que intentara acabar con ella. Desde luego, querer transmitir el mensaje de que no hay sentido a alguien más estaría descartado, pues ello implicaría una similitud de perspectivas con otras personas —lo cual ya conlleva un sentido, un conocimiento de otra subjetividad o una verdad que comunicar—, y supondría, además, un esfuerzo por realizar algo en un mundo cuyas normas y cuyo desarrollo carecen de sentido.

En todo caso, podría intentarse comunicar la experiencia personal mediante una formulación como la siguiente: «No le encuentro sentido a la existencia». Lo interesante es que, tan es así que se le encuentra sentido, que se elabora una afirmación prescriptiva, una norma para que sea seguida, del tipo: «La existencia no tiene sentido». Esta constituye, probablemente, la afirmación más ambiciosa para encontrarle sentido a la vida, y aquella que, con mayor vehemencia, sostiene que es posible comprender el mundo. Pues establece —*de facto*— que se conocen todas las formas posibles de existencia para todas las subjetividades y que, en todos los casos, esta vida carecerá de significado. Huelga decir que el discurso —y particularmente el de la modernidad— está atravesado completamente por la noción de verdad, de forma que toda afirmación lleva implícito que la posee y nos ayuda a que nuestros pensamientos se correspondan con los eventos del mundo.

Afirmar que el discurso da sentido a las cosas significa que las vincula dentro de un orden, por ejemplo, nuestros actos normados con los eventos que nos suceden. Cuando esa vinculación se establece de forma eficiente, puede decirse que el discurso cumple su función. La modernidad busca que dicho ejercicio implique una correspondencia entre afirmaciones y hechos: la teoría correspondentista de la verdad[145]. En general —y especialmente en la actualidad—, cuando alguien hace uso del lenguaje, lo hace con la pretensión de que aquello que comunica se corresponde con los eventos del mundo externo. Existe un círculo de acontecimientos categorizados, en el que hay una racionalidad que abarca actos y eventos, el adentro y el afuera. En el teísmo, también hay alguien que observa y tiene control sobre lo que sucede, y nos conectamos con su racionalidad al actuar conforme a lo que esta prescribe. Cuando, en la modernidad, el escepticismo rechaza el teísmo y niega el sentido de los actos, en realidad se constituye en esa Razón que dice cómo son las cosas, pues el discurso está buscando ocupar ese espacio explicativo.

Toda afirmación se halla, implícitamente, precedida por el aserto: «Esta es la verdad, este es el sentido de las cosas». Ese acuerdo tácito se cumple en la psique del ser humano, incluso si el lenguaje del discurso expresa que no existe ni sentido ni verdad. Igualmente, esa negación se convierte en una forma de ordenar el mundo, que nos señala qué esperar de las cosas, cómo actuar y cómo relacionarnos con ellas, aun cuando se abstenga de dictar prescripciones al respecto. En ese tenor, no se puede evitar señalar las aporías en las que se incurre al afirmar: «Existe la verdad de que no hay verdad» o «El sentido de las cosas es que no hay sentido», que es precisamente lo que caracteriza al discurso que niega tanto la verdad como el sentido. Se desconoce, así, de dónde surge una narrativa y qué preguntas responde. Si la afirmación sobre el mundo es que no lleva una dirección, que no existe una voluntad independiente de nosotros, etc., lo que emerge es, de alguna manera, una realidad caótica donde impera el azar. Este tipo de discurso es tremendamente ambicioso en su pretensión de explicar la realidad y, paradójicamente, sobrevalora nuestra capacidad para dar cuenta de las cosas que suceden, lo cual es, precisamente, lo que está negando. Al responder negativamente a la pregunta sobre la posibilidad de llegar a la verdad y el sentido, no se hace desaparecer dicha pregunta, sino que se la mantiene vigente en el azar. Cancelar la posibilidad de interacción y determinación entre el or-

---

145 Sistematizada desde Aristóteles, pero con base en Platón y Sócrates, se concibe la verdad como una formulación discursiva, ideológica y subjetiva que encuentra su confirmación en los hechos objetivos y materiales. De tal forma que pueda ser verificable empíricamente.

den del mundo y la forma en que lo representamos es asumir que, en todo momento y en todos los casos, opera un régimen azaroso.

Este proceso —que se expresa en el nihilismo y el escepticismo contemporáneos— hunde sus raíces en el afán de la modernidad por dar cuenta de los eventos objetivos, sin los sesgos de tradición, dogma o autoridad. En cuanto se intentó suprimir al sujeto y escindirlo del objeto, se generalizó la idea de que, para conocer los hechos objetivos, era necesario eliminar la experiencia subjetiva y su carga valorativa. Así, la escisión arbitraria que hacemos en el continuo de lo real para crear conceptos y decidir en el mundo se vuelve infranqueable, y dejamos de advertir que es nuestra propia construcción. Este desarrollo acentúa, poco a poco, las diferencias entre el adentro y el afuera, la *parte* y el *todo*, hasta que terminamos creyendo que pertenecen a naturalezas distintas. Sin embargo, para ver el *todo*, hay que renunciar al individualismo —no a la subjetividad—. Lo más plausible es esperar que se encontrará un sentido en la realidad externa, y no tendríamos por qué descartarlo, siempre que se exprese a partir del reconocimiento de los intereses del *otro* y de su racionalidad. Por ello, resulta a contracorriente rechazar el sentido en la vida. Tiene un dejo de absurdo precisamente porque nuestro entendimiento es limitado: no estamos en condiciones de afirmar algo tan ambicioso como descartar el sentido en todos los casos, lo cual implicaría una comprensión que no poseemos.

Haciendo un símil con el sentido que encontramos en las relaciones causales entre eventos, sería como si, dado que la Ciencia no ha podido encontrar un vínculo cierto entre la contaminación y el cáncer —sino apenas una correlación—, descartáramos absolutamente que dicha relación causal exista. Como resulta evidente, tal aseveración implicaría conocer todas las posibilidades de las relaciones causales entre ambos eventos. Para negar de manera taxativa la existencia del sentido —y no simplemente afirmar que no se le ha encontrado—, se requiere un conocimiento sobredimensionado. De hecho, descartar implica una certeza exagerada en el orden de las cosas: haber identificado una racionalidad tan clara en las relaciones de los eventos del mundo, haciéndolo tan predecible, ordenado y completamente abarcable por el entendimiento, como para eliminar toda posibilidad de que tenga un sentido. Así lo reconoce, refiriéndose al orden natural, Baruch Spinoza: «No se puede afirmar con derecho que existe desorden en la naturaleza, porque no hay nadie que conozca todas las causas de la naturaleza para poder juzgar de ello»[146]. En ese contexto, la idea de divinidad constituye una estrategia para evitar que el azar impere en la explicación de la psique humana sobre los eventos del mundo[147].

---

146 Citado en: REDACCIÓN, «La crisis de la utopía».

147 Se ha señalado desde diferentes perspectivas, que el azar no existe como regla sobre la realidad, más bien expresa el límite de nuestro entendimiento, por ejemplo, en la conocida afirmación de Einstein: «Dios no juega a los dados». Cfr. Baggott, «¿Qué quiso decir Einstein con "Dios no juega a los dados"?».

5.2 El discurso político moderno

Todo discurso que se ha arrogado la capacidad de explicar el mundo nos ofrece un criterio valorativo del bien y del mal, y esto es especialmente cierto para los relatos emanados de la modernidad, donde no se acepta que un ser todopoderoso nos dicte la regla para actuar correctamente. Ya sea que en su lugar se coloque el acceso a mercancías, la Razón, la práctica revolucionaria, el método científico, la defensa de la raza o la cultura, o incluso se afirme que no existe ningún criterio para dar sentido a nuestra existencia y actos. La función que desempeña el discurso de sentido — responder a nuestros cuestionamientos existenciales— ha sido perfeccionada por la religión desde que el ser humano adquirió las características que lo definen como tal. El discurso religioso constituye un espejo que permite la autoconciencia y nos brinda un criterio para orientar la acción en los puntos de incertidumbre de nuestra existencia. En particular, el cristianismo ha marcado a la civilización occidental durante dos milenios, permitiéndonos el acceso al escenario en el que interactuamos con el *otro* y posibilitando que podamos desenvolvernos en consecuencia. Nada de esto ha encontrado una vía unificada para realizarse; por el contrario, el criterio para actuar se ve antagonizado, por ejemplo, en el discurso político, que crea esferas independientes y en competencia.

Varios elementos se combinaron para dar pie al pensamiento ilustrado y abrieron la puerta a una reconfiguración completa de las sociedades: la crisis del discurso religioso, el encumbramiento del Estado burgués en detrimento del feudal, la retórica redentora de las ideologías políticas, el discurso del progreso y el desplazamiento de la religión como juez —es decir, el guerrero se impone como árbitro, en lugar del sacerdote, en la comunidad tripartita—. Además, los nuevos tiempos ilustrados anunciaban prosperidad: la confianza en la Ciencia y la técnica, la idea de que la comprensión y el dominio del mundo —aparejado al desarrollo de las ciencias naturales— garantizarían abundancia. Estos procesos condujeron a la confianza de las *parcialidades* políticas en haber alcanzado un entendimiento cabal de la sociedad, de modo que ya contaban con la fórmula que emanciparía a la humanidad y la llevaría a un estado de armonía y bienestar. Sin embargo, a diferencia de la religión, no existe un discurso que integre al *yo* y al *otro* de manera efectiva en el escenario de la política, pues el *empate de fuerzas* entre las *partes* se caracteriza por la voluntad de oponerse y anular al *otro*, propia de las sociedades antagónicas de competencia, en la medida en que la política es una herramienta de la casta guerrera para ejercer el poder.

En la modernidad, inicialmente se asumió que la búsqueda de la verdad defendida por la Ciencia —sumada a una visión racional, al acceso a la información y a los avances tecnológicos— dejaría atrás los dogmas de la tradición, alumbrando la llegada del progreso y el bienestar, producto de una ley objetiva. En el contexto de un Estado conducido racionalmente para el bienestar social, se esperaba dar un sentido más adecuado, completo y verdadero a la existencia humana que el que podía ofrecerle la religión. Como el discurso de sentido se hallaba prácticamente vacante, el de la Ciencia se expandió hacia áreas fuera de su competencia, siendo utilizado por el discurso político y económico —dos esferas que buscan desempeñar el papel de juez en la propia lucha que los enfrenta—. El campo de lo que explicaba la religión no fue necesariamente ocupado por la ética o por una filosofía libre de ataduras, sino colonizado por lo político y lo económico, que utilizaron lo científico, la afición deportiva o cualquier estrategia ideológica que sirviera para mantener las asimetrías sociales y económicas. Aun cuando sus campos de estudio no estaban abocados a responder las preguntas fundamentales que sí abordaba la religión —cuestionamientos que no han cambiado ni han sido efectivamente sustituidos—.

La importancia que adquiere la pluralidad en el espectro político moderno, frente a las distintas interpretaciones de los textos religiosos que marcaban los debates más vivos del Antiguo Régimen, evidencia el desplazamiento de la idea de Dios —como escenario primordial— a manos del Estado burgués. La imposibilidad de eliminar la postura contraria en el campo político, de modo que se pudiera organizar la sociedad a partir de una única explicación, favoreció el establecimiento de la democracia como sistema para dirimir y contrastar puntos de vista, así como para regular el acceso al ejercicio del poder. Pues la política surge de las preguntas sobre lo público, cuyas respuestas se configuran en un *empate de fuerzas*, creando tendencias sociales y partidos enfrentados. En este punto, no podemos sino reconocer la influencia del cristianismo en la ampliación del ámbito de lo político, en cuanto fomenta el *empate de fuerzas* en las dinámicas sociales —fortaleciendo al débil y debilitando al fuerte—, dando pie a un estado de indeterminación que favorece el ejercicio de la voluntad y la libre indagación de la realidad[148].

Al mismo tiempo, deja de lado una postura autoritaria basada en la dominación de una sola fuerza, abriendo el campo para que se defiendan los intereses de cada sector que forma parte del *todo* social. La modernidad deja en *igualdad de fuerzas*, e indefinidas para las personas, un espectro más amplio de decisiones políticas que el Antiguo Régimen. De modo que el movimiento ilustrado implica una ampliación de la política, en cuanto ensancha el *empate de fuerzas* entre los intereses de los distintos estamentos sociales. Con la escisión moderna entre lo político y lo sagrado viene un mayor reconocimiento de las diferentes maneras de interpretar el devenir del mundo: la religión deja de dominar y pasa a igualarse con otras instancias —como la Ciencia—, necesitando lo político para desempatarse, erigiéndose como juez el

---

148 «Incluso se ha llegado, con ayuda de una religión que ha estado a favor de los deseos más sublimes del animal de rebaño y los ha adulado, se ha llegado a que nosotros mismos encontremos una expresión cada vez más visible de esa moral en las instituciones políticas y sociales: el movimiento democrático constituye la herencia del movimiento cristiano» Nietzsche, *Más allá del bien y del mal*, § 202.

Estado burgués, el cual había desplazado al de la nobleza clerical. Así se permite la emergencia de la lucha, socialmente aceptada, entre facciones que representan distintas formas de interpretar lo real a través de partidos políticos. La separación de la Iglesia y el Estado —esto es, entre quien emite el discurso de sentido y quien toma decisiones sobre las relaciones de poder— cambia las características de la persona que participa en la comunidad política. El tránsito desde que una sola persona tomara decisiones sobre el devenir de la unidad social —por sanción de los dioses, el derecho divino— hasta considerar la voluntad soberana de la gente es propio de la modernidad.

La separación entre quienes tienen el discurso de sentido dominante y quienes deciden sobre el poder terrenal —al perder los nobles ante los burgueses— constituye un primer paso que trastoca lo político. Posteriormente, con la pérdida de la función del discurso religioso para dar sentido a las decisiones políticas —función que se universaliza en la fachada de la voluntad del pueblo—, la política se desembaraza de la religión y se apropia del criterio para actuar en el poder del Estado burgués. Poner al ser humano en el centro, como agente capaz de interpretar de maneras diversas su sociedad, constituye una desacralización de lo político. Reside en el individuo el fundamento del poder terrenal: la soberanía popular, que muchas veces termina siendo la expresión de quien detenta el poder económico —el cual, a su vez, coloniza lo político—. La política moderna se centra en el individuo, en consonancia con los intereses de los grandes poderes económicos, reacios a la organización y beneficiados por la división de las personas, empatadas en conflictos que no los cuestionan. En la unidad individual —la más pequeña— se asienta la capacidad de decidir el voto, y en esa medida, constituye la base que abarca la *totalidad* de las grandes organizaciones políticas.

En general, el espejo discursivo nos dice quiénes somos en relación con los demás. Pero, para poder vernos, debemos estar ligados al *otro* y recuperar su mirada; de lo contrario, se convierte en una lectura centrada en nuestros propios intereses y en cómo imponernos sobre los de los demás. Ese es el problema de hipostasiar el discurso político o económico de competencia, elevándolo al papel de juez de la sociedad. El alcance de una narrativa para permitirnos vernos a nosotros mismos está anclado a su capacidad para reconocer al *otro*. Si identificamos como *otros* únicamente a los miembros de nuestra familia, ese será el límite de nuestro campo de visión para la autoconciencia. Si el *otro* es alguien de nuestra comunidad nacional, con el mismo origen étnico, ese será el espacio en el que podremos evaluar nuestro desempeño como personas. Si anulamos al *otro* —como ocurre en la política— o lo explotamos —como sucede en el capitalismo—, la consecuencia no es únicamente su marginación, sino también un deterioro de nuestra autoconciencia y de nuestra intersubjetividad.

En ese contexto, el primer paso de un discurso político dictatorial —para justificar su abuso de poder sobre el débil y el diferente— es deshumanizarlo, impidiendo que se le reconozca como capaz de actuar bien, anulando la empatía y aprovechándose de su exclusión. Una constatación del poder de la deshumanización propia del discurso guerrero —que anula al *otro*— la encontramos, tristemente, en los testimonios de personas que han cometido crímenes de lesa humanidad. Quienes perpetraron las atrocidades del régimen nazi contra judíos, homosexuales y opositores relataban sus acciones como rutinarias. Aunque pasaban por alto normas que consideramos generalizadas, explicaban su comportamiento como obediencia debida y describían a sus víctimas como cosas.

La modernidad transformó la dinámica del discurso político, de modo que, cuando el orden social se ve amenazado, permite experimentar en un plazo más breve con nuevas formas de ejercicio del poder del Estado. Ello tiene como propósito sostener a quienes dominan en el capitalismo, razón por la cual la política liberal burguesa no cuestiona ese modo de producción y es capaz de integrar en su seno únicamente dos respuestas que mantengan dicho sistema, aceptando solo, en esa medida, pluralidades contrapuestas. Las preguntas que formula y resuelve el sistema político moderno dan por sentado que el capitalismo es natural y necesario. Por ello, para poder cuestionar el orden social, es necesario negar la propia pregunta que asume como justo al modelo económico. Necesitamos configurar la realidad de tal manera que su transformación resulte inaplazable y se exprese en los temas cruciales del devenir social, dejando de lado las preguntas distractoras que mantienen intacto al *statu quo* y protegen los intereses de quienes se benefician de él. Unir las *fuerzas empatadas* y trascenderlas mediante preguntas nuevas que reemplacen las relaciones de opresión.

5.2.1 Marxismo y nazismo

La condición perpetua de la modernidad es la búsqueda del sentido de la vida, ausente debido a su propia descalificación de la religión, encontrando inevitablemente algo con qué ocupar el espacio sobre qué es la verdad con la cual orientar nuestras decisiones. El criterio para decidir se encuentra con frecuencia en la economía —en el valor del dinero—, incluso en predicamentos ajenos a las relaciones de producción. Del mismo modo, la modernidad busca en la política respuestas para articular colectivos en pugna y constituir credos que den sentido al porqué de nuestra existencia, desplazando así a la religión. He ahí el porqué del ateísmo declarado de las ideologías modernas, como la comunista y la nazi, las cuales funcionan como verdaderos sistemas religiosos.

En la modernidad, desde la Revolución francesa, se consolida la mentalidad de la Ilustración: el triunfo de la Razón sobre el deísmo, perfilándose dos opciones contradictorias para dar cuenta de la realidad desde una base atea. Estas opciones toman partido por el *ser* —la derecha, como en el nazismo— o por el *deber ser* —la izquierda, como en el comunismo—, y aunque difieren profundamente, comparten la fe ilustrada en el progreso y en la posibilidad de transformar la sociedad mediante la voluntad de los pueblos, sin que el destino lo marque Dios. Estas posturas contrastadas se construyen en función de sus relaciones recíprocas, de sus experiencias en el ejercicio del poder y de su capacidad para articular a la sociedad. A principios del siglo XX europeo, se escenificó el choque entre estos dos modelos emanados de la Ilustración y forjados en ideas filosóficas modernas, donde el Estado nación se convierte en la fuente del ejercicio de la voluntad de la comunidad, liberada de seguir a un Dios para interpretar su realidad. En el caso del nazismo, se reivindica la fuerza del *ser* para conducirlo hacia los intereses de una comunidad étnica específica; en el del comunismo, se parte de una visión crítica del mundo con el propósito de desmantelar el sistema económico.

Ambos modelos inician con el discurso del *otro*, fomentando la unión del excluido y la liberación de la miseria traída por un mundo considerado perverso. Pero mientras el comunismo es el *otro* del capitalismo, el nazismo se configura como el *otro* del comunismo que, al encontrarse con el poder del Estado alemán, se convierte en el *yo* capitalista. Tan pronto como estas ideologías se encarnan en el *yo* del Estado, buscan la emancipación de su proyecto colectivo del yugo de la visión religiosa, anunciando la llegada del hombre nuevo del socialismo o del superhombre nietzscheano. Una vez encumbradas como *yo* colectivo —en cuanto guerreros—, se vuelven verdugos del *otro*: enemigos de clase y burgueses para los marxistas; judíos, financieros y comunistas para los nazis. Su discurso los lleva a ejercer el poder con base en el pensamiento único, ante la ausencia de un espejo mayor que permita reconocer y empatizar con el *otro*, quien pasa a representar el mal. Pues la política es herencia del guerrero, y en su lógica —sin el reflejo ideológico del árbitro— solo se busca aniquilar al *otro*, deshumanizándolo al considerar que no puede optar entre el bien y el mal, sino que está llamado a ser objeto de aniquilación. No es que viole la norma: es que ni siquiera participa de ella, en cuanto representa el mal y el error.

5.2.1.1 Marxismo

El discurso de sentido del marxismo, surgido en el marco de la modernidad, cuestionó tanto su vertiente económica capitalista como su influencia sobre las relaciones sociales. Asestó la crítica más decisiva contra ese modo de producción, comprometiendo su desarrollo y viabilidad. En sus elementos valorativos, reconocemos la crítica al modelo económico, señalando que la producción capitalista no busca la satisfacción de necesidades sociales, sino la ganancia privada. Otra crítica relevante es que las clases sociales mantienen intereses antagónicos que las conducen a atentar contra el *otro* para preservar al *yo*. Esto se expresa en la explotación del hombre por el hombre: la apropiación del valor del trabajo ajeno, ejercida por el burgués a costa del proletario, y que da origen a la lucha de clases. Se denuncia que, al erigirse como centro de las relaciones humanas, el capital trastoca la sociedad: «Todo lo sólido se desvanece en el aire; todo lo sagrado es profanado, y los hombres, al fin, se ven forzados a considerar serenamente sus condiciones de existencia y sus relaciones recíprocas»[149] cambiando así los valores y el juicio al orden social:

> Como potencia inversora, el dinero actúa también contra el individuo y contra los vínculos sociales. Transforma la fidelidad en infidelidad; el amor en odio, el odio en amor; la virtud en vicio, el vicio en virtud; el siervo en señor, el señor en siervo; la estupidez en entendimiento, el entendimiento en estupidez[150]

Asimismo, el comunismo ha criticado el avance del capital sobre otras esferas. Por ejemplo, desde la Escuela de Frankfurt, Habermas señala la colonización de la técnica sobre el mundo de la vida. Se autodefine como una doctrina científica que describe las leyes que rigen el desarrollo de la economía, la sociedad y la historia humanas; deliberadamente se opone a moralizar o establecer juicios de valor. Marx se negó a pontificar sobre lo que analizaba; a lo largo de toda su obra evitó usar los adjetivos *bueno* o *malo*, pues describía un orden que actúa no por una voluntad, sino de acuerdo con una ley material científica. Sin embargo, al constituirse como un modelo para comprender el mundo, su interpretación acabó convirtiéndose en un canon ético, con buenos y malos: proletarios y burgueses.

Los valores del comunismo —como la igualdad o la justicia social— no son en absoluto ajenos a la matriz religiosa de Occidente, y no faltó quien lo calificara de cristianismo laico. Sin embargo, al identificar una relación de opresión entre los grupos humanos en la lucha de clases —motor de la historia— se anuncia la necesidad de eliminar a quien oprime a sus semejantes, lo cual, ante el imperativo humano de saber qué hacer, se convierte en un criterio ético, a pesar del materialismo. Hacer la revolución y ejercer el poder para acabar con la clase dominante, así como luchar contra el capitalismo en su forma de imperialismo, se convirtieron en criterios éticos que articularon su desarrollo. El marxismo es un discurso del *otro*: el mundo es malo, el proletario es explotado, por lo que se identifica con esa clase social oprimida dentro de la visión del mundo que describe. Constituye la reivindicación de los productores frente a la alianza entre la burguesía comerciante —dueña de los medios de producción— y el Estado moderno, expresión del estamento castrense. Su objetivo es colocar en el *yo* al *otro* del capitalismo —el proletario—, armándolo para la esfera guerrera de la política y para destruir al Estado burgués. De ahí su imaginería: el rojo de sus banderas por su carácter guerrero y transformador, la hoz del agricultor, el

---

149 Marx y Engels, *Manifiesto comunista*, 91.
150 Marx, *Manuscritos económico-filosóficos*, 134.

martillo del obrero y la estrella pentagonal, símbolo de la mano trabajadora y armada. Al no buscar integrar a su *otro* burgués, sino eliminar su dominio, esta interpretación no resulta efectiva como espejo del *todo* social, sino que se constituye en un arma para una lucha en la que una *parte* destruye a la otra.

La moral tradicional que imperaba en su contexto histórico fue tildada de burguesa, en tanto defendía exclusivamente los intereses de esa clase social, y se le contrapuso una moral revolucionaria orientada a transformar la realidad material. Los valores dominantes del capitalismo se subvirtieron como perversos, por contradecir los intereses de quienes se proclamaban representantes de la clase obrera y de su visión del mundo, es decir, del *yo* que emite el discurso. El marxismo, lo quiera o no, divide a las personas en buenas y malas: a falta de un más allá o de una norma omnisciente y justiciera que pusiera a unos y otros en su lugar —dado que las leyes científicas de la historia no lo hacían—, quienes se proclamaron profetas de esta visión del mundo se sintieron con el derecho de combatir el mal para invocar el advenimiento de la utopía comunista.

Que sus ideas —pretendidamente científicas— que describen lo que *es* y no lo que *debe ser* hayan sido utilizadas como criterio moral, no puede atribuirse por completo a una lectura errónea de la cosmovisión comunista. Que se le haya convertido en criterio ético, sin que se concibiera para ello, obedece a que toda cosmovisión —lo quiera o no— asume una postura frente al *deber ser* de las incertidumbres propias de la época y la cultura en que emerge, y así será comprendida por quienes la adoptan como marco de interpretación del mundo. Como hemos visto, el discurso es ético, aun si niega la existencia del libre albedrío; es utilizado en su ejercicio: para eso es un discurso. Como disciplina y narrativa de la ciencia moderna, el marxismo procura no moralizar: busca describir los procesos de forma objetiva, sin someterlos a juicio ético ni valorativo. Sin embargo, toda crítica se sostiene en la contraposición de un *ser* a un *deber ser*; es decir, implica precisamente un juicio ético, y eso es lo que representa el discurso marxista sobre la modernidad.

El punto de llegada para esta escuela es la desaparición de los antagonismos entre clases sociales y el advenimiento del estadio comunista, el cual cumple el papel de la *parusía* y es, igualmente, una profecía que deja incierto el papel del creyente para favorecer su arribo. Esta ideología, en su pretensión de constituirse como Ciencia que describe el orden social en su *totalidad*, llega a concebir el mundo como una entidad ordenada, regida por leyes que nos superan en la realidad material, y que —como ocurre en el monoteísmo absoluto y en otras doctrinas que afirman haber explicado cabalmente la realidad— no deja espacio para el libre albedrío. Las categorías que construye son transversales a la comunidad nacional y no hacen sino seguir las leyes inexorables de la historia: un orden perfecto. Surgen a partir de un proyecto colectivo originado en los vínculos económicos, que sirven como referente para interpretar la realidad: el capitalismo, al que se intenta conducir por una vía científica o, más bien, se espera que lo haga la ley material de la historia. Ciertamente, los estadios que conducen al comunismo van a suceder, pues el desarrollo de las fuerzas materiales lleva hacia ahí y, entonces, la acción social es su encarnación y la voluntad humana resulta inexistente.

Una vez que se impone en el poder de un Estado —a diferencia de lo que pensaba Marx— no se alcanza la anulación de las contradicciones entre clases, ya que los intereses del capitalismo mundial buscan destruir dicho Estado, lo que obliga a una sobreexpansión del estamento castrense comunista. Por lo que tiende a ser una tiranía política, donde una *parcialidad* identifica, en su discurso, al *yo* de quien lo emite con el *deber ser* de la sociedad. Como en tantas otras narrativas, se confunde la *parte* —el *yo*— con el *todo* social, anulando al *otro*: un espejo invertido del dominio del burgués sobre el proletario. De modo que, mientras exista la burguesía como clase en cualquier parte del mundo, el comunismo no puede proclamar la armonía entre clases, sino la lucha para eliminar su dominio, favoreciendo así a su propia casta guerrero-política.

Es importante subrayar que el discurso marxista, al consolidarse en el poder, impuso como criterio para definir al ser humano y orientar nuestra acción un materialismo científico, legitimado por el poder de Estados autoritarios. Dado que la Ciencia tiene poco que aportar en temas como el sentido de la vida o la resolución de los predicamentos existenciales, lo que se empleó como base de una moral comunista fue la fraternidad entre los pueblos y la emancipación de las masas oprimidas. Sin embargo, la aspiración de eliminar el sufrimiento humano y la desigualdad —tangibles en el contexto capitalista— junto con el poder redentor de la revolución para crear una nueva sociedad y un hombre nuevo, se revelaron insuficientes para articular a la sociedad en torno a la ideología oficial.

Cuando, el 22 de junio de 1941, inicia la operación Barbarroja —la invasión nazi a la Unión Soviética—, el gobierno de Stalin, ante la necesidad imperiosa de unir al pueblo bajo una sola bandera y de levantar la moral hacia un sacrificio abnegado que terminaría con la muerte de hasta un sexto de la población soviética, recurrió a la restauración de la Iglesia ortodoxa y al resurgimiento del nacionalismo ruso. Esto, a pesar de que ambas ideologías habían sido juradas enemigas del régimen internacionalista, proletario y ateo del comunismo soviético. De este modo, quedó en evidencia la incapacidad de la ideología cientificista para brindar las respuestas que reclama el alma humana y sustituir al discurso religioso. Este hecho se corroboró cincuenta años después, cuando tras la caída del bloque soviético se atestiguó el resurgimiento de las religiones que habían sido soterradas durante casi medio siglo. Una cosa es descalificar un modelo y proponer otro, y otra muy distinta es lograr constituir un puente de sentido entre las decisiones del mundo interno y los acontecimientos del mundo externo—es decir, responder de forma efectiva a las preguntas necesarias para construir un sistema de valores que oriente nuestras vidas—. Su alcance como discurso de sentido se expresa con luces y sombras en un sistema político como el soviético —que duró más de setenta años— y en el chino, que ya ha superado esa cifra y se vuelve cada vez más influyente en términos económicos. Su balance histórico incluye elementos como la emergencia de gobiernos autoritarios y sociedades burocráticas, su papel en la emancipación de las capas sociales oprimidas, así como su participación en la aniquilación del nazismo en Europa[151].

5.2.1.2 Nazismo

El capitalismo imperialista que condujo a la Primera Guerra Mundial se ancló en la chauvinista exaltación del Estado-nación como unidad social moderna de un *yo* que debe defenderse y por el que vale la pena destruir al *otro*. El desarrollo de la empresa capitalista, bajo ese esquema y en su necesidad de materias primas, amalgamó un discurso que justificaba sus intereses particulares en nombre del interés general de la patria. Con el fin de combatir y evitar que la población se apropiara del discurso marxista sobre las clases sociales contrapuestas, el capitalismo no tuvo reparo alguno en asumir un discurso racista contra las minorías internas —en el caso de Alemania, los judíos y los pueblos eslavos del este—, quienes serían despojados de sus territorios y recursos, condenados a la esclavitud y al exterminio.

El nazismo es un discurso abigarrado que recoge elementos de fuentes inverosímiles para construir sentido. Es un relato que no se puede entender sin tomar en cuenta la crítica marxista al capitalismo, la cual se erigió como un *yo* después de realizar la revolución y vencer en una guerra civil, articulando el Estado-nación del país más grande del mundo: Rusia. La pretensión internacionalista de la revolución mundial comunista hizo que los otros actores opuestos a ella se aglutinaran en cada país europeo que pudiera caer bajo su influencia. Particularmente, en el ambiente de efervescencia social de la posguerra alemana —con grupos de exsoldados organizados y un discurso nacionalista que había impulsado la guerra— se apelaba a todo lo contrario del internacionalismo proletario. El discurso de sentido del nazismo debe entenderse como un movimiento reactivo: el espejo invertido del marxismo. En este caso, se aprecia cómo el *otro*—que es como surge el nazismo, en su reacción al comunismo—se abre a la *totalidad* de los discursos de la sociedad para intentar empatar al *yo* y tomar su lugar. El *yo* nazi se constituyó a partir del opuesto al comunismo: lo que esta doctrina excluyó y que se aglutinó en su contrario, asumiendo el lugar del *yo* nacional al tomar el poder.

---

151 Por ello decía Ernest Hemingway, testigo de los acontecimientos de la Segunda Guerra Mundial: «¡Cada ser humano que ame la libertad debe al Ejército Rojo más agradecimientos de los que pueda pagar a lo largo de toda una vida!» Citado en: Magariño Rojas, «*Nunca podrán deslucir la gloria del Ejército Rojo*».

Siendo un agregado de ideologías más o menos inconexas, de las que poco puede extraerse como discurso articulado, el nazismo se presenta como una exaltación de la fuerza, la voluntad y el poder: un discurso del *ser* por encima del *deber ser*. Muy en correspondencia con el capitalismo, es una celebración del poderoso y del derecho de ejercer la fuerza, desembarazándose de las ataduras éticas externas que podría tener la voluntad. La lógica última que aporta para orientar los actos es la ley de la selva: el derecho del fuerte sobre el débil, fundado en el darwinismo social, en este caso con una clasificación de las personas basada en una jerarquía racial. De cualquier forma, este encumbramiento del ejercicio de pasar por sobre los demás—el abuso y la violencia—se da, desde luego, en el entendido de que quien juzga es quien está en la posibilidad de usar el poder, por lo que es una ideología de exaltación del *yo* sobre el *otro*. Frente al diferente, carece por completo de empatía, ya que esta es vista como una debilidad y un obstáculo para el *yo* —en este caso, pluralizado como el *nosotros* de la comunidad nacional racial—. Es el guerrero, liberado de todo juicio, en defensa del explotador.

Esta ideología se halla radicalmente enfrentada con la doctrina cristiana; sin embargo, ello no impidió su desarrollo exitoso en el occidente europeo. Esto, debido a que simplemente hace explícitos los valores inherentes a lo que promueve el capitalismo dentro de las relaciones sociales, constituye el brazo armado con el que este sistema económico se quita la careta al ver amenazados sus intereses por el movimiento comunista. Como discurso de sentido, la ideología nazi concebía el orden social como una lucha incesante entre grupos humanos, a partir de sus características biológicas, en donde se asentaría el derecho de que unos dominen a otros.

Un tanto retorcida, en el nazismo encontramos intercalada la noción de Nietzsche de *voluntad de poder*, la cual sería natural al ser humano; pero, en las sociedades donde tuvo influencia la filosofía socrático-platónica y las religiones judeocristianas, dicha voluntad se encuentra invertida, transmutando los valores señoriales y encumbrando a los débiles y los mendigos[152]. Asimismo, se incorpora la noción de existencia como lucha y del dominio del más fuerte, así como la competencia como estado perpetuo de las relaciones humanas. Se tergiversa el darwinismo al establecer como

---

152 «El cristianismo, transvaloración de todos los valores arios, victoria de los valores chandalas [parias o intocables hindúes], el evangelio predicado a los pobres, a los inferiores, rebelión completa de todos los pisoteados, miserables, malogrados, fracasados, contra la "raza", - venganza inmortal de los chandalas como religión del amor» Nietzsche, *El crepúsculo de los ídolos*, 81. «Yo entiendo la corrupción, ya se lo adivina, en el sentimiento de *decadance*: mi aseveración es que todos los valores en que la humanidad resume ahora sus más altos deseos son valores de *decadance* […] La vida misma es para mí, instinto de crecimiento, de duración, de acumulación de fuerzas, de poder: donde falta voluntad de poder hay decadencia. Mi aseveración es que a todos los valores supremos de la humanidad les falta esa voluntad —que son valores de decadencia, valores nihilistas los que, con los nombres más santos, ejercen el dominio» Nietzsche, *El Anticristo*, 15.

deber ser la descripción de lo que sucede en la naturaleza en contextos de recursos limitados. En ese escenario, la voluntad humana se encuentra liberada de frenos para ejercer el poder sobre las instituciones que articulan la vida social —desde luego, las capitalistas—; no hay una contraparte en el mundo que limite su desenvolvimiento. Por tanto, no existe un *deber ser* más fuerte que el *ser* del mundo, el cual —retorciendo a Schopenhauer— sería la voluntad. No es un discurso que pretenda ser universal ni interpelar a todos los seres humanos; por el contrario, está referido a un momento y a un pueblo en particular: lo humano se refiere a una raza y a su supuesto derecho a imponerse sobre el *otro*. En esa comunidad no hay lugar para el resto de las personas, que son excluidas —en diversos grados— del reconocimiento empático necesario para formar vínculos humanos.

Es importante interpretar el desarrollo del nazismo como una continuidad de las tendencias doctrinales que defienden el orden social, el *statu quo* o el sistema económico frente a quienes lo cuestionan. Este propósito lo lleva a cabo mediante la incorporación del racismo, utilizado durante mucho tiempo para justificar tanto el colonialismo como la idea general de que la desigualdad —en la distribución de la riqueza y en múltiples aspectos— inherente a los órdenes económicos y sociales de la historia humana, es completamente legítima. La lógica general de dicho razonamiento sostiene que lo bueno o lo malo que les ocurre a los grupos y personas en la sociedad —su lugar en las asimetrías sociales, sean privilegiados o excluidos— se corresponde con el cumplimiento de ciertas normas y, por tanto, es justo, tiene sentido y promueve que las personas actúen correctamente: un discurso del *yo*. El régimen nazi radicaliza esa postura al justificar el dominio en una supuesta superioridad biológica, más que en la adhesión a un régimen ético, legitimando tanto la opresión como la asimetría hacia el diferente.

Además, debido a las propias dinámicas del capitalismo —cada vez más competitivo y voraz en su búsqueda de nuevos mercados y materias primas—, el nazismo recurrió a explicaciones cientificistas sobre la superioridad de ciertos grupos étnicos, que legitimaban la apropiación de recursos naturales y el dominio de clase. El régimen nazi constituye un recordatorio de que las categorías sociales generadas por el discurso de sentido guerrero, si se convierten en la entidad observadora que actúa como espejo de los intereses del sujeto, pueden configurarse de tal modo que anulen al *otro* con quien se convive en la imagen reflejada. Las tendencias voraces, propias de los sistemas guerrero y económico, pueden fácilmente colonizar el discurso de sentido, permitiendo que los intereses de una clase particular —por muy minoritaria que sea— se presenten como el *deber ser* de la sociedad, es decir, como representación del interés general, justificando así el dominio de un grupo sobre otro.

Como una respuesta al peligro comunista sobre el orden dominante, el nazismo es una ideología perfectamente ensamblable a la modernidad capitalista: pretende erigirse como forma dominante de explicación del mundo social y, de no haber sido por el propio comunismo, probablemente lo habría logrado. En el plano discursivo, lo dominante en el entorno del agravio de Versalles durante la primera posguerra —de hiperinflación y desempleo— era el marxismo, que encarnaba el *yo* que mostraba el camino ante la opresión e incertidumbre. En Alemania, parecía avanzar de forma irrefrenable. De ahí la necesidad imperiosa, por parte de los intereses de la élite capitalista, de financiar y materializar un discurso capaz de hacerle contrapeso. Primero, culpando a un supuesto enemigo interno —el pueblo judío— a quien se responsabilizó por la derrota en la guerra y la situación prevaleciente, exonerando de toda culpa a los capitalistas alemanes que, con su imperialismo, habían conducido a la Primera Guerra Mundial.

La lucha por el poder del Estado alemán entre las perspectivas antagónicas del nazismo y el comunismo se resolvió mediante la capacidad de ejercer violencia en las calles. El asesinato de los judíos marxistas Rosa Luxemburgo y Karl Liebknecht, y las reyertas callejeras entre grupos de choque —camisas rojas y camisas pardas— se definieron en favor de los nazis. La financiación de su movimiento, huelga decirlo, corrió a cargo de los grandes capitalistas[153], mientras que la carne de cañón provenía de sectores proletarios idiotizados por el chauvinismo. Una vez en el poder, los nazis pasaron del lugar del *otro* al del *yo* de la unidad social, despojándose de la máscara con la que habían aglutinado a los opositores a la República de Weimar. Esto quedó claro con la defensa explícita de la burguesía nacional en el episodio conocido como la Noche de los cuchillos largos, donde se desarticularon los sectores proletarios del nazismo. Ya con el control del Estado, se aniquiló al antagonista interno, ejercicio que el capitalismo realizó sin titubeos, pues ese es su principio, sea por razones ideológicas, de orientación sexual, religión o raza, siempre con un trasfondo económico. La viabilidad del nazismo en las relaciones internacionales estuvo ligada a su ambigüedad entre representar al capital o erigirse en un *otro* antagónico al *statu quo*. Ante el incumplimiento del Tratado de Versalles y el sometimiento de sus minorías, las potencias capitalistas, en competencia con Alemania, dieron un paso atrás: las víctimas de los nazis les eran indiferentes y buscaban evitar otra guerra que las desangrara.

El modelo que los nazis opusieron a las potencias de Versalles no fue más que su reflejo invertido y, de igual forma, profundamente opresor del *otro*. El antagonismo no se transformó en fuerza integradora, sino que, como tantas veces, el *otro* intentó

---

153 «El Partido Nazi juntó a estos magnates con el único propósito de crear un fondo ilegal para financiar la campaña de las próximas elecciones [federales de 1933] el 5 de marzo. La organización vivía en ese momento unas condiciones muy precarias. Sin embargo, los empresarios reunieron tres millones de marcos, unos 18 millones de euros actualmente. El resto es historia» Arrilucea, «*Cómo los grandes magnates…*». Se calcula que, a lo largo de los doce años del Tercer Reich, las empresas alemanas aportaron al partido nazi, el equivalente a 4,000 millones de euros, (cfr. Der Kommandant Español, «¿Cómo era el círculo Íntimo de Hitler?», 13:00), beneficiándose, al mismo tiempo, del trabajo esclavo de los pueblos sojuzgados en el este.

ocupar el lugar del *yo* para ejercer el poder que antes se le había impuesto. La subsistencia del Estado alemán dentro del sistema europeo se dio en un continente sobrepoblado, militarista y procapitalista. En un clima que exigía afirmación sobre otras naciones —especialmente sobre el enemigo político, económico e ideológico comunista—, ideal para la expansión imperialista del capitalismo alemán bajo la consigna del *lebensraum*. Formas antagónicas cuya única vía para definir quién sería el *yo* en el concierto de naciones europeas fue una conflagración de proporciones titánicas: la política en su forma más cruda.

El discurso de ambas ideologías pone a prueba su capacidad para otorgar sentido, encarnándose en ejércitos, Estados-nación y sistemas económicos, y mostrando cómo dicho discurso actúa simultáneamente como juez y *parte* de la realidad La visión del mundo que oponía el comunismo a la burguesía europea amenazaba con aniquilar al capitalismo, que respondió con su brazo armado: el nazismo. La resolución del poderío ideológico antagónico residió en su capacidad para movilizar a las personas a través del sentido que les otorgaba, dentro del escenario donde los discursos se enfrentan para afirmarse como un *yo*: la violencia y la guerra. El nazismo se impuso sobre el comunismo en el Estado-nación alemán, pero, ya en el poder, su propio desconocimiento de hasta qué punto era instrumento del capitalismo lo enfrentó con otros intereses capitalistas internacionales, como el del capital financiero. Al enfrentarse a demasiadas fuerzas que no logró integrar, fue finalmente destruido, primordialmente por el poderío del comunismo soviético, que había subestimado desde el inicio de su movimiento.

5.2.2 La política como redención e ideología

El recorrido por la Segunda Guerra Mundial expresa los intereses enfrentados de dos modos de producción con sus respectivos estamentos guerreros, colonizando el discurso ideológico-religioso. Se trata de la expresión violenta de las ideologías contrapuestas de la modernidad: por un lado, el comunismo, que la niega y propone una economía planificada; por otro, su antítesis, el nazismo, como manifestación extrema del *yo* capitalista. El nazismo incorporó ciertos elementos del modelo comunista, pero, en términos dialécticos, fue su negación: una ideología reactiva. Así pues, coinciden en concebir la vida como lucha, en la noción de socialismo, y en la importancia del Estado-nación, la política y la comunidad. Pero esa lucha no se desarrolla, como en el cristianismo, al interior de los grupos, de las sociedades o del individuo. En la religión, el bien y el mal son accesibles a esos niveles, pues hay un juez que media entre antagonismos según una norma. En cambio, la lógica guerrera propone una lucha entre un grupo esencialmente bueno —los arios nazis o los proletarios comunistas— y quienes son malvados simplemente porque sus intereses se oponen a los del *yo*: los judíos y otros pueblos inferiores en el nazismo, y los burgueses en el marxismo.

Cabe precisar que el nazismo es una afirmación voluntarista de la superioridad del *yo* y el desprecio por el *otro*, mientras que la reivindicación marxista del proletario se basa en el potencial del trabajador para, al defender sus propios intereses, emancipar a toda la sociedad y dar paso a una nueva era sin explotación, antagonismo de clase ni desigualdad. La contradicción entre ambas ideologías encarna el conflicto social fundamental: entre quienes defienden y reivindican el orden establecido y quienes lo confrontan; entre el *yo* y el *otro*. En este caso, a través de relatos nacidos del racionalismo moderno, estatistas, comunitarios, cientificistas y anticlericales.

El *otro* de quien emite el discurso guerrero, al oponerse al sujeto de la historia —el *yo*—, queda descalificado. No existe un imperativo que permita el encuentro entre racionalidades ni la posibilidad de superar su estado de lucha; esta última solo se concibe como el aniquilamiento del *otro*, ya sea como raza o como clase. No hay cabida para lo diferente en el reino venidero, pues la política es potestad del estamento militar. En la lógica del guerrero, no se pretende que el *yo* haga una síntesis con el *otro*, sino que lo destruya. El conflicto no remite a un más allá intangible y desconocido, sino que opone al *yo* —encarnación del bien y de la voluntad colectiva— frente al *otro*, que representa el mal. El objetivo último es el poder del Estado. En este sentido, el comunismo se presenta como la versión laica de la perspectiva crítica del mundo, mientras que el nazismo representa la versión laica de la oposición radical y racial a esa visión, reivindicando el *ser* de las cosas: el capitalismo moderno. Desde la visión que justifica el orden del mundo, sistematizada bajo el nombre de derecha política, la lucha se plantea como consecuencia de la diferencia biológica de un grupo humano inferior por naturaleza —los judíos—, quienes pretenden emascular al fuerte y señor.

Por otro lado, en la visión crítica del orden social —el comunismo—, se retomaron ciertos elementos del cristianismo, como su condena del mundo, la retórica de la inminencia de un juicio final en el que se resarcirán todas las injusticias, y la idea de que a un orden imperfecto le sucederá otro perfecto. Estos aspectos del cristianismo dejaron su impronta en la mentalidad de los excluidos, quienes critican el mundo desde la esperanza de redención. Constituye un caso singularísimo en el que se busca preparar a la comunidad de creyentes mediante una sublimación orientada al regreso del Mesías. El cristianismo configura radicalmente la realidad en las comunidades de creyentes marginadas de la gloria del orden social, proyectando una esperanza de redención. No resulta difícil advertir la relación entre la generalización de ese discurso y la emergencia de las ideologías políticas modernas, en particular la retórica comunista.

Con el debilitamiento de la visión religiosa, el Estado fue hipostasiado como el espejo de la comunidad, arrogándose el derecho de conducir a la sociedad nacional de acuerdo con sus propios intereses, conforme a la noción de soberanía popular. La lucha por el poder del Estado se consolidó como el criterio de verdad sobre el destino social, desplazando la idea de una divinidad ante la cual rendir cuentas, y reforzando la noción de que el orden social es susceptible de cambiar a voluntad. Especialmente desde la izquierda, donde se busca la revolución para alcanzar un mundo sin clases, mediante un periodo transitorio — parangón del milenio apocalíptico—: la dictadura del proletariado, de duración indefinida. Pero también en el igualmente apocalíptico Reich de los mil años, anunciado por el nazismo, que remite no solo a referencias bíblicas, sino también a la revuelta religiosa de Thomas Müntzer en Alemania.

En el escenario de las ideologías políticas y su colonización del discurso de sentido, resulta del todo inverosímil que doctrinas ateas, que apelan a la Ciencia y a lo objetivamente constatable, hayan adoptado formas que mimetizan las del entorno religioso del cual surgieron. Para ser más persuasivas y potenciar su elocuencia, las ideologías políticas modernas —que en el fondo solo responden a los predicamentos de la vida pública y orientan las decisiones para el avance del Estado-nación— no solo ocupan el lugar de la Iglesia, sino que adoptan ritos, creencias, símbolos e incluso formas discursivas propias del fenómeno religioso que colonizan. La adoración de santos fue sustituida por la de mártires de la causa y por el culto a la personalidad, exaltando al líder político como figura redentora y proyectando a la comunidad hacia un futuro idílico por el cual vale la pena soportar los rigores de la lucha.

Todo ello en nombre del advenimiento del reino mesiánico, encarnado en el líder que representa la voluntad superior. La comunidad de creyentes en el proyecto político lo es todo: en la sangre se anuncia una nueva era, un nuevo hombre; el interés particular y mezquino pasa asegundo plano. A diferencia del cristianismo —en el que Jesús necesitó a un Pablo que consolidara la doctrina, y tres siglos para convertirse en la religión oficial de un imperio—, en las ideologías modernas del *ser* y del *deber ser*, basta un solo hombre para conducirlas desde doctrinas facciosas e insignificantes hasta el poder absoluto del Estado.

Lenin, como un Pablo de Marx, apenas logró ingresar a la tierra prometida del poder material de su reino, solamente un poco más de lo que se le concedió a Moisés al liderar a su pueblo. Hitler no solo ingresó y consolidó el poder en su país, sino que vio también la caída de su proyecto, sellándola con un balazo en la sien. Pero mientras a Lenin se le embalsamó en un mausoleo para la adoración de generaciones futuras, Hitler ordenó la desaparición de sus cenizas, consumando así su fracaso terrenal. Esto no solo evidencia quién salió triunfante de aquella conflagración entre el *ser* y el *deber ser* en la sociedad mundial, sino también quién emuló con mayor eficacia las formas religiosas para adentrarse en el mundo material.

No se puede concluir esta reflexión sin abordar esa idea tan generalizada que equipara, en su carácter ético y significado histórico, al movimiento comunista y al nazismo. El socialismo occidental implosionó, en parte, porque sus principios teóricos no contemplaban que un Estado proletario sería enfrentado por el grueso del capitalismo mundial, lo cual lo obligó a un esfuerzo bélico que lo mermó e impidió que cumpliera su objetivo primordial: abolir las clases sociales. Esto provocó que sus tendencias autoritarias, deterministas y antidialécticas se impusieran sobre su vertiente liberadora y emancipadora. Por ello, en lugar de socializar los medios de producción, se necesitó expandir la casta guerrera. No puede subestimarse el papel del capitalismo en la exacerbación de las tendencias antagónicas del comunismo. Así, aunque el comunismo aspiraba a igualar al *yo* y al *otro* mediante la eliminación de las clases sociales, mientras su *otro* —la burguesía capitalista internacional— siguiera existiendo, debía ser confrontado. Esta lógica conduce a una visión única e inamovible, en la que se imponen los intereses de una clase político-militar que se arroga la posesión de la verdad doctrinal. Se consolida así una doctrina cerrada, dogmática, considerada superior y esculpida en piedra como la única forma válida de interpretar la realidad. Por otro lado, el nazismo —exacerbación del capitalismo competitivo—, aunque no individualista sino centrado en la comunidad nacional, representa el descenso a los abismos más lúgubres del alma humana.

Epílogo
El viaje del héroe

El ser humano se define por buscar constantemente vínculos que confronten su estado de equilibrio; por ello, Aristóteles nos caracteriza como seres teleológicos: vamos en pos de metas que rompen con la cotidianidad del *impasse* que mantenemos con la realidad. Incesantemente, luchamos por alcanzar un nuevo criterio para actuar, ya que constatamos la imposibilidad de nuestro *yo* para acceder a la *totalidad* y advertimos que lo que se nos escapa se encarna en el *otro*. En el devenir social, cada vez que logramos la autoconciencia de nuestra interacción con los demás, surge una nueva oposición: lo que no fue integrado mediante la autoobservación se nos enfrenta, dejándonos nuevamente ciegos para desenvolvernos socialmente. La síntesis que habíamos alcanzado encuentra una nueva antítesis, que necesitamos incorporar para volver a ser autoconscientes. Ese es el punto de llegada que, a su vez, nos impulsa a seguir moviéndonos—imperativo constante de nuestra existencia—, tal como lo resume la máxima del Oráculo de Delfos: «Conócete a ti mismo».

En otras palabras, requerimos expandir nuestro *yo*, y esto solo se logra al confrontarlo con una antítesis, la cual contiene lo necesario para permitirnos integrar la *totalidad* y alcanzar la autoconciencia. Lo que se nos opone es la mirada del *otro*; en él reside aquello que se nos escapa y que nos permite vernos. Así se conforman nuestras metas y objetivos vitales, que requieren ponernos en marcha para reparar la carencia que nos deja el devenir al confrontarnos. Necesitamos encontrar algo en el *otro* para completarnos y, una y otra vez, salimos en su búsqueda. Como esta búsqueda es, en el fondo, siempre la misma, nos acompañan las pautas culturales desarrolladas por nuestra sociedad: las formas particulares consolidadas por el discurso de sentido, que siguen un mismo patrón.

En general, se ha reconocido una estructura común a los relatos mitológicos y leyendas que se han contado y se siguen reproduciendo en las narrativas contemporáneas. Esto es, se puede identificar que las historias que nos han acompañado desde el inicio de los tiempos contienen características que se repiten—esquemas constantes en la forma en la que plantean el orden de cosas—. Remiten al paso del *yo* por la mirada del *otro*, para lograr ser autoconsciente, posibilitado por un discurso de sentido. Son modelos que nos dicen que las narrativas buscan un mismo objetivo y cumplen la misma función: el recorrido en la visión del *otro* para formar el *todo* en el que nos vemos, independientemente de la ideología o cosmovisión que describan. Incluso cuando una narrativa difiere de los modelos culturales, se usan como referente para distinguirse y plantear su orden, en contraposición a la forma dominante.

Gracias a que su estructura coincide con nuestras grandes interrogantes, estas narrativas nos acompañan en los retos que nos conducen hacia la meta de dotar de sentido a nuestra forma de actuar con el *otro*; es decir, a la vida misma. Los esquemas culturales que rigen los relatos míticos y legendarios nos ayudan a dar sentido a la existencia, describen el mundo y orientan nuestro tránsito por lo diferente y ajeno en pos de la autoconciencia. A su vez, los discursos de sentido se apoyan en estos modelos para que sus normas sean aceptadas y puedan configurar la realidad mediante su propio orden.

En todas las culturas y tiempos encontramos un modelo que describe el periplo que realizamos todos—desde las normas del discurso del *yo* hacia el mundo del *otro*—a fin de obtener su mirada y ejercer la empatía necesaria para la autoconciencia. Este modelo se expresa en mitos, leyendas y relatos de sentido—tanto antiguos como contemporáneos, religiosos o seculares—. Su sistematización más consolidada fue planteada por el antropólogo estadounidense Joseph Campbell en su libro de 1949 *El héroe de las mil caras*, conocida como el viaje del héroe. Según Campbell, las narrativas de sentido son tan similares que constituyen una sola historia, a la que denomina *monomito*. Este describe un recorrido circular que comienza en la cotidianidad y consta de tres fases: la partida, donde se abandona el orden familiar; la iniciación, en la que el protagonista atraviesa un mundo desconocido y enfrenta una lucha que lo conduce a una revelación; y el regreso, en el cual retorna al orden familiar con una enseñanza, un elixir o una forma de poder.

Revisaremos esta propuesta mediante una interpretación libre, a partir del modelo del discurso del *yo*, el *otro* y el nuevo *yo* autoconsciente, es decir, de la tesis, antítesis y síntesis. El viaje va del orden al desorden y de nuevo al orden; del discurso del *yo* al del *otro*, y de regreso con un *yo* transformado por la autoconciencia. Es el ciclo del devenir por el cual transitamos el mundo. Por ejemplo, en el ciclo vital, un adolescente abandona la comodidad de las normas familiares —el discurso del *yo*— para ingresar al orden del *otro*, según lo marca su entorno social, y eventualmente consolidar un discurso del *yo* propio, incorporando elementos de su tránsito por lo *otro*. Así adquiere normas sociales que le permiten verse en el mundo. El proceso mediante el cual se adquiere la ética sigue este trayecto: el *yo* viéndose desde el *otro*, desde una norma que juzga a ambos y da lugar a un nuevo *yo*. Esa norma señala lo que es el bien y lo opone al mal, articulando el discurso del *yo* y del *otro* en su negación: es un punto de encuentro que da vida a un escenario de intersubjetividad. En este sentido, la ética media entre dos extremos, pues no se encarna nunca en una sola *parcialidad*, sino en las relaciones recíprocas de dos fuerzas.

Según el modelo, la aventura comienza en el orden familiar del discurso del *yo*. Allí se produce un llamado: algo no encaja en la vida de la persona, aunque en apariencia todo esté bien —por lo que, muchas veces, se rechaza la invitación a abandonar lo conocido—.Sin embargo, en algún momento aparece la figura de un mentor, representación de lo divino: el observador que nos acompaña para mirar al *otro* —porque lo conoce—, aunque no puede recorrer el camino por nosotros. Es símbolo del discurso que posibilita la autoconciencia y, por tanto, nos guía hacia ella. Pero solo lo logramos si nosotros mismos, apoyados en esa divinidad que domina y contempla ambos mundos, nos miramos desde el discurso del *otro*, denominado en el esquema original de Campbell como *mundo encantado*.

Entonces se acepta el llamado hacia lo *otro*, se cruza el umbral hacia el desorden y el abismo que contiene la revelación: lo oscuro y desconocido que nos permite enfrentar lo oculto en nosotros mismos. Como decía Hölderlin: «donde hay peligro, crece lo que nos salva»[154]. Solo al habitar la antítesis somos capaces de contemplarnos como *otro*, ser autoconscientes y regresar con esa experiencia transformadora. Antes de atravesar las mazmorras de lo que se nos enfrenta, ciertamente existía un orden; teníamos un *yo*, pero ese *yo* era ya ciego a sí mismo—ya no era consciente de lo *otro* viéndolo—. Tenemos que cruzar al *otro* lado, perderlo todo, ser repudiados, para vernos desde la carencia, pues —como dice la sabiduría popular—: «nadie sabe lo que tiene hasta que lo ve perdido»—.

La fase de inmersión en el mundo encantado —el discurso del *otro*— es la de la lucha, el enfrentamiento entre el bien y el mal. En el reino del caos, la *catábasis* del héroe, hay aliados y enemigos: Campbell los llama la diosa y la tentadora, respectivamente. Una vez que nos sumergimos en lo *otro*, la lucha representa el *empate de fuerzas* entre el orden y el desorden, entre la tesis y la antítesis. Allí el héroe alcanza un punto de resolución que lo enfrenta al motivo de su viaje: el *choque definitivo de fuerzas*. El resultado —generalmente la victoria— nos enseña la manera de resolver el conflicto, el triunfo de la síntesis; una norma de conducta que separa las aguas entre el adentro y el afuera y nos permite vernos con el *otro* en la intersubjetividad.

El mensaje del relato es una invitación para que cada uno lo reproduzca: para que se logre integrar, tiene que ser vivido —en alguna medida y en algún escenario—. Aunque la síntesis de la tesis del *yo* y la antítesis del *otro* sea un mensaje conocido desde hace milenios, para que se consolide en la psique, cada persona tiene que atravesar el proceso del viaje y recorrer al antagonista: verse desde el *otro*. En ocasiones, esto

---

154 Hölderlin, «Patmos», 395.

implica integrar aspectos del *otro*, afirmándolos y tomándolos como fundamento del nuevo discurso dominante; otras veces, aunque se niegue lo que representa, este se vuelve el referente opuesto, el extremo a evitar en la síntesis personal. En el ejemplo del joven, el viaje se realiza para alcanzar la madurez al introyectar normas sociales, después de haber pasado por el discurso del *otro*. Este proceso se da por contraste de opuestos, razón por la cual no puede lograrse encerrado en el *yo*; pues aunque se conozca la norma como bien, integrarla implica un recorrido individual entre fuerzas enfrentadas. Según Aristóteles, la virtud se alcanza al ubicarse en el justo medio entre dos extremos; es decir, mediante una síntesis de fuerzas contrarias. Para ello es necesario habitar ambos discursos, contener ambas miradas, integrarlas en una síntesis normativa —y ese es un proceso que cada *yo* realiza en su interacción con el *otro*—.

Buda, que era un príncipe, vivió rodeado de lujos durante treinta años, y sus padres buscaron evitarle todo sufrimiento. Su viaje comenzó al contemplar el inenarrable padecimiento de un anciano. A partir de ahí, pasó al extremo opuesto: vivió seis años en el ascetismo más absoluto, tanto que veía formarse telarañas en su cuerpo. Pero comprendió que ese tampoco era el camino hacia la iluminación. Al regresar al mundo cotidiano —al discurso del *yo*— vio a un niño tocar un instrumento, y entendió que, así como la cuerda suena bien al no estar ni muy floja ni muy tensa, así también el camino de la virtud consiste en un justo medio: el desapego, el cual está entre el lujo y la negación del cuerpo. La templanza se volvió el camino virtuoso, pero para descubrirlo, necesitó transitar ambos extremos. Ese justo medio es siempre personal, pues encarna el bien en lo concreto de la intersubjetividad, mediante el contraste con el *otro*. Ese fue el mensaje que trajo al discurso del *yo*, constituyendo una nueva religión, estable porque integra extremos. Por ello, el budismo es un discurso del *otro*: nos muestra el mundo en su miseria más cruda, para que lo integremos en una síntesis normativa que limite nuestro *yo*.

Elementos similares se encuentran en el cristianismo, también doctrina del *otro*. En esta religión, diversos pasajes evocan el viaje del héroe. Por ejemplo, cuando Jesús es tentado en el desierto, triunfa en lo más oscuro de lo opuesto, resistiendo las tentaciones que le plantea el demonio, príncipe de este mundo —es decir, del orden social del *yo*—. Igual que en Platón, el discurso del *yo* dominante es descartado y presentado como lo *otro* malvado, mientras se ensalza lo que se le opone como el verdadero *yo*. Es lo que Nietzsche llamó la transmutación de los valores[155]. En el caso cristiano, se conserva la idea de la ley del discurso dominante, pero la razón

---

155 «Dividir el mundo en un mundo "verdadero" y en un mundo "aparente";, ya sea al modo del cristianismo, ya sea al modo de Kant (en última instancia, un cristiano alevoso), es únicamente una sugestión de la décadence y - un síntoma de vida descendente» Nietzsche, *El crepúsculo de los ídolos*, 56. «Hasta donde alcanza el influjo de los teólogos, el juicio de valor está puesto cabeza abajo, los conceptos "verdadero" y

de ser del *yo* se traslada de las normas—de un reino material—a la esfera divina del fuero interno y a cómo configuramos ahí las relaciones sociales. Lo importante es cómo nos miramos con el *otro* en el orden intersubjetivo, más que el orden social mundano. El simbolismo detrás de las pruebas que enfrenta en el mundo del *otro* busca denunciar a la materia como potestad del demonio, y no como reflejo de Dios. Una tentación es aquello que desvía del camino hacia el reino divino y, por tanto, no pertenece a él:

> Y JESÚS, lleno del Espíritu Santo, volvió del Jordán, y fue llevado por el Espíritu al desierto por cuarenta días, y era tentado por el diablo. Y no comió nada en aquellos días; pasados los cuales, luego tuvo hambre. Entonces el diablo le dijo: Si eres el Hijo de Dios, di a esta piedra que se convierta en pan. Y Jesús, respondiéndole, dijo: Escrito está: No sólo de pan vivirá el hombre, sino de toda palabra de Dios. Y le llevó el diablo a un monte alto, y le mostró en un momento de tiempo todos los reinos de la tierra. Y le dijo el diablo: A ti te daré toda esta potestad, y la gloria de ellos; porque a mí me es entregada, y a quien quiero la doy. Si tú, pues, me adorares, serán todos tuyos. Y respondiendo Jesús, le dijo: Quítate de delante de mí, Satanás, porque escrito está: Al Señor tu Dios adorarás, y a él solo servirás. Y le llevó a Jerusalem, y le puso sobre las almenas del templo, y le dijo: Si eres el Hijo de Dios, échate de aquí abajo; porque escrito está: A sus ángeles mandará acerca de ti, que te guarden; y: En sus manos te sostendrán, para que no tropieces tu pie en piedra. Y respondiendo Jesús, le dijo: Dicho está: No tentarás al Señor tu Dios. Y cuando el diablo hubo acabado toda tentación, se apartó de él por un tiempo. Lucas 4:1-13 (RV2004)

En lo que ofrece el demonio se denota aquello de lo que es dueño y que se opone a Dios: el mundo material. Este no es reflejo de la ley y del orden divino, sino que escapa a su potestad. Por ello, el reino no debe buscarse en él; al contrario, puede y debe ser vencido por Dios. La materia representa el reino del demonio en tres dimensiones: el orden social y sus jerarquías (simbolizados en el ofrecimiento de los reinos del mundo), los placeres de la carne y los apetitos sensibles como el hambre (simbolizados en la tentación del pan), y finalmente las leyes físicas del mundo (representadas en la tentación de arrojarse desde el pináculo del templo). Lo material es un extremo que, en el esquema cristiano, debe evitarse. Está alejado del centro de la lucha entre las *fuerzas empatadas* que debemos confrontar. Es el *otro* que el *yo* debe trascender mediante una síntesis que conduzca al reino espiritual e intersubjetivo.

El reino material no representa la voluntad divina a la que debamos adaptarnos; al contrario, es el *otro* pasivo, que ha de adaptarse al reino divino. En él caben el *yo* y

---

"falso" están necesariamente invertidos: lo más dañoso para la vida es llamado aquí "verdadero", lo que se alza, intensifica, afirma, justifica y hace triunfar es llamado "falso"» Nietzsche, *El Anticristo*, 34.

el *otro*, por lo que se transforma en un espacio pasivo donde puede expresarse el discurso del *yo* cristiano. El ministerio de Jesús es su tránsito como profeta en el mundo, portador del discurso del *otro* interno al judaísmo, que desprecia la materia y al *yo* dominante del mundo. Luego, ese tránsito se representa en su sepulcro y en su paso por el reino de los muertos, venciendo también en esa dimensión exterior de lo *otro*. En ese sentido, el cristianismo es una exaltación del discurso del *otro* frente a la jerarquía del mundo: reivindica el movimiento profético y mesiánico, y al excluido del orden social. Expone el discurso farisaico del poderoso, que se justifica en la ley no por los valores que defiende, sino por su hipocresía; pero no desprecia dicha ley, sino que recupera del discurso del *yo* la ley mosaica.

El mensaje con el que regresa el héroe a su comunidad es una síntesis entre las miradas del *yo* y del *otro* —no puede ser únicamente la del *yo*, pues dejaría todo igual, no diría nada nuevo—, ni tampoco puede ser solo la mirada del *otro*, pues no regresaría, sino que se uniría a su opuesto, como a veces está tentado a hacer. El héroe siempre retorna con un mensaje para el *yo*. Platón, por ejemplo, sale de la caverna del *yo* y reivindica el discurso del *otro* que niega al *yo* dominante del mundo material y sensible. Encuentra en el mundo de las ideas aquello a lo que hay que aspirar, en los absolutos está la verdadera luz. Pero, como obligación, regresa para liberar a quienes permanecen en la caverna dominada por los sentidos —el discurso dominante del *yo*. Mientras se dirige hacia lo diferente en lo exterior, el viaje también es interior: hacia lo trascendente y superior de las ideas abstractas. El regreso conlleva traer una nueva forma de configurarlas, es decir, de observarnos en lo concreto.

Al no haber instalado su reino ahí, el ejemplo de Jesús cuestiona al mundo material, al orden social, pero no busca destruirlo, sino que traslada el escenario de su mensaje y de su lucha al fuero interno. Su enseñanza es para configurar lo espiritual interior, antes que lo material, lo social o lo externo. Cuestiona al discurso del *yo*, por lo que hacen quienes se sientan en él: se envanecen al creer que están cumpliendo la ley y desprecian a quienes consideran que no lo hacen. Critica su discurso por denostar al excluido, al suponer que su condición de oprimido obedece a sus faltas a las normas sociales, al asumir —erróneamente— que el orden social es justo; obra de Dios. No por promulgar la ley de Moisés, sino por sentarse en ella y exigir que otros carguen con normas que ellos mismos no cumplen, se desestima su práctica, pero se rescata la prédica del discurso del *yo*:

> Así que, todo lo que os digan que guardéis, guardadlo y hacedlo, mas no hagáis conforme a sus obras, porque dicen, y no hacen. Porque atan cargas pesadas y difíciles de llevar, y las ponen en hombros de los hombres; pero ellos ni con su dedo las quieren mover. Mateo 23:3-4 (RV2004)

El Mesías ratifica la ley, pero —a diferencia de quienes se sientan en ella— reivindica al pecador en cuanto lo incluye en la comunidad por la misericordia, enfatizando la reciprocidad y el amor al *otro* que no cumple la norma. El mensaje del cristianismo conlleva una búsqueda espiritual que invita a aceptar al héroe como salvador, y a reproducir el viaje en el que triunfa sobre las fuerzas del enemigo y, por lo tanto, domina el devenir del alma. Jesús vence a la muerte —nos interpreta Pablo[156]—, atravesando las catacumbas del sepulcro, que simboliza la derrota en su ministerio terrenal como profeta del *otro*, para resucitar y ascender al cielo, desde donde nos observa como conocedor y dominador del todo: la ley (discurso del *yo*) y los profetas[157] (discurso del *otro*). En el relato del Nuevo Testamento, Jesús es identificado constantemente como profeta —título que parece asumir—, y se une con la ley, en una síntesis que derivará en la doctrina cristiana. Es profeta, es decir, *otro* que critica el orden social, pero también respeta la ley: las normas del *yo*. Sin embargo, su mensaje incluye a quienes no la cumplen; sintetiza ambos discursos contrastantes. El viaje integra los contrarios, los discursos del *yo* y del *otro*, para arribar a uno nuevo que toma la fuerza de ambos y se convierte en el nuevo *yo*. Jesús retoma la ley mosaica del discurso del *yo*[158], pero la sintetiza con la reivindicación del excluido —propia del discurso profético y mesiánico del *otro*—, llegando a una configuración nueva gracias a su tránsito por ambos discursos.

En el viaje, al recorrer el mundo del *otro* y contener su mirada, el estado autoconsciente al que se arriba se simboliza como un elixir, el cáliz, la piedra filosofal u otros símbolos de la unión de contrarios alquímica. Puede representarse como una mujer o como un símbolo del principio femenino —la capacidad de unir y producir algo nuevo— después del paso por lo masculino de la lucha. La autoconciencia es un criterio para la síntesis de discursos opuestos, para integrar la visión del *otro* en la propia; de lo contrario, el viaje sería el del guerrero que aniquila al *otro*. El regreso implica volver a la continuidad de la unidad gracias a la síntesis: la *anábasis*, luego de haber atravesado la lucha con la antítesis, donde siempre queda algo que indica que la situación

---

156 «¿Dónde está, oh muerte, tu aguijón? ¿Dónde, oh sepulcro, tu victoria? El aguijón de la muerte es el pecado, y el poder del pecado, la ley. Mas gracias sean dadas a Dios, que nos da la victoria por medio de nuestro Señor Jesucristo.» 1 Corintios 15:55-57 (RV2004)

157 Ya se había mostrado de la misma manera en su transfiguración: «Seis días después, Jesús tomó a Pedro, a Jacobo y a Juan, y los llevó aparte solos a un monte alto; y se transfiguró delante de ellos. Y sus vestidos se volvieron resplandecientes, muy blancos, como la nieve, tanto que ningún lavador en la tierra los puede hacer tan blancos. Y les apareció Elías con Moisés, que hablaban con Jesús.» Marcos 9:2-4 (RV1960). Moisés, es la tesis del *yo* en las leyes, Elías, es la antítesis, el *otro* y los profetas, mientras que Jesús sintetiza sus discursos en un nuevo *yo*.

158 «No penséis que he venido para abolir la Ley o los Profetas; no he venido para abolir, sino para cumplir, porque os aseguro que, mientras existan el cielo y la tierra, la ley no perderá ni un punto ni una coma de su valor, hasta que todo se haya cumplido. De manera que cualquiera que quebrante uno de estos mandamientos, aunque sea muy pequeño, y así lo enseñe a los demás, muy pequeño será considerado en el reino de los cielos; pero aquel que los cumpla y los enseñe será considerado grande en el reino de los cielos. Por tanto, os digo que si vuestra justicia no es mayor que la de los escribas y fariseos, no entraréis en el reino de los cielos» Mateo 5:17-20 (RV2020)

no es la misma. La autoconciencia deja algo a la comunidad. Jesús no instauró su reino en lo material, pero inauguró una forma nueva de vincularse con lo divino. Su mirada nos permite ser autoconscientes, al plantear un nuevo vínculo con el *otro* del creyente. Ese es su reino.

En sus formas pedestres, el resultado del viaje del héroe puede ser algo material, obtenido tras derrotar al *otro*. En los relatos capitalistas, es simplemente dinero, como en las historias —tan repetidas— del que empieza pobre y acaba millonario. En general, en los discursos antagónicos, el viaje es para destruir al *otro*, mientras que en los de cooperación se recupera algo del encuentro con el *otro*: un aprendizaje, por ejemplo. Así, al recorrer lo diferente, el héroe toma algo de ahí, su fuerza, pues la norma integra la energía tanto de lo bueno como de lo malo que reglamenta. No implica necesariamente identificarse con lo *otro*, pero sí adentrarse en su racionalidad. Con eso que toma del opuesto, es autoconsciente; triunfa sobre el empate que lo negaba, aunque no siempre sea en la forma que esperaba. Por ejemplo, Gilgamesh, en su viaje en busca de la inmortalidad, no logra obtener la planta de la vida eterna. Sin embargo, a su regreso, deja de ser un gobernante tiránico: ha conocido sus debilidades, lo que le permite ponerse en el lugar del *otro* y, desde ahí, gobernar.

Otro camino del viaje del héroe lo propone Nietzsche en su *Zaratustra*, en un esquema que comienza con el ser humano visto como un camello —portador de todas las cargas de la moral de esclavos cristiana—, seguido de su negación: se convierte en león, capaz de resistirse a la fuerza social que lo lleva a obedecer. A partir del enfrentamiento de ese *empate de fuerzas*, emerge como un niño, libre para el proceso creativo de su propia ética: el *superhombre*[159]. En la parte final del viaje sobreviene la recompensa: en la fase de apoteosis, el héroe adquiere una comprensión profunda de su propósito, la autoconciencia de haber estado en lo *otro*, integrándolo en su visión. Llega a la síntesis. Campbell llama al héroe, por la condición en la que regresa, el «maestro de dos mundos», pues integra la fuerza de ambos. Regresa con la autoconciencia que le otorga la visión del *otro*, y puede compartirla con su comunidad, dando ejemplo y transmitiendo el mensaje de cómo recorrer el camino, mediante una enseñanza: un conjunto normativo.

Estos elementos se presentan de manera diáfana en el mito guerrero de Perseo, cuya búsqueda lo enfrenta a la mirada del *otro* en su peor posibilidad: aquella que nos ve como cosas, que no nos vuelve autoconscientes ni nos humaniza. Simbólicamente, ese *otro* cosificador se representa en Medusa, quien, al cruzarse con nuestra mirada, nos transforma en piedra: el más inerte de los elementos. Esta imagen

---

159 «Tres transformaciones del espíritu os menciono: cómo el espíritu se convierte en camello, y el camello en león, y el león, por fin, en niño» Nietzsche, *Así habló Zaratustra*, 49.

describe cómo nos convertimos en objetos al empatizar con ella, imposibilitando así el ejercicio intersubjetivo. En este caso, la salvación consiste en aniquilar al *otro*, cortándole la cabeza, pues se trata de un mito castrense-patriarcal. El primer obstáculo es identificar cuál de las tres hermanas gorgonas es Medusa —la única mortal y, por tanto, la única que puede ser el *otro*—, aunque rodeada de símbolos del caos y de lo eterno, como las serpientes. Su identidad le es revelada por Atenea, diosa de la sabiduría: su mentora.

La misión de vencer a la gorgona —empresa en la que muchos ya habrían fracasado— parece imposible. El nudo y la resolución del viaje se encuentran en el escudo de Atenea, que simboliza que la divinidad que nos permite ver a los demás es también el espejo que posibilita nuestra interacción con el *otro*. Así, Perseo puede mirar al *otro* a través del espejo divino (Atenea), siendo consciente de su mirada sin necesidad de verla directamente, ya que, en este caso, es profundamente destructiva: nos ve como cosa, como en el *mal de ojo*. El *yo* (Perseo) es consciente de la interacción con el *otro* (Medusa) a través del espejo divino, y la síntesis es la destrucción del *otro* femenino que impide la intersubjetividad, en tanto mito patriarcal. Al cortarle la cabeza, aniquila al *otro* que convierte a los demás en objetos, pudiendo incluso usar su mirada como instrumento apotropaico. Un elemento adicional se encuentra en el hecho de que la vida de Medusa haya sido tan cruenta e injusta: esa experiencia la condujo a dejar de empatizar con los demás, a deshumanizarlos y convertirlos en cosas. Como mito que consolida el patriarcado, devalúa a la mujer, su sabiduría y su mirada. La potencia de esta historia para estructurar la psique es tal, que se cuenta entre las más relatadas y retomadas de la historia de la humanidad.

Las narrativas que construyen nuestra cultura contienen elementos contrastantes que nos llevan tanto a destruir como a dialogar con los demás. Sin embargo, el devenir del capitalismo en nuestras sociedades no nos deja postergar más el imperativo de reconocernos en el *otro* —y no valorarnos más que él—. Las guerras, la desigualdad y la depredación del medio ambiente son resultado de la explotación del hombre por el hombre, y responden al mismo principio de pasar sobre el *todo* para beneficio de una *parte*. La infame concentración de la riqueza en manos de unos cuantos —así como la producción desenfrenada— tiene consecuencias no solo sobre las personas, sino también sobre el medio ambiente, comprometiendo nuestra existencia misma en él. Así pues, la crítica de Marx al capitalismo conserva plena vigencia y es aún más pertinente hoy que ayer.

El recorrido hacia el encuentro con el *otro* es, sin duda, largo y tortuoso; lo único que nos garantiza es tener que renunciar a las certidumbres con las que vemos el mundo. Abrirle la puerta a los diferentes es un riesgo: nos deja vulnerables a su voluntad, estando siempre presente la posibilidad de que alguna de las *partes* en interacción caiga en la tentación de convertir al *otro* en una cosa, de usarlo como un instrumento. No obstante, intentar configurar vínculos recíprocos con los demás es la única oportunidad que tenemos para evitar los procesos de exclusión social, violencia y destrucción del entorno. Es urgente luchar contra las asimetrías sociales y el desprecio hacia el *otro*, reconociendo que la aniquilación de los demás y del mundo no es resultado —como mañosamente se quiere hacer ver— de la acción de todo el género humano. Por el contrario, es responsabilidad de un grupo minoritario que usufructúa el mundo. El capitalismo, expresado en la lucha de clases, destruye al *otro* y al medio en el que vivimos: su producción no se orienta a satisfacer necesidades sociales, sino a generar ganancia para las élites económicas. Es nuestro deber crear relaciones nuevas que sean armónicas con el entorno y, sobre todas las cosas, que no pasen por encima de ningún ser humano.

Referencias

Acuña, R. «La paradoja de Epicuro». Meer, 28 de junio de 2018. https://www.meer.com/es/39746-la-paradoja-de-epicuro.

Arnoletto, E. *Curso de Teoría Política.* Libros Eumed.net., 2007. https://www.eumed.net/libros-gratis/2007b/300/.

Arrilucea, Adhik. «Cómo los grandes magnates financiaron el nazismo». Diario Público | El medio progresista, 17 de septiembre de 2022. https://www.publico.es/culturas/grandes-magnates-financiaron-nazismo.html.

Baggott, Jim. «¿Qué quiso decir Einstein con "Dios no juega a los dados"?» *Revista de la Universidad de México*, n.º 903 (diciembre de 2023): 131–34. https://us-east-1.linodeobjects.com/rum/4697ea55-66b9-481f-bb50-7135fcc68ff0?filename=ezln.

Baron-Cohen, Simon, Alan M. Leslie y Uta Frith. «Does the autistic child have a "theory of mind"?» *Cognition* 21, n.º 1 (octubre de 1985): 37–46. https://doi.org/10.1016/0010-0277(85)90022-8.

Biblia Work. «Interpretación detallada de "Yo Soy el que Soy" en hebreo (אֶהְיֶה אֲשֶׁר אֶהְיֶה, 'ehyeh 'ăšer 'ehyeh)». Biblia.Work – La Biblioteca del Maestro. Consultado el 23 de diciembre de 2024. https://www.biblia.work/blog/interpretacion-detallada-de-yo-soy-el-que-soy-en-hebreo-אֶהְיֶה-אֲשֶׁר-אֶהְיֶה-ehyeh/.

Bloch, R., M. Kaltenmark, F. Le Roux, H. Rotermund, J. de Vries y F. Vyncke. «Religión egipcia». En *Historia de las religiones.* Vol. 1, *Las religiones antiguas Vol. 1*, editado por H. C. Puech, 101–92. 8ª ed. Siglo XXI Editores, [1970] 1998.

— «La religión griega en la época arcaica». En *Historia de las religiones.* Vol. 2, *Las religiones antiguas Vol. 2*, editado por H. C. Puech, 238-47. 8ª ed. Siglo XXI Editores, [1970] 1998.

— «La religión védica». En *Historia de las religiones.* Vol. 2, *Las religiones antiguas Vol. 2*, editado por H. C. Puech, 348-405. 8ª ed. Siglo XXI Editores, [1970] 1998.

— «Irán antiguo y Zoroastro». En *Historia de las religiones.* Vol. 2, *Las religiones antiguas Vol. 2*, editado por H. C. Puech, 406-90. 8ª ed. Siglo XXI Editores, [1970] 1998.

— «La religión romana». En *Historia de las religiones.* Vol. 3, *Las religiones antiguas Vol. 3*, editado por H. C. Puech, 224-89. 8ª ed. Siglo XXI Editores, [1970] 1998.

— «Las creencias del Japón antiguo». En *Historia de las religiones.* Vol. 3, *Las religiones antiguas Vol. 3*, editado por H. C. Puech, 329-69. 8ª ed. Siglo XXI Editores, [1970] 1998.

Campbell, J. *El Héroe de las mil caras: psicoánalisis del mito.* Mexico: Fondo de Cultura Economica, [1949]1998.

Clausewitz, C. von. *De la Guerra.* La Esfera de los Libros, [1832] 2005.

Conectorium. «Reciprocidad y regla de oro: Historia de un campesino elocuente». Conectorium, 31 de octubre de 2022. https://www.conectorium.com/reciprocidad-y-regla-de-oro-historia-de-un-campesino-elocuente/

Der Kommandant Español. «¿Cómo era el círculo Íntimo de Hitler?» YouTube, 7 de diciembre de 2023. Video 44:48. https://www.youtube.com/watch?v=8yIoYthyh6A.

Divino, V., y De España, S. B. «Comentario a Lucas 16:16». En *La Biblia hispanoamericana: Biblia traducción interconfesional.* Editorial Verbo Divino 2013

Dotel Matos, Héctor. «A que se llamó la Ilustración». AlMomento.net, 24 de abril de 2024. https://almomento.net/a-que-se-llamo-la-ilustracion-y-10/

Durkheim, E. *Las formas elementales de la vida religiosa.* Colofón, [1912] 2001.

Gramsci, Antonio. *Cuadernos de la cárcel (Edición crítica del Instituto Gramsci a cargo de Valentino Gerratana, Vol. 2).* Ediciones Era, [1930] 1999.

Engels, Friedrich. «Anti-Düring (1876-1878) (extractos)». En *Sobre la religión,* 2ª ed. 273-278. Sígueme, 1974.

— «Ludwig Feuerbach y el fin de la filosofía clásica alemana (1886)». En *Sobre la religión,* 2º ed. 329-371. Sígueme, 1974.

Erkoreka, A. *El mal de ojo en Euskal Herria.* Salamanca – Bilbao: Instituto de Historia de la Medicina Española, Euskal Medikuntzaren Historia Mintegia, 1984.

— *Análisis de la medicina popular vasca.* Labayru Ikastegia, 1985.

— *Begizkoa. El mal de ojo entre los vascos.* Bilbao: Ekain Argitaratzailea, 1995.

Frazer, J. G. *La rama dorada: Magia y Religión.* 2ª ed. México: Fondo de cultura económica, [1920] 1997.

Hegel, Georg W. F. *Rasgos fundamentales de la filosofía del derecho.* Traducido por Eduardo Vásquez. BIBLIOTECA NUEVA, [1821] 2000.

Homobono Martínez, J. I. «BRUJERÍA y MAL DE OJO». *Kobie. SUPERSTICIONES, CREENCIAS, LEYENDAS y RITUALES. FACETAS DEL IMAGINARIO POPULAR BARAKALDARRA* 1, n.º 22 (2021): 35–46. https://www.bizkaia.eus/fitxategiak/04/ondarea/Kobie/PDF/6/KOBIE_Anejo22_web-4.pdf?hash=d176324bf316e7120dd3757c9df5895c.

Hulin, M., y Kapani, L. «Hinduismo». En *El hecho religioso.* Editado por J. Delumeau, 247-304. Siglo XXI Editores, [1993] 1997.

Hölderlin, F. «Patmos». En *Poesía completa,* 395-409. 5ª ed. Ediciones 29, [1803] 1995.

Ingalhalikar, M., A. Smith, D. Parker, T. D. Satterthwaite, M. A. Elliott, K. Ruparel, H. Hakonarson, R. E. Gur, R. C. Gur y R. Verma. «Sex differences in the structural connectome of the human brain». *Proceedings of the National Academy of Sciences* 111, n.º 2 (2 de diciembre de 2013): 823-28. https://doi.org/10.1073/pnas.1316909110. (Traducción del autor)

Israel Institute of biblical studies. «El misterio del primer pecado. Descubriendo la Biblia hebrea». Israel Biblical Studies, 7 de enero de 2020. https://lp.israelbiblicalstudies.com/lp_iibs_dhb_arum_fb-es.html?cid=76819&adGroupId=-1&utm_source=Community&utm_medium=FB_insights&utm_campaign=DHB_ES_COM_Arum_2020-01-07_76819&commChannel=1#:~:text=En%20hebreo,%20el%20p.

Jensen, Lorenzo, III. «13 Real Differences Between Male And Female Brains». Thought Catalog, 24 de junio de 2015. https://thoughtcatalog.com/lorenzo-jensen-iii/2015/06/13-real-differences-between-male-and-female-brains/ (Traducción del autor)

Jordán Montés, J. F. y Peña Asensio, A. *Mentalidad y tradición en la Serranía de Yeste y de Nerpio.* Albacete: Diputación de Albacete, 1992.

Kallas, James. «Romans xiii. 1–7: An Interpolation». *New Testament Studies* 11, n.º 4 (julio de 1965): 365–74. https://doi.org/10.1017/s0028688500002071.

Kant, I. *Fundamentación de la metafísica de las costumbres.* Traducido por J. Mardomingo. Editorial Ariel, [1785] 1999.

Kirk, G. S., Raven, J. E. y Schofield, M. *Los filósofos presocráticos.* Editorial Gredos, 1983.

Kuschick, L. *Medicina popular en España.* Madrid: Siglo XXI de España, 1995.

Laleye, I. P. «Religiones del África negra». En *El hecho religioso.* Editado por J. Delumeau, 465-514. Siglo XXI Editores, [1993] 1997.

Leonard, A. «Asherah: God's forgotten wife. Ancient Origins Reconstructing the Story of Humanity's Past». Ancient Origins, 26 de agosto de 2018. https://www.ancient-origins.net/human-origins-religions/asherah-0010611 (Traducción del autor)

Magariño Rojas, Carlos. «Nunca podrán deslucir la gloria del Ejército Rojo». El Común, 9 de mayo de 2023. https://elcomun.es/2023/05/09/nunca-desluciran-la-eterna-gloria-del-ejercito-rojo/.

Mark, J. J. y O. S. M. Amin. «Ra (dios egipcio)». Enciclopedia de la Historia del Mundo, 2023. https://www.worldhistory.org/trans/es/1-19816/ra-dios-egipcio/#google_vignette

Marx, K. y Engels, F. *Manifiesto comunista.* Siglo XXI, [1848] 2019

— "La ideología alemana (1845-1846) (extractos)". En *Sobre la religión,* 2ª ed. 163-169. Sígueme, 1974.

Marx, K. *Manuscritos económicos-filosóficos.* Editorial Centro Gráfico, [1846] 2006.

Montesino González, A. «El estigma de la brujería». En *El diablo, las brujas y su mundo. Homenaje andaluz a Julio Caro Baroja.* Editado por Rodríguez Becerra, 67-94. Editorial Signatura Demos, 2000.

Müller, F. M. *The sacred books of the east.* Vol. 5, editado por F. M. Müller, traducido por E. W. West. Oxford University Press, 1880. (Traducción del inglés por el autor)

Nietzsche, F. *Así habló Zaratustra.* Traducido por A. Sánchez Pascual. Alianza Editorial, [1883] 1981.

— *El Anticristo.* Alianza Editorial, [1895] 1981.

— *El crepúsculo de los ídolos o cómo se filosofa con el martillo.* Traducido por A. Sánchez Pascual. Alianza Editorial, [1889] 2007.

— *La genealogía de la moral.* Traducido por J. L. López y López de Lizaga. Editorial Tecnos, [1887] 2000.

— *Más allá del bien y del mal.* Alianza Editorial, [1886] 1980.

Pitt-Rivers, J. *The People of the Sierra.* Chicago: University of Chicago Press, [1954] 1971.

Pastor, J. A. «El dios de Jenófanes». Calameo https://www.calameo.com/read/004341083fdce20684f8a

Portilla, M. L. *El reverso de la conquista: relaciones aztecas, mayas e incas.* Editorial J. Mortiz, 1964.

REDACCIÓN. «La crisis de la utopía». Búsqueda, 29 de noviembre de 2023. https://www.busqueda.com.uy/Secciones/La-crisis-de-la-utopia-uc59208.

Roura, A. «Por qué se les llama izquierda y derecha a las 2 principales tendencias políticas que rigen el mundo (y qué tuvieron que ver con ello unas sillas)». BBC News Mundo, 6 de febrero de 2021. https://www.bbc.com/mundo/noticias-internacional-55882272

Sartre, Jean-Paul. *El existencialismo es un humanismo.* 2ª ed. México: Editores Mexicanos Unidos, traducido por Erika Guerrero Marín. [1946] 2014

Schopenhauer, A. *El Mundo Como Voluntad Y Representación I.* Vol. 1, traducido por P. López de Santa María. 2ª ed. Editorial Trotta, [1818] 2007.

— *El Mundo Como Voluntad Y Representación II.* Vol. 2, traducido por P. López de Santa María. 3ª ed. Editorial Trotta, [1844] 2009.

Sefaria «Shabbat 31a:7». Sefaria: a Living Library of Jewish Texts Online. Consultado el 23 de diciembre de 2024. https://www.sefaria.org/Shabbat.31a.7?lang=bi

Sommer, I. E. C. «Do women really have more bilateral language representation than men? A meta-analysis of functional imaging studies». *Brain* 127, n.º 8 (16 de junio de 2004): 1845–52. https://doi.org/10.1093/brain/awh207.

Tokárev, Serguéi Aleksándrovich. *Historia de las religiones.* Traducido por Gladys Alonso y Ángel Luis Fernández Editorial de Ciencias Sociales, Instituto Cubano del Libro, [1965] 1975.

Velayos, J. «Pareja, matrimonio, consideraciones neurobiológicas». CiViCa, 28 de octubre de 2018 http://civica.com.es/cerebro/pareja-matrimonio-consideraciones-neurobiologicas/

Viegas, Jennifer. «God's Wife Edited Out of the Bible – Almost. Interview with Aaron Brody, A». NBC News, 18 de marzo de 2011. https://www.nbcnews.com/id/wbna42147912 (Traducción del autor)

Wilson, M. «El verdadero origen del triángulo con un ojo dentro que aparece en los billetes de un dólar (y las teorías que alimenta) - BBC News Mundo». BBC News Mundo, 20 de diciembre de 2020. https://www.bbc.com/mundo/vert-cul-55283426

Referencias bíblicas

Biblia de Jerusalén (2005). *Biblia Católica online.* https://www.bibliacatolica.com.br/la-biblia-de-jerusalen/ (Biblia de Jerusalén)

BJ3 (1998). *Biblia de Jerusalem 3-Edicion.* BibliaTodo. https://www.bibliatodo.com/la-biblia/version/Biblia-de-jerusalem-3-edicion (BJ3)

BL95 (1995). *Biblia católica (Latinoamericana).* BibliaTodo. https://www.bibliatodo.com/la-biblia/version/Latinoamericana-1995 (BL95)

BTX3 (2010). *La Biblia Textual 3ª edición.* BibliaTodo. https://www.bibliatodo.com/la-biblia/version/Textual-3a-edicion (BTX3)

LPD (1990). *Biblia el libro del pueblo de Dios.* BibliaTodo. https://www.bibliatodo.com/la-biblia/version/El-libro-del-pueblo-de-Dios (LPD)

NBV (2006). *Nueva Biblia viva.* BibliaTodo. https://www.bibliatodo.com/la-biblia/version/nueva-biblia-viva (NBV)

NTV (1996). *Biblia nueva traducción viviente.* BibliaTodo. https://www.bibliatodo.com/la-biblia/version/Nueva-traduccion-viviente (NTV)

NVI2022 (2022). *Biblia nueva versión internacional 2022.* BibliaTodo. https://www.bibliatodo.com/la-biblia/version/nueva-version-internacional-1999 (NVI2022)

PDT (2012). *Biblia Palabra de Dios para Todos.* BibliaTodo. https://www.bibliatodo.com/la-biblia/version/Palabra-de-Dios-para-todos (PDT)

RV1960 (1960). *Biblia Reina Valera 1960*. BibliaTodo. https://www.bibliatodo.com/la-biblia/version/Reina-valera-1960 (RV 1960)

RV2004 (2004). *Biblia Reina Valera 2004*. BibliaTodo. https://www.bibliatodo.com/la-biblia/version/Reina-valera-2004 (RV2004)

RV2020 (2020). *Biblia Reina Valera 2020*. BibliaTodo. https://www.bibliatodo.com/la-biblia/version/reina-valera-2020 (RV2020)

RVC (2009). *Biblia Reina Valera Contemporánea*. BibliaTodo. https://www.bibliatodo.com/la-biblia/version/Valera-contemporanea (RVC)

RVG (2010). *Biblia Reina Valera Gómez (2010)*. BibliaTodo. https://www.bibliatodo.com/la-biblia/version/Reina-valera-Gomez (RVG)

SM (1975). *Nueva Biblia Española (1975)*. BibliaTodo. https://www.bibliatodo.com/la-biblia/version/Schokel-y-mateos (SM)

SSE (1569). *Biblia Spanish Sagradas Escrituras*. BibliaTodo. https://www.bibliatodo.com/la-biblia/version/Espanol-sagradas-escrituras (SSE)

TLA (2003). *Biblia Traducción en Lenguaje Actual*. BibliaTodo. https://www.bibliatodo.com/la-biblia/version/Traduccion-lenguaje-actual (TLA)

VBL (2022). *Versión Biblia Libre*. BibliaTodo. https://www.bibliatodo.com/la-biblia/version/version-biblia-libre (VBL)